Venedig

Zeit für das Beste

Highlights – Geheimtipps – Wohlfühladressen

»Kennen Sie irgendeinen anderen Ort der Welt, der in gewissen Stunden imstande ist, die menschliche Lebenskraft anzuregen und die Wünsche bis zum Fieber zu steigern, wie Venedig? Kennen Sie eine gewaltigere Verführerin?«

Gabriele D'Annunzio, um 1900

BRUCKMANN

Venedig

Zeit für das Beste

Nana Claudia Nenzel
Holger Leue

BRUCKMANN

S. 2/3: Diese Bilderbuchschönheit will entdeckt werden.
Oben: Auch unter Wasser ist der Markusplatz unwiderstehlich.
Mitte: Sehen und sehen lassen in den Cafès an der Piazza San Marco
Unten: Die ganzen Mercerie entlang lockt ein Geschäft am anderen.

INHALTSVERZEICHNIS

Oben: Verführerische Einblicke und Durchblicke rund um den Markusplatz.
Mitte: Gondelfahrt durch die unzähligen Kanäle der Serenissima.
Unten: Junge Leute lieben solche Fruchtbars wie in den Mercerie.

DIE TOP TEN

CANAL GRANDE (S. 64)

Keine Wasserstraße der Welt dürfte schöner sein! Die gotischen und barocken Paläste wenden ihre Prachtseite mit zahlreichen, oft filigranen Fensterreihen und meist später hinzugefügten Balkonen dem wichtigsten Kanal Venedigs zu, der zu recht Canal Grande heißt.

PIAZZA SAN MARCO (S. 32)

Venedigs größter Platz ist auch sein prächtigster, mit der byzantinisch anmutenden Kirche San Marco, vor ihr der markante Campanile. Beide Langseiten der Piazza sind von den Procuratie eingenommen, die Schmalseite gegenüber der Markuskirche von der Ala Napoleonica mit den restaurierten Sissi-Räumen.

BASILICA DI SAN MARCO (S. 40)

Am schönsten ist die wichtigste Kirche Venedigs bei untergehender Sonne, wenn die Mosaike der Fassade golden angestrahlt werden. Innen zu bewundern ist außer dem überreichen Mosaikschmuck der Wände, Kuppeln und auch der Böden, auf der Rückseite des Hochaltars vor allem die Pala d'Oro. Ganz hoch oben auf den Emporen des Kirchenschiffs reizen die immensen Schätze des Dommuseums mitsamt der Original-Quadriga.

PALAZZO DUCALE (S. 46)

Von außen ist der Regierungssitz der Republik mit den weiß und rosa strukturierten Fassaden eine Augenweide, innen sind seine zum Teil immensen Räume mit zahlreichen Kunstschätzen ausgestattet. Ein Besuchermagnet besonderer Art sind die Geheimgänge mit den Kerkern, aus denen Casanova entfliehen konnte, Flüsterbrücke von innen inbegriffen.

TEATRO LA FENICE (S. 69)

Zum wiederholten Male, zuletzt durch Brandstiftung, ein wahrer Phönix aus der Asche. Nach Originalbildern und Filmen rekonstruiert ist es noch üppiger. Man kann La Fenice auch ohne Opernbesuch fast täglich bei einem Rundgang genießen.

CA' D'ORO (S. 130)

Das bedeutet »Goldenes Haus«, weil es einst über und über mit goldglänzenden Bildern an der filigranen Fassade zum Canal Grande geschmückt war. Seine Rettung hat der lange Zeit heruntergekommene Palast dem zugezogenen Baron Giorgio Franchetti zu verdanken, der hier ab 1895 wohnte und seine Sammlung gotischer bis barocker Kunst Venedigs unterbrachte. Er vermachte testamentarisch alles dem italienischen Staat.

SCUOLA GRANDE DI SAN ROCCO (S. 187)

Es ist die von Tintoretto zwischen 1564 und 1588 vielleicht am kostbarsten ausgestatte »Schule« Venedigs mit dem großartigen Bilderzyklus zum Leben des Pestheiligen Rochus: Die unglaubliche Anzahl von 27 Wand- und Deckenbildern in der Sala dell'Albergo, 25 in der Sala Superiore sowie acht im Erdgeschoss beeindrucken.

SCUOLA DEGLI SCHIAVONI (S. 110)

Die kleine »Schule« ist ganz groß durch den vollständig erhaltenen Bilderzyklus (1502–1507) von Vittorio Carpaccio. Er zeigt die Lebensgeschichten der Heiligen der dalmatinischen Bruderschaft, die bis heute existiert und ihren Sitz mit Argusaugen bewacht. Man darf ihn aber gegen Eintritt besichtigen.

GALLERIE DELL'ACCADEMIA (S. 214)

Ursprünglich eine Kunstakademie für die Ausbildung in Malerei und Skulpturen, ist sie erst seit 1882 ein Museum. In den letzten Jahren wurde die Galerie nach großen Erweiterungen vor allem durch immer mehr Wechselausstellungen zum Publikumsmagnet.

SAN GIORGIO MAGGIORE (S. 228)

Die Kirche des einstigen Benediktinerklosters auf der kleinen Insel vor Venedig ist Palladios Hauptwerk (ab 1565) in der Lagune, das er aus der fast verfallenen Kirche von 982 schuf. Das ehemalige Kloster besitzt einen wundervollen Garten mit Freilichttheater und gehört der Fondazione Cini mit Kultur- und Forschungszentrum.

Oben: Golden glänzen die Mosaiken an der Fassade von San Marco.
Unten: Die Rialto war die erste steinerne Brücke über den Canal Grande.

Die filigrane Schönheit

Viel bewundert und strahlend zeigt sich Venedig mit seinen Hunderten von Inseln, Kanälen und Brücken, mit seinen alten Palazzi in venezianisch-gotischem Stil, mit filigranen Fassaden oder klaren Rundbögen der Renaissance und des Barock, seinen Kirchen und Museen voller Kunst. Eben ein Weltkulturerbe! Es zeigt sich und entgleitet doch, denn niemand wird sich anmaßen, Venedig in allen Nuancen zu kennen, dafür ist die Serenissima, die »Durchlauchigste« oder »hell Strahlende«, wie ihr berühmter Beiname sagt, einfach zu reich.

Diese zu Stein gewordene Schönheit zählt aber auch zu den teuersten Städten der Welt. Daher kommen die meisten Besucher nur als Ausflügler vom preiswerteren Festland oder als Kreuzfahrtteilnehmer und müssen doch immer wiederkommen, weil die Stadt eine einzige Sehenswürdigkeit ist.

Paläste und Basiliken voller Kunstschätze, Kanäle voller Gondeln, Brücken und Gassen, enge Durchgänge und weite Plätze mit der einst obligatorischen Zisterne für das Sammeln des Regenwassers – jeder Blick im vielleicht noch 58 000 Einwohner zählenden historischen Kern Venedigs ist ein Erlebnis. Der Bummel darf ruhig zum Abenteuer werden, Verirren inklusive. An jeder Ecke locken Café-Bars und Trattorien und bieten Erholung von Altären und Fresken, verleiten billige Souvenirläden ebenso wie feine Boutiquen zur Schnäppchenjagd oder teurem Einkauf.

Mit internationaler Hilfe werden verstärkt Palazzi und Kirchen renoviert, Kanäle ausgebaggert und

Steckbrief Venedig

Lage: Venedig, italienisch Venezia, liegt im Nordosten Italiens zwischen Po- und Piave-Mündung, das historische Zentrum in Meereshöhe in der Lagune von Venedig.

Fläche: 414,6 km², davon 257,7 km² Wasserfläche

Flagge:

Schutzpatron: Apostel Markus

Webseite: www.comune.venezia.it

Einwohner: Letzte Zählung Ende 2010 in ganz Venedig fast 271 000 Einwohner, im historischen Zentrum knapp 62 000 und zusätzlich fast 31 000 im Rest der Lagune. Wöchentliche Zählung der Kommune ergab für das Zentrum im Januar 2013 rund 58 000 Einwohner.

Währung: Euro

Zeitzonen: MEZ und MESZ (Ende März bis Ende Oktober)

Geografie: Das historische Zentrum der Stadt entstand in der Lagune auf angeblich 118 Inseln, die durch 444 Brücken miteinander verbunden sind. Venedig befindet sich also in Meereshöhe und ist daher ständig den Gezeiten ausgesetzt. Um deren Schäden an den empfindlichen Gebäuden zu reduzieren, wird noch am Schleusen-System MOSE gearbeitet.

Stadt und Verwaltung: Die Stadtregierung besteht aus dem Bürgermeister und elf *assessori.* Der Stadtrat aus 40 Räten, dessen Tagungsort die Ca' Loredan in San Marco ist, wird jeweils für fünf Jahre gewählt. Er kontrolliert die Regierung mit Hilfe von elf Kommissaren.

Wirtschaft und Tourismus: Haupteinnahmequelle des Festlands ist die Industrie, in der Lagune dominiert der Tourismus. Aber auch Handel, Transport- und Baugewerbe sowie Dienstleistung sind wichtig und geprägt von Klein- und Kleinstunternehmen (siehe Gondolieri). Noch immer wichtig: die Glasindustrie auf Murano.

Religion: Überwiegend katholisch, außerdem leben rund 6000 Muslime in der Stadt und etwa 500 Juden.

Bevölkerung: Offiziell leben in Venedig rund 30 000 Ausländer, davon 4400 im *centro storico.* Mehr als 13 000 sind Osteuropäer, knapp 10 000 Asiaten und mindestens 1400 Afrikaner. Knapp 250 Deutsche sind offiziell registriert.

Piazzetta San Marco mit Procuratie Nuove, Campanile und Dogenpalast.

Oben: Prächtig sind sie alle, Venedigs Paläste am Canal Grande – ob im schweren Barockstil ...
Unten: ... oder der feinen Fassadenauflösung im gotischen Stil, dem die Serenissima ihre wichtigsten architektonischen Prägung verdankt.

saniert, Hauseingänge und Gassenniveau erhöht, um besseren Schutz vor Hochwasser zu bieten. Doch an den einfachen Häusern bröckelt weiter der Putz und trägt damit doch nicht wenig zum Zauber der alten Dame Venedig bei.

Erste Annäherung an den Canal Grande

Dem Zauber Venedigs nähert man sich am besten vom Wasser her, denn zum Wasser hin wurden die Schauseiten der Paläste konzipiert. Angefahren werden sie mit der Gondel, die im Erdgeschoss ihren Parkplatz hatte und vielfach auch nur zur Dekoration genutzt wurde, vor allem wenn es ums Repräsentieren ging. Sich vom Wasser anzunähern bedeutet, den Canal Grande als Einstieg in die Stadt zu wählen, was ganz einfach ist: mit dem *vaporetto* der Linie Nummer 1. Und das gilt sowohl für Bahnreisende (Start Bahnhof Santa Lucia) als auch für Autofahrer, denen die wohl teuerste Parkgarage Italiens nicht zu teuer ist. Ein Venedigbesuch beginnt also am Piazzale Roma. Hier kommen auch die Busse vom Festland an.

Das *vaporetto*, der Wasserbus, fährt sozusagen die Hauptgräte des Fisches namens Venedig ab – noch nicht bemerkt, dass Venedigs Altstadt wie ein Fisch aussieht? Es geht vom Auge im großen Bogen durch den ganzen Kopf und über die Unterseite, wo er aus dem Canal Grande hinaustritt und den Bacino entlang am Fischschwanz auf die Haltestelle Biennale zusteuert. So wird dem Betrachter auch die ganze Pracht der Riva degli Schiavoni präsentiert – und gleichzeitig einen Blick auf die prächtige Kirche San Giorgio Maggiore gegenüber ermöglicht.

Aber nicht nur Touristen bietet sich diese grandiose Kulisse, hinter die es noch zu schauen gilt. Die

Venezianer selber benutzen die *vaporetti*, denn wer kann sich schon den ständigen Luxus eines Wassertaxis leisten oder gar einer Gondel, wenn es zur Arbeit geht, in die Schule, an die Uni oder ganz normal zum täglichen Einkauf? Venezianer zahlen übrigens für dieses Fahrvergnügen, das für sie nicht immer vergnüglich ist, wenn sie sich mit allzu vielen Fremden reinzwängen müssen, erheblich weniger als Touristen und auch als Bewohner der Provinz Venedig, geschweige denn von Rest-Italien. Ist doch einzusehen, oder? Wer jedoch eine IMOB-Karte (s. S. 275) besitzt, zahlt auch als Fremder weniger und kann an den begehrtesten Haltestellen durch einen Extra-Zugang aufs Boot.

Erste Besiedlung Rialtos

Weil Germanen, Hunnen und Alanen sich im fünften Jahrhundert über die Adriaküste und ihr Hinterland hermachten, mussten sich die Veneter in die Lagune retten. Auf oftmals nur sehr kleinen Inseln bauten sie erste Hütten und betrieben mühsam Landwirtschaft. Noch waren sie von Byzanz abhängig, das ihnen sozusagen als Statthalter 697 erstmals einen Dogen bestimmte. Der erste von der Kommune frei gewählte Doge kam aber schon 726 zum Zuge.

Mit der Besiedlung der höher gelegenen und daher *Rialto* (»hohes Ufer«) genannten Inseln wurde ab 810 der Regierungssitz festgelegt. Die venezianischen Kaufleute beherrschten inzwischen das Mittelmeer. Was den Venezianern fehlte, war eine Symbolgestalt wie ein beliebter Heiliger. 828 raubten sie trickreich die Gebeine des Heiligen Markus im ägyptischen Alexandria, wie später am Portal der ihm geweihten Kirche San Marco zu sehen war. Sie versteckten die Überreste in einem Korb mit Schweinefleisch – die Muslime, durch deren

Oben: Versteckt im Palazzo Ducale stehen die Originalsäulen seiner Laubengänge.
Unten: Der Dogenpalast ist voller vielfach vergoldeter Schätze wie diese Decke.

Oben: Palazzo Barbarigo in der Beuge des Canal Grande, eines der wenigen außen noch bebilderten Paläste.
Unten: Man kommt sich ziemlich klein vor angesichts der wandfüllenden Werke im Palazzo Ducale.

Kontrolle sie durchmussten, traten angeekelt zurück und ließen die räuberischen Christen passieren. Mit dem neuen Schutzpatron war der Siegeszug der Serenissima nicht mehr aufzuhalten.

Nicht genug: Auch aus dem von ihnen in den Kreuzzügen geplünderten Konstantinopel brachten die Handelsherren 1201 bis 1204 reiche Beute nach Venedig, u.a. die wunderbaren Bronzepferde, die nun in der Schatzkammer von San Marco stehen, während ihre Kopien vom Originalplatz, dem Balkon, auf das Geschehen unter ihnen auf der Piazza San Marco schauen.

Die Prachtentfaltung der Dogen

Die Kreuzzüge also sind schuld an Venedigs Prachtentfaltung. Denn durch den Handel mit dem Orient, der vorher unbekannte Kostbarkeiten bot, erschlossen sich dem venezianischen Adel immense Reichtümer. Schon das 13. Jahrhundert sah Venedig überhäuft mit Luxuswaren, die ebenso gefragt waren wie die für den Normalbürger kaum bezahlbaren orientalischen Gewürze. Aber auch mit Getreide und Salz wurde die Seemacht stark. Unermessliche Reichtümer häufte sie und wuchs dadurch auch zum Finanzzentrum heran. Der Wohlstand zeigte sich im Bau von Palästen und unglaublich reich ausgestatteten Kirchen und kommunalen Bauten.

Die Dogen, die ab dem Jahr 697, vorerst von Byzanz ernannt, die Stadt und ihre *terraferma*, das für die Landwirtschaft wichtige Hinterland, regierten, bemühten sich nach Kräften, sich auch ein architektonisches Denkmal zu setzen. Immerhin waren es 120 Dogen, die bis zur Übergabe der Stadt an Napoleon (1797), der sie an die Habsburger weiterreichte, die Geschicke Venedigs bestimmten. Der Begriff Doge kommt aus dem Lateinischen *dux* für »Fürst, Führer, Anführer« – bei den Römern ab dem vierten Jahrhundert die Bezeichnung für den obersten militärischen Befehlshaber in einer Grenzprovinz. In Venedig wurden die Dogen Staatsoberhaupt der Stadtrepublik – als Richter wie als militärischer Anführer, also ganz schön mächtig. Etwas eingeschränkt wurde dies 1132 durch den »Großen Rat« und 1148 den »Rat der Zehn«, sozusagen eine oberste Kontrollinstanz. Nicht, dass danach den Dogen nur ein repräsentatives Amt geblieben wäre – sie blieben militärische Oberbefehlshaber.

Als Regierungssitz hatten sie den Dogenpalast, aber ihre privaten Wohnsitze, schließlich traf es ja keine Armen, gelten noch heute als die prächtigsten Paläste der Stadt und der *terraferma* – Beispiele dafür sind die Palazzi der Vendramin, der Manin, Mocenigo, Foscari, Barbarigo oder Dandolo.

Maßwerk contra Rundbogen

Die schönsten Paläste der Stadt stammen aus der Gotik, zeigen filigrane Maßwerkfenster, wie man sie sonst aus Rest-Europa von den Kirchen kennt, und ähneln damit feinsten Spitzen. Tatsächlich ähnlich sind sie denen, die man in einigen der teuren Auslagen Venedigs noch immer als venezianische Spitzenarbeiten (vor allem Gardinen oder Tischwäsche) finden kann.

Die Hoch-Zeit der venezianischen Architektur aber tendiert zum klassischen Rundbogen der Renaissance im 16. Jahrhundert, als mächtige Dogen den Reichtum ihrer Familien und ihre eigene Präsenz in architektonischer Prachtentfaltung widerspiegeln lassen wollten. Merkwürdigerweise galt dies nicht für die Sakralbauten. So hat Venedig zwar den damals angesehensten Architekten Andrea Palladio (1508–1580) nicht ignorieren kön-

Oben: Seine filigrane Schönheit ist schon eine Außenbetrachtung wert.
Mitte: Atemberaubend schön sind die Pferde der Quadriga von San Marco.
Unten: Gemälde im Dogenpalast

Oben: Bellinis Madonna mit dem Kind und den vier Heiligen befindet sich in der Familienkapelle der Pesaro in der Frari-Kirche.
Unten: Vorbild für Bellinis Madonnenbilder waren griechische und byzantinische Ikonen, hier die Madonna degli alberetti.

nen, aber die Kirchen, die er bauen sollte, durfte er nicht im Herzen der Serenissima errichten, sondern nur mit Blick darauf, also vorgelagert auf San Giorgio di Castello (1564 San Giorgio Maggiore) und auf La Giudecca (1576 Il Redentore). Genau genommen waren es Umbauten von Kirchen, die bereits von außen als solche erkennbar waren, also keine Neubauten, aber eben unverkennbar im klaren Stil Palladios.

Venedigs Maler und ihr Rot

In der Malerei tun sich einige Venezianer hervor, die über Venedig hinaus in ganz Oberitalien tätig waren. Giovanni Bellini (1432–1516) übernahm von seinem Lehrmeister und Schwager Andrea Mantegna (1431–1506) anfänglich den plastischen Malstil. Später wurden seine Altarbilder (u.a. 1488 für die Frari-Kirche und 1505 für die Santa Conversazione in San Zaccaria) in ihren Farben weicher und harmonischer. Das machte ihn zum Hauptmeister der venezianischen Malerei der Frührenaissance.

Die filigrane Schönheit

Giorgio da Castelfranco, genannt Giorgione (1477/78–1510) aus dem venetischen Castelfranco ging in Venedig bei Giovanni Bellini in die Lehre. Seine Hauptwerke, vor allem Fassadenfresken an Palästen, speziell am Fondaco dei Tedeschi (1508), sind bis auf wenige Reste zerstört, aber in Stichen von Antonio Maria Zanetti von 1760 zu sehen. Lichtgesättigte Farben, flüssige Malweise und persönliche Bildthemen machten Giorgione zum Wegbereiter der Hochrenaissance. Er liebte außerdem die Einbeziehung der Landschaft in seine Themen.

Auch der in Pieve di Cadore im Norden des Veneto (Provinz Belluno) geborene Venezianer Tiziano Vecelli oder Vecellio, genannt Tizian (um 1478/90–1576), lernte bei Giovanni Bellini in Venedig, half ihm bei den Fresken an den Palästen des Fondaco dei Tedeschi und entwickelte dann seinen eigenen Stil kraftvoller bewegter Kompositionen. Ruhig dagegen sind seine Bilder aus den 1530er-Jahren, in prachtvollen abgestuften Farben ist das Stoffliche wiedergegeben. Im Alterswerk dagegen herrscht eher durchgeistigte Gelöstheit. In Venedigs Kirche Santa Maria Gloriosa dei Frari hängen seine dramatische *Himmelfahrt Mariä* (1516–18) und die *»Madonna del Pesaro«* (1519–26). Tizians berühmteste Werke aber zieren die bedeutendsten Museen der Welt, in Venedig immerhin auch die *Accadémia* mit dem *Tempelgang Mariäs* (1534–38). Durch Giorgio Vasari (1511–1574) lernte er den Manierismus kennen, seine Bilder wurden im Alter skizzenhafter, die Komposition entstandt aus der Farbe heraus. – In die Kunstgeschichte eingegangen ist auch seine Farbe, das Tizian-Rot.

Tintoretto (der »kleine Färber«, 1518–94), schuf großformatige ausdrucksstarke religiöse Bilder mit häufig kühn verkürzten Gestalten und bewegten Kompositionen mit großer Tiefenwirkung. In Ve-

Oben: Tizians vielleicht gewaltigste Himmelfahrt Mariä in der Frari-Kirche zieht den Betrachter schon vom Eingang aus magisch an. **Unten:** Das Selbstbildnis Tizians zeigt einen selbstbewussten alten Mann.

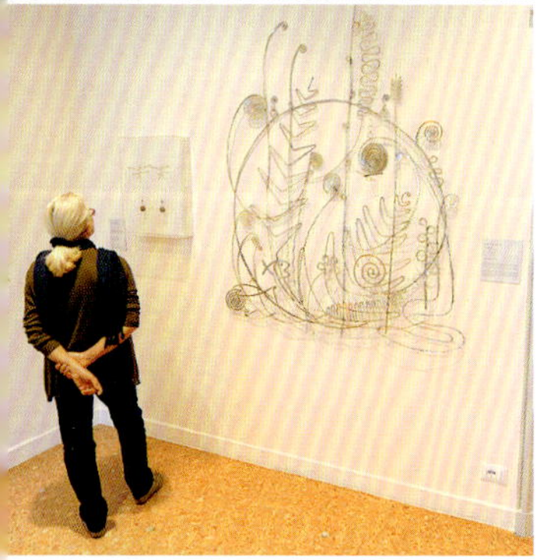

Oben: Tiepolo hielt in einem Deckengemälde fest, wie Neptun der Stadt seine Reichtümer übergibt.
Mitte: Canaletto Canal Grande mit der La Salute.
Unten: Moderne Kunst muss man nicht verstehen, sie muss einen ansprechen.

nedig hinterließ er zahlreiche Werke: In Santa Maria della Salute die *Hochzeit zu Kanaa* (1561), in San Polo das *Abendmahl* (1565–70), in San Giorgio Maggiore wieder ein Abendmahl (1592–94) und in der Scuola di San Rocco sein Hauptwerk, die Deckengemälde in der Sala dell'Albergo (1565/66) und die Szenen aus dem Alten und dem Neuen Testament in den großen Sälen (1575–82).

Auch im 18. Jahrhundert war Venedig führend in der Malerei, speziell wegen der venezianischen Stadtansichten, die Giovanni Antonio Canal, genannt Canaletto (1697–1768), und Francesco Guardi (1712–93) in großer Zahl schufen. Der in Venedig geborene Maler Giambattista Tiepolo (1696–1770) gilt als der letzte überragende Meister venezianischer Kunst. Seine großartigen Freskenzyklen von geradezu transparenter Farbenpracht zieren Kirchen, Schlösser, Villen und Stadtpaläste auch in anderen Städten Oberitaliens wie Mailand und Bergamo, Vicenza und dem kleinen Strà am Brenta-Kanal mit seinen großartigen Villen, allen voran die riesige Villa Pisani, genannt La Nazionale.

Venedig und die Moderne

Die Venezianer sind bekanntlich ziemlich konservativ und mit neuen Kunstrichtungen – siehe Palladio – tun sie sich schwer. So verwundert es nicht, dass moderne und zeitgenössische Kunst ausländischen Initiativen zu verdanken sind – trotz der Kunst-Biennale. Sie haben mehrere Museen geschaffen, die aus Venedig auch einen Magnet für Liebhaber zeitgenössischer Kunst machen.

Das Centro Punta della Dogana, vom Multimillionär François Pinault ins Leben gerufen, zeigt Werke aus der Privatsammlung von Pinault, wie von Takashi Murakami oder Jeff Koons. Pinault kaufte auch den Palazzo Grassi der Familie Agnelli ab und ließ ihn für mehr als 2500 Werke aus seiner Privatsammlung und für Wechselausstellungen ebenfalls restaurieren. Die Stiftung Prada machte es 2012 nach… Und demnächst?

Die Sammlung Peggy Guggenheim hat seit 1948 ihren Sitz im Palazzo Venier dei Leoni, den die nordamerikanische Galeristin erworben hatte. Hier wurden erstmals in Italien Werke von Jackson Pollock ausgestellt. Bis zu ihrem Tod 1979 förderte Peggy Guggenheim junge Künstler, was heute nach wie vor mit ihrer Stiftung fortgesetzt wird.

Eine schlicht »Galerie« genannte Institution gehört der deutschen Galeristin Dorothea van der Koelen, die mit rund 30 Künstlern aus 15 Ländern zusammenarbeitet, eigene Publikationen veröffentlicht sowie Konferenzen und Ausstellungen organisiert.

Ombra e cicheti

Den Venezianern wird Zurückhaltung und Höflichkeit nachgesagt. Aber auch eine gewisse Schlitzohrigkeit, die sie wohl ihrer handfesten kaufmännisch geprägten Geschichte zu verdanken haben. Weshalb sie von den anderen Italienern gerne als *furbi*, »schlau« oder »verschlagen«, bezeichnet werden. Schlau auch, weil sie schon immer mit ungewöhnlichen Situationen fertig werden muss-

Oben: Auch der Moderne bietet Venedig eine breite Bühne, ob in der Stiftung Prada…
Mitte: … oder in der Sammlung Guggenheim.
Unten: Aber die größten Kunstschätze sind viel älter wie Tintorettos »Beschneidung«.

Geschichte im Überblick

421 gilt als das Gründungsjahr Venedigs. Als Germanen, Hunnen und Alanen in Wellen die Adriaküste und ihr Hinterland überfallen, retten sich die Veneter auf die Inseln der Lagune.

697 wird der erste Doge gewählt, dem die Geschicke der jungen Kommune in die Hände gelegt werden.

810 werden die Rialto-Inseln als Regierungssitz besiedelt. Die venezianischen Kaufleute haben inzwischen im Mittelmeer ihre Macht gefestigt, 828 rauben sie den Körper des Heiligen Markus im ägyptischen Alexandria und bringen den neuen Schutzherrn der Stadt nach Venedig. Nun ist der Siegeszug der Serenissima Repubblica di San Marco (»Durchlauchteste Republik des Heiligen Markus«) nicht mehr aufzuhalten.

1000 beherrscht Venedig nach der Eroberung Dalmatiens die gesamte Adria, 1177 erhält sie von Papst Alessandro III. und Barbarossa Handelskonzessionen auf dem Festland.

1201–1204 bringt die Teilnahme an den Kreuzzügen den Handelsherren reiche Beute.

12.–13. Jh. Venedig erreicht seine religiöse und kulturelle Blüte. Die Republik Venedig wird zu einer der wichtigsten wirtschaftlichen und politischen Mächte Europas und auch zu einer ihrer größten Städte. Ihr dominierender Adel avancierte zum Zwischenhändler zwischen dem östlichen Mittelmeer und Westeuropa.

1291 müssen die Glasbläsereien Venedigs auf die kleinere Nachbarinsel Murano übersiedeln, weil sie eine allzu große Gefahr von Stadtbränden werden.

1380 wird auch die Seemacht Genua geschlagen.

1404–1435 erobert die Serenissima alle Städte auf dem Festland bis zu den Alpen und schließlich das gesamte Po-Delta (1481).

Ende 15. Jh. Die Türken streben nach Westen, die Entdeckung Amerikas durch Kolumbus (1492) und des Seewegs nach Indien durch Vasco da Gama (1498) bringen für Venedig den Handel mit der Welt in Gefahr.

1516 werden die Juden der Stadt zwangsumgesiedelt auf die Insel Cannaregio, ins »Ghetto«, wonach alle europäischen Judenviertel später den Namen »Ghetto« erhielten.

16. Jh. Die venezianische Kunst erreicht einen neuen Höhepunkt, große Baumeister geben danach der Stadt ein neues Gesicht (Lombardo, Longhena, Palladio, Sansovino), in Kirchen und Palästen zeigen berühmte Maler ihr Können (Carpaccio, Tintoretto, Tizian, Paolo Veronese). Doch nach außen beginnt die Macht Venedigs zu bröckeln.

1537 unterliegt die venezianische Flotte den Türken, siegt aber noch einmal zusammen mit den christlichen Flotten in der Schlacht von Lepanto (1571).

1640 zehren das Wiederaufflammen des Krieges mit den Türken und der Verlust von Kreta (1667) an der Kraft der Seerepublik.

1718 verliert Venedig nach dem Ende des Türkenkriegs die letzten Stützpunkte auf dem Peloponnes.

1797 endet die Selbständigkeit der Republik Venedig, als Napoleon Bonaparte in den Machtbereich Venedigs einrückt – besiegelt 1798 mit der letzten Sitzung des Dogen Manin. Im Frieden zwischen Napoleon und Österreich kommt die Stadt zu Österreich, nach der Vereinigung Italiens wird sie 1866 Teil des Königreichs Italien.

1846 verbindet eine Eisenbahnbrücke das Festland mit Santa Lucia.

1881 Einführung der ersten Wasserbusse (*vaporetti*)

1895 ist die Geburtsstunde der Biennale, der ersten globalen Kunstausstellung, die alle zwei Jahre stattfindet und inzwischen für mehrere Kunstrichtungen steht (Musik und Theater, Film und Architektur, seit 1999 auch Tanz).

1933 übergibt Benito Mussolini die Ponte della Libertà (»Brücke der Freiheit«) unter dem Namen Ponte del Littorio dem Verkehr.

4. November 1966 erreicht eine Sturmflut eine Höhe von 194 Zentimetern über dem Normalpegel Venedig.

1987 werden Venedig und seine Lagune in die Liste des UNESCO-Weltkulturerbes aufgenommen.

1999 wird die Lagunenstadt vom Touristenstrom fast erdrückt (damals 14 Mio., heute mehr als 16 Mio.). Eine außergewöhnliche Plakataktion sollte daher Tagestouristen abschrecken: z.B. Bilder von den hässlichen Seiten Venedigs, von verfallenden Palazzi oder Kanälen voller Ratten.

Ende 2004 Nach Jahrzehnten der Vorplanung und heftiger Diskussionen beginnt der Ausbau des Projekt MOSE (Modulo Sperimentale Elettromeccanico). 79 Schleusentore auf dem Meeresgrund sollen sich nach Fertigstellung (geplant für 2014) ab einem Hochwasserstand von 110 Zentimetern über dem Normalpegel durch Druckluft aufrichten und Venedigs historisches Zentrum vor Überschwemmung schützen.

2008 Einweihung der Ponte della Costituzione nach einem Entwurf des spanischen Architekten Santiago Calatrava. Diese vierte Brücke über den Canal Grande verbindet den Piazzale Roma mit der Fondamenta Santa Lucia östlich des Bahnhofs Santa Lucia.

2010 verbindet nun der sogenannte People Mover im Drei-Minuten-Takt die Parkinsel Tronchetto mit dem Bahnhof Santa Lucia.

2013 oder 2014 Geplante Fertigstellung des Wasserschutzprojekts MOSE

Wo sonst lässt es sich so schön posieren wie in der Lagunenstadt?

ten, wie plötzlich auftretendem Hochwasser, das vielleicht heftiger ausfällt – wie etwa im November 1966, als es schlichtweg »Land unter« hieß in der Lagunenstadt. Oder wieder im November 2012. Auch sei ihnen Sarkasmus, zumindest eine leise Ironie, nicht fremd. Was sie aber besonders gesellig macht, ist ihre Vorliebe und Offenheit für ein kleines oder größeres Schwätzchen, ob auf einer Brücke oder an der Café- oder Osteria-Bar bei einem Gläschen Wein.

Solch ein Gläschen nennen sie *ombra*, »Schatten«, angeblich weil die Weinhändler schon früh auf der Piazza San Marco ihre Fässer aufzubauen pflegten – immer dort, wo der Campanile, also der Glockenturm von San Marco, gerade seinen Schatten warf. Der Brauch wird heute noch so gegen elf Uhr in Angriff genommen, nicht mehr nur am Markusplatz. Und dazu werden köstliche frisch zubereitete Kleinigkeiten, vielfach aus dem Meer, gereicht:*cicchetti* bzw. venezianisch *cicheti*, also weich gesprochen.

Venetisch und Venezianisch

Denn die Sprache Venedigs zeichnet sich dadurch aus, dass sie alles weicher ausspricht, Wortendungen ignoriert und einen gewissen Singsang aufweist. *Casa* (»Haus, Wohnung«) wird bei ihnen zur *ca'*. Und sie selber sind keine *Veneziani*, sondern *Venexani* oder *Venessiani*. Tatsächlich wurde auf regionaler Ebene am 28. März 2007 das Venetische als eigenständige Sprache anerkannt. Eine Variante davon ist das *Venesiàn* (Venezianisch), das speziell in Venedig gesprochen wird, alles in allem eine westromanische Sprache, die eine stärkere Verwandtschaft mit dem Französischen und Spanischen aufweist als mit dem Standard-Italienisch, das bekanntlich aus dem mittelalterlichen Toskanischen entstanden ist.

Oben: Venedig ist in jedem Alter eine Reise wert.
Mitte: Prosit, auch wenn das Glas mehr als eine *ombra* fasst.
Unten: Überall ist der Löwe von San Marco präsent, auch im Wappen der Region.

Oben: Gondoliere wie aus dem Bilderbuch – da muss man doch eine Gondelfahrt machen, auch wenn sie teuer ist!
Unten: Preiswert dagegen sind die kurzen Fahrten mit der Gondelfähre über den Canal Grande.

Dass die Venezianer gerne singen, hat schon der venezianische Dramatiker Carlo Goldoni (1707–1793) festgestellt: »Man singt auf den Plätzen, auf den Straßen und auf den Kanälen. Die Kaufleute singen, wenn sie ihre Waren anpreisen, die Arbeiter singen, wenn sie ihre Werkstätten verlassen, die Gondolieri singen, wenn sie auf Kundschaft warten«. Auf ihr wiederauferstandenes Opernhaus La Fenice, wo Klassisches geboten wird, sind sie besonders stolz. Auch wenn die Gondolieri lieber neapolitanische Lieder erklingen lassen, weil es die Touristen so erwarten, nichts geht über die echt venezianischen Vivaldi-Klänge – egal, ob in einer Kirche oder aus einem Palazzo, in dem vielleicht gerade zahlende Gäste stilecht empfangen und bewirtet werden.

Mieten sind kaum noch bezahlbar

Doch es ist nicht alles Idylle in der Lagune. Die Lebensverhältnisse der Venezianer können recht hart sein. Auch wenn die Untergangsprognosen inzwischen verhallt sind, weil so manche Programme in der Lagune greifen – viele Gebäude sind im Erdgeschoss nicht mehr bewohnbar, der ansässigen Bevölkerung fehlt daher Wohnraum und wenn er noch vorhanden ist, dann zu immer höher steigenden Mieten. Fazit: Immer mehr Alt-Venezianer ziehen in die *terraferma*, aufs Festland, auch wenn sie weiterhin in der Lagunenstadt im Tourismus oder in der Verwaltung arbeiten und somit zu Pendlern werden. Es sollen bereits rund 15 000 sein, also fast ein Viertel der verbliebenen Venezianer! Und diese wollen nicht in einem Museum leben, sondern in ihrem geliebten Venedig der engen Gassen und der kleinen Brücken, der großen und kleinen *campielli* mit ihren Brunnen, der lebendigen Märkte und der Kanäle, eben Venedigs Wasserstraßen. Auch im Winter, wenn zarter oder auch dichter Nebel die Lagune zu verschlucken scheint und der Scirocco statt aufgeheizter Luft im Sommer das Hochwasser ankündigt und so lange in die Lagune drückt, bis es schmerzt.

Rettet MOSE die Serenissima?

Bei der Lage des historischen Zentrums auf meist winzig kleinen Inseln in der Lagune von Venedig und bei den zahlreichen Umweltsünden, die für eine Änderung der Strömungen in der Lagune sorgten, verwundert es nicht, dass es immer stärker den Gezeiten ausgeliefert ist. Beispiele: Trockenlegung für Petrolchimico Marghera und die Parkinsel Tronchetto sowie das Ausbaggern tieferer Einfahrtrillen für die immer größeren Kreuzfahrtschiffe. Und vor allem im Winter das *acqua alta* – das Hochwasser, das in Flutwellen in die Stadt schwappt. Fast haben sich die Venezianer daran gewöhnt, bei drohender Flut in die überlangen Gummistiefel (eigentlich zum Angeln gedacht) zu schlüpfen, die bis zu den Hüften reichen oder ihren Weg, wo möglich, über die schnell aufgebauten *passarelle*, die Stege, zu wählen. Vielleicht ein Spaß für fotografierende Touristen, die sich auch mal gegenseitig huckepack nehmen, bestimmt aber nicht für die lokale Bevölkerung.

Im November 1966 schwappt eine der schwersten Sturmfluten in die Stadt, die heute mehr denn je vom (durch die Klimaerwärmung) gestiegenen Meeresspiegel bedroht ist. In der Lagune liegt er inzwischen 23 Zentimeter höher als noch um 1900. So ließ sich ein sinnvoller Rettungsplan nicht mehr lange hinausschieben. Ende 2004 wurde endlich mit dem Bau des lange und sehr kontrovers diskutierten Projekts MOSE (Modulo Sperimentale Elettromeccanico) begonnen, immensen Schleusentoren, die sich ab einem Anstieg des Meeresspiegels auf 110 Zentimeter über Normal-

Oben: Musik gehört zu Venedig wie Paläste, Bilder und Skulpturen.
Mitte: Auch wenn es romantisch aussieht – das Hochwasser verursacht immense Schäden.
Unten: Müllentsorgung als strategisches Alltagsproblem

Oben: Auf dem neuesten Stand der Technik – der People Moover
Unten: Wie wäre es mit einem Opernbesuch? Ein Opernticketverkäufer auf der Strada Nova.

null schließen sollen. Der Markusplatz befindet sich auf rund 75 Zentimeter über NN, im Falle des Falles stünde das Wasser auf der Piazza San Marco 35 Zentimeter hoch. Geplantes Bauende nach diversen Verschiebungen: 2014, und wieder Verschiebung auf 2016. Doch niemand weiß wirklich, wie die Ökologie der Lagunenstadt durch die Schleusen beeinträchtigt werden könnte. – Also: Jetzt hinfahren oder wiederkommen und schauen, was daraus geworden ist!

Transportwesen in kommunaler Hand

Die Lage der Stadt lässt keinen Zweifel zu: Ohne ein funktionierendes Transportwesen läuft hier nichts. Kein Wunder also, dass schon die ersten *vaporetti*, also Wasserbusse, die 1881 in Dienst gestellt wurden, sozusagen Staatsangelegenheit waren. Heute eine Aktiengesellschaft, die neben den *vaporetti* auch Motorboote, Lastboote und Motorflöße betreibt und für jeglichen öffentlichen Verkehr in der Lagune und ins Umland zuständig ist: Azienda del Consorzio Trasporti Veneziano (ACTV).

2010 wurde der People Mover eingeweiht, ein Schienenfahrzeug, das die moderne Parkinsel Tronchetto mit dem Bahnhof Santa Lucia und damit mit dem *centro storico* verbindet. Die 857 Meter werden mit höchstens 26 Stundenkilometern auf fünf bis sieben Meter hohen Stelzen abgefahren, mit zwei Zügen für jeweils bis zu 200 Passagieren an Bord, die ferngesteuert befördert werden. Haltestelle auch am Fährhafen.

Im Sommer 2012 haben die Baumaßnahmen auf dem Ponte della Libertà für eine Tram zwischen Marghera-Pili und der Ampel vor der Parkinsel Tronchetto begonnen.

Venedig erkunden

Das ist sicher einfacher gesagt als getan, weil wohl kaum eine andere italienische Stadt einen so komplizierten Aufbau hat. Zum Stadtbezirk Venedig-Murano-Burano gehört das *centro storico* und das historische Zentrum, Zweiteres ist noch einmal in sechs Stadtteile aufgeteilt, den berühmten *sestieri*: östlich vom Canal Grande San Marco und Castello, westlich vom Canal Grande San Polo und Santa Croce sowie südwestlich Dorsoduro, ganz im Norden das volkstümliche Cannáregio und ganz im Süden jenseits des Canale della Giudecca die Insel La Giudecca mit dem Inselchen San Giorgio Maggiore. Zum Stadtbezirk gehören auch die in der Nord-Lagune liegenden Inseln, darunter die Glasbläserinsel Murano sowie Burano, Mazzorbo und Torcello, aber auch die sogenannten Gemüseinseln Sant'Erasmo und Vignole sowie die Friedhofsinsel San Michele.

Je nach Aufenthaltsdauer sollte man sich auf jeden Fall mit einem *vaporetto*-Fahrschein bewaffnen, den es für 12 oder 72 Stunden beziehungsweise eine Woche gibt. Oder gleich einen fünf Jahre gültigen Ausweis erwerben, mit dem man Fahrscheine zu ermäßigten Preisen kaufen und benutzen darf.

Lektüre zum Vorherlesen oder Mitnehmen

Giacomo Casanova, *Meine Flucht aus den Bleikammern von Venedig.* Der zum Inbegriff des großen Verführers gewordene Casanova wurde im Dogenpalast gefangen gehalten und konnte auf abenteuerlichste Weise von dort fliehen.

Ernest Hemingway, *Über den Fluss und in die Berge.* Der amerikanische Nobelpreisträger greift das Thema Krieg und Italien, Liebe und Tod auf. Zwar

Oben: Straßencafès vermitteln das Lebensgefühl der Venezianer und auch Touristen gefallen sie sehr.
Mitte: Hoffentlich ist es echtes Murano-Glas!
Unten: Die Vaporetti erreichen die wichtigsten Punkte der Lagunenstadt.

Der Tod in Venedig

von Thomas Mann

Oben: Thomas Manns »Der Tod in Venedig« zeichnet ein düsteres und doch packendes Bild der Lagunenstadt.
Unten: Buchauslage in einem Geschäft am Markusplatz

konnte sein Oberst Cantwell den Schlachtfeldern des Zweiten Weltkriegs entrinnen, aber im harten Licht des winterlichen Venedigs erfüllt sich sein männliches Schicksal.

Thomas Jonglez und Paola Zoffoli, *Verborgenes Venedig.* Ein Reiseführer der Einwohner, die auf Spurensuche sind. Für Reisende, die kleinen Geheimnissen nachgehen möchten.

Donna Leon, diverse, allesamt verfilmte Venedig-Krimis der in Venedig lebenden US-amerikanischen Autorin um den venezianischen Commissario Brunetti, der sein Venedig innig liebt.

Thomas Mann, *Tod in Venedig.* Der 50-jährige Schriftsteller Gustav von Aschenbach, sonst pflichtbewusst und diszipliniert, reist nach Venedig. In heißer Begierde nach dem polnischen Jüngling Tadzio total aus der Bahn geworfen verlängert er seinen Aufenthalt, infiziert sich durch frisches Obst an der Cholera und stirbt langsam am Meeresstrand sitzend. Wunderbar verfilmte Novelle!

Daphne du Maurier, *Wenn die Gondeln Trauer tragen.* Nach dem Unfalltod seiner Tochter trifft ein britisches Künstlerehepaar in Venedig auf zwei ältliche Schwestern. Eine von ihnen hat seherische Fähigkeiten, was für das Paar in eine Katastrophe führt. Der Stoff diente 1973 als Vorlage für Nicolas Roegs gleichnamigen Film mit Julie Christie und Donald Sutherland.

Paolo G. Nadali, Renzo Vianello, *Calli, Campielli e Canali.* Genaue Betrachtung aller Wege, Brücken, Plätze der Stadt mit entsprechenden Stadtplänen nach den bereits von Napoleon erstellten Katasterblättern. Etwas für Insider!

Hugo Pratt, *Venezianische Legende.* Comic des italienischen Zeichners um den Abenteurer Corto Maltese, der die Spur eines Smaragds mit geheimnisvollen Kräften durch Venedig verfolgt.

Rainer M. Schröder, *Die Lagune der Galeeren.* Mit knapper Not kann der junge Matteo Lombardi 1570 der Pest entkommen, aber nun ist er völlig mittellos. Da ist es ein Glück, dass ihn sein Onkel Tommaso Rovelli in Venedig aufnimmt und eine Anstellung im Arsenale verschafft, der Schiffswerft der Löwenrepublik. Matteo kommen jedoch schon bald Zweifel, ob dies ein Glück ist, als er hinter die Geheimnisse und Verbrechen der Lagune der Galeeren kommt.

Toni Sepeda, *Mit Brunetti durch Venedig.* 13 literarische Spaziergänge auf den Spuren des Kommissars in Donna Leons Krimis. Für Fans sicher interessant, aber etwas langatmig.

Oben: Ob das wohl eine echte venezianische Karnevalsmaske ist?
Mitte: Ursprünglich hatten Venedigs Brücken kein Geländer.
Unten: Zeitungspause geht überall, auch am Fuße einer venezianischen Brücke.

RELIGIÖSES MACHT-ZENTRUM

SAN POLO
SAN MARCO
Canal Grande
Rio di S. Giacomo dell' Orio
Campo di S. Agostin
Rio Terrà Secondo
C. d. Scaleter
C. del Cristo
dell' Agnello
C. del Teatro
P. Raspi
C.llo dei Sansoni
C. dell'Angelo
C. S. Mattio
Rio di S. Polo
Pal. Corner Mocenigo
Pal. Soranzo
Campo di S. Polo
San Polo
Salizzada S. Polo
Pal. Albrizzi
C.llo Albrizzi
Fond. Fruttarola d. Banco Salviati
Casa di B. Cappello
C.llo del Sale
R.Terrà d. Scoazzera
San Aponal
Cam. S. Aponal
Campo di S. Silvestro
S. Silvestro
Cor. Barzizza
Pal. Barzizza
C. Cavalli
C. Stretta
C. della Madonnetta
Rio d. Madonnetta
C.d. Traghetto d. Madonnetta
Rio dei Meloni
Chiesa S.M. Gloriosa dei Frari
Campo dei Frari
Rio dei Frari
Fond. Contarini
Rio di S. Stin
Campo S. Stin
C. Zane
C. della Vida
C.llo de Forner
Cor.delle Scale
C. Larga Prima
Campo S. Tomà
Rio di S. Tomà
S. Tomà
Pal. Cappello Layard
Pal. Barbarigo d. Terrazza
S. Angelo
Pal. Grimani
Pal. Martinengo Volpi
Cor. d'Appello
Cam. S. Benedetto
Teatro Rossini
Palazzo Fortuny
Ca' Fortuny
Pal. Dandolo Paolucci
Corte Marconi
Pal. Balbi
Ca' Foscari
Pal. Giustinian
Ca' Rezzonico
Pal. Contarini d. Figure
Ca' Mocenigo Mus. Centro Studi di Storia
Rio di Ca' Santi
Rio di Ca' Garzoni
Camiceria San Marco
Acquapazza
San Giorgio
Libreria Bertoni
Il Papiro
Cristina Linassi
Campo S. Angelo
Setti o Cido
Locanda Fiorita
Trattoria da Fiore
Locanda Art Déco
Ebrù
Santo Stefano
Chiesa di Santo Stefano
Campo Santo Stefano
PalazzinaG
Settimo Cielo e Bloom
Al Bacareto
Venice Design
Palazzo Grassi
Santa Maria Novella
Campo S.Samuele
S. Samuele
Pal. Malipiero
Ca' Rezzonico
Pal. Stern
Pal. Moro
Pal. Loredan
Ca'del Duca
Rio del Duca
Nicolò Tommaseo
Fuori Menu Fly Away
Rio dietro la Fenice
Taverna La Fenice
La Fenice
Antico Martini
AD Place
Rosa Salva
Cam. S. Vidal
Ex Chiesa S. Vidal
Rio di S. Vidal
Il Papiro
Campo S. Maurizio
Antiquitätenmarkt auf dem Campo San Maurizio
San Maurizio
Mario e Paola Bevilacqua
Angela R. Greco
Tarnowska's Bar
Cristina Linassi
Il Prato
Contini
Antica Legatoria Piaseis
Ala
Campo S.Maria Zobenigo
S.Maria dei Giglio
Ca' Granda Pal. Corner
Locanda Barbarigo
The Gritti Palace
Rio del Santissimo di S. Stefano
Rio dell' Orso
Pal. Barbaro
Pal. Contarini degli Scrigni
Cor. Malipiero
Accademia
Campo d. Carità
Ponte dell' Accademia
Galleria dell' Accademia
Casetta delle Rose
S. M. del Giglio
Pal. Brandolin Rota
Pal. Loredan
Campo S. Vio
Salviati
C. Bastion
C. del Pistor
C. Larga Nani
Rio Terrà Antonio Foscarini
C. Nuova S. Agnese
Piscina d. Forner

Cam. Cesare Battisti
Erberia
C.S. Giacomo di Rialto
S. Giacomo di Rialto
C. Sernagiotto
C. Gustavo Modena
C. dell' Aseo
Sal. S. Gio. Crisostomo
Ca' Amadi
Cor. 1 d.Milion
Cor. 2 del Milion
Cor. Morosini
S. G. Crisostomo
Rio di S. Marina
C. Castelli
P. d. Panada
F. Sanudo
C. dei P. delle Erbe
F. Dandolo
C. d. Cavallo
C. Bressana
C. d. Madonna
C. Venier
F. d. Felzi
Pal. Bragadin Carabba
Campo di S.Marina
C. Scaletta
R. d. Fontego
R. d. Tedeschi
Fondaco d. Tedeschi
Pal. d. Dieci Savi
Ponte di Rialto
Rialto
C. d. F. d. Tedeschi
S. d. Font. d. Tedeschi
C. della Bissa
Osteria Ai Rusteghi
Alla Botte
Luisa Spagnoli
Sal. Pio X.
Campo S. Bartolomeo
S. Bartolomeo
C. Spiaccio
C. Spezier
C. Carminati
C. del Forner
C. d. Malvasia
C. d. Pistor
C. del Dose
C. Piombo
C. Larga
C. Martinego della Palle
Rio del Piombo
Rio del Paradiso
C. del Dose
C. d. Cocco d. Renier
C. Schiavoncina
C. Trévisana
C. d. Console
C. Pinelli
S. Lio
Salizzada S. Lio
C. d. Vele
C. d. Nave
C. d. Volto
C. Fruttarol
C. d. Paradiso
C. Venier
R. d. S.Maria
Campo S. Maria Formosa
C. Lunga S. Maria Formosa
S. Maria Formosa
C. dei Orbi
Formosa
C. dei Bombaseri
Ai Stagneri
Antico Calice
Rio d. Fava
C. delle Fava
C. largа Mazzini
Mercerie 2 Aprile
C. del Carbon
Cam. S. Salvadore
Mercerie S. Salvadore
C.d.Calice
C.d.' Oratorio
S. Maria della Fava
C. d. Malvasia
C. S. Antonio
C. del M. Nuovo
C. delle Bande
C.llo S. M. Formosa
C.llo Querini Stamp.
R. d. S. Maria
Ruga Giuffa
San Salvadore
Rio di S. Salvadore
C. Bembo
C. d. Ovo
C.d.Acque
C. di Mezzo
Mercerie S. Salvadore
Baratteri
Piscina S. Zulian
C. Balbi
C. d. Mussata o Tosca
C. Casselleria
R. Venier
Colombo
Teatro Goldoni
C.d. Forno
C. d. Teatro
C. S. Luca
C. dei Fabbri
C. d. Scale
C.d. Ballotte
C. dei Pignoli
Cam. d. Artidi già Guerra
C. d. Passione
C. dell'Angelo
C. Querini
C. d. Rimedio
C. d. Magazen
C. Mercanti
Rio di S. Giovanni Novo
Campo S.Luca
C. d. Magazen
C. Carlo Goldoni
C.d. Monti
R. d. Ferati
S. Zulian
Spadaria
C.d. Specchieri
HK
P. del Rimedio
Montecarlo
Campo S. Giovanni Novo
C. del Figher
Libreria Emiliana
Scoacamini
Rio dei Fuseri
C. d. Gregolino
C. d. Strazze
Rio Terrà della Colonne
Ai due Vescovi
Merc. d'Orologio
Gucci
Do Forni
Alla Canonica
All' Angelo
S. Marco
C. d. Canonica
Pal. Trevisan
Aciugheta
C. dei Fuseri
C. Schiavine
C. Colonne
Bóvolo
Alle Colonete
C. S. Gallo
C. Fiubera
Appartamento Pestello
C.Larga
Concordia
Mario e Paola Bevilacqua
Salizzada S. Provolo
Fond. Orseolo
C. dei Fabbri
San Marco Palace Suites
Piazzetta dei Leoni
Rio di Canonica o Palazzo
C. degli Albanesi
C. delle Rasse
Fond. del Vin
Rio del Vin
Sergio Rossi
Caffè Centrale
Venecia
Cavalletto e Doge Orseolo
C. Ancore
Rio del Orseolo
Jesurum
Torre dell'Orologio
Relais Piazza San Marco
Caffè Lavena
Basilica di San Marco
C. d. Barc. Frezzeria
C. Venier
Artigian Carta
C. S. Zorzi
Salviati
Negozio Olivetti
Osteria Enoteca San Marco
Piscina di Frezzeria
C. d. Carro
C. Bognolo
Hard Rock Café
Piazza San Marco
Campanile
Ponte dei Sospiri
C. S. Salvadego
Frezzeria
Culto Caffè Cioccolato
Boldrin Gioielli
Arte Moderna Ravagnan
Itinerari Segreti
Prigioni
Rio Barcaroli
Dimora Marciana
R. 2° Contarina
Loro Piana
Appartamenti Reali, Museo Correr
Piazzetta S. Marco
Palazzo Ducale
Schiavoni
R. 1° Contarina
Fendi
Bottega Veneta
Louis Vuitton
C. dell' Ascensione
Murano Vitrum
Caffè Florian
Procurazie Nuove, Biblioteca Marciana
Riva degli
Biblos
Prada
Sal. da S. Moisè
Bottega D' Arte San Marco
Cor. del Cristo
Campo S.Moisè
Rocca
IAT Venecia
Pal. Zecca
San Moisè
Giardini ex Reali
Gucci
C. Barozzi
C. Vallaresso
Violino d'Oro
Molo
C. d. Squero
Rio di S. Moisè
C. del 13. Martiri
C. del Ridotto
Capitaneria di Porto
Harry's Bar
Cor. Barozzi
Bottega d'Arte San Marco
The Westin Europa e Regina
Luna Baglioni
S. Marco Vallareso
della Dogana alla Salute
Campo della Salute
Pal. Dogana di Mare
Punta della Dogana
Sehenswürdigkeit, Denkmal
Aktivität, Ausgang, Theater
Museum, Galerie
Shopping
Restaurant, Bar, Café
Übernachtungsmöglichkeit
Kirche, Synagoge
0
100 m
N

1 Piazza San Marco

Fotogen und fast taubenfrei

Ein Gespür für die Größe der ehemaligen Seemacht Venedig und ihren Reichtum bekommt man mitten auf dem gigantischen Markusplatz, der seit dem Fütterverbot nicht mehr so stark von den einst berühmten Tauben umflattert wird. Er ist der absolute Mittelpunkt der Serenissima, der »Durchlauchigsten« und ein guter Ausgangspunkt für die Erkundung der Sehenswürdigkeiten im Zentrum der religiösen wie der weltlichen Macht.

Seine Gardemaße können sich wahrlich sehen lassen: 175 mal 82 Meter und der einzige Platz Venedigs, der als *piazza* bezeichnet wird, alle anderen sind schlichtweg *campi*, also »Felder«, weil sie ursprünglich tatsächlich nicht gepflastert waren.

Um die Ecke, zwischen Dogenpalast und Procuratie Nuove, schließt sich die Piazzetta San Marco an, die den Gesamtplatz zum Meer hin bzw. zum

S. 28/29: Vom Bacino aus, im rosa gefärbten Abendlicht, entfaltet San Marco einen melancholischen Reiz.
Oben: Sobald die Sonne scheint, füllen sich die Cafès an der Piazza San Marco.
Unten: Auch Kinder freuen sich am Löwen von San Marco.

MAL EHRLICH

HOCHWASSERWARNUNG

Wasserliebende Besucher finden es aufregend, in Venedig auch einmal ein Hochwasser mitzuerleben. Manche machen sich dann einen Spaß daraus, sich auf der Piazza San Marco ihrer Kleider zu entledigen, um zu schwimmen! Doch für Venedig ist das Hochwasser kein Spaß, die Schäden an der Bausubstanz der Lagunenstadt sind beträchtlich. Bewohner werden per SMS oder Mail über das anstehende Hochwasser informiert. Außerdem hat Venedig ein ausgetüfteltes Sirenensystem.

Bacino di San Marco, dem Becken der Lagune, öffnet, wo der Canal Grande beginnt. Wie das ganze historische Zentrum der Lagunenstadt ist der Platz allein den Fußgängern vorbehalten. Und er ist der erste, der bei Flut unter Wasser steht, da er sich auf nur 74 Zentimetern über Meereshöhe ausbreitet. Heute liegt die Piazzetta San Marco um einiges tiefer als im 9. Jahrhundert, als eine kleine Freifläche vor der 829 errichteten Basilica di San Marco, die für die in Alexandria geraubten Gebeine des Heiligen Markus geschaffen wurde, um davor zu feiern und Neues zu verkünden.

Noch war San Marco nicht der Bischofssitz – zu dem machte ihn erst Napoleon. Derselbe Napoleon soll den inzwischen gigantisch gewordenen Platz als den schönsten Salon Europas bezeichnet haben. Platzbeherrschend ist die Fassade der Basilica San Marco. Der französische Kaiser hatte diesen Westtrakt 1810 in Auftrag gegeben, um den Platz stilvoll abzuschließen. An manchen Abenden, vor allem im Winterhalbjahr, kann das Licht von Gold in Rosarot und dann in Violett wechseln. Dann wird es allerdings schnell recht kühl und man ist froh, ins Innere zu wechseln – in einen der Räume des »Caffè Florian«. Oder lieber wie Richard Wagner ins »Lavena« gegenüber? Oder ins gemütlich kleine »Quadri« (s. S. 7) daneben?

Procuratie Vecchie

Mit Blick auf San Marco wird die linke Flanke der Procuratie Vecchie (1514 Alte Prokuratien, Sitz der Baubehörde Venedigs) eingenommen, ein schönes Beispiel venezianischer Renaissance mit tiefen Arkaden, deren Stoffvorhänge vor den Cafés und edelsten Geschäften weit hinuntergezogen werden. Für die Erhaltung der breiten Gebäudefront sorgt inzwischen nicht mehr die Republik, sondern die italienische Versicherungsgesellschaft Generali,

AUTORENTIPP!

PROSECCO IM ÄLTESTEN CAFÉ

Es ist zwar teuer, aber nicht teurer als die anderen Cafés rings um San Marco, aber das »Florian« muss mindestens einmal sein. Man fühlt sich als etwas Besonderes, wenn man in seinem edlen Ambiente, das an einen Jugendstil-Luxuswaggon erinnert, sitzt, so wie es schon unzählige Literaten und Filmgrößen, Politiker und einfach gutbetuchte Reisende vorher taten. Ein paar Namen gefällig? Die Homepage des ältesten *Caffès* Italiens zählt sie auf: Goethe, Ugo Foscolo, Charles Dickens, Marcel Proust, Gabriele D'Annunzio und Eleonora Duse, Rousseau, Stravinsky, Modigliani, Antonio Canova, Casanova.

Caffè Florian. Mo–So 8–23 Uhr, Piazza San Marco, Tel. 041/520 56 41, www.caffeflorian.com

Venedig kompakt – vom Bacino di San Marco aus betrachtet

die ganz dezent aber doch unverkennbar ihr Emblem zeigt. Am oberen Ende befindet sich der Torre dell'Orologio, der Uhrenturm mit den zwei bronzenen Mohren (1497). Er ist das Eingangstor ins recht orientalisch anmutende Gassengewühl rechts und links vom langen Straßenzug der Mercerie – zu Deutsch: der feinen Einkaufsmeile Venedigs, die sich bis zur Rialto-Brücke hinzieht.

Prokuratoren der Stadt

Die Prokuratoren Venedigs waren ursprünglich zuständig für die Beaufsichtigungen von Stiftungen, später, zwischen dem 14. und 16. Jahrhundert, immer mehr für die gesamte Stadtplanung. Als Baubehörde hatten sie nicht nur für Repräsentationsbauten zu sorgen, sondern auch Wohnungen für Seeleute und Pilger zu schaffen. Ein wichtiges Amt also mit so großem politischem Gewicht, dass viele Dogen vor ihrer Wahl erst einmal als Prokuratoren dienten. Kein Wunder also, dass die Piazza San Marco von so edlen Bauten umgeben wurde, die reinste Machtdemonstration! Die Procuratie Vecchie nahmen also nicht nur Büros der Stadtverwaltung ein, sondern im Obergeschoss auch Wohnungen sowie im Erdgeschoss Läden, durch deren Mieten Einnahmen in die kommunale Kasse flossen. Damit ließ sich von der Baubehörde ordentlich etwas bewegen in der Stadt.

Piazzetta San Marco

Auf der rechten Seite des Platzes beginnt die Piazzetta und an ihr die Procuratie Nuove (1584) mit der Biblioteca Marciana und dem Archäologischen Museum. Gegenüber steht als Fortsetzung der Basilica der Dogenpalast. Der schlanke Campanile schießt in dieser Ecke 97 Meter in die Höhe. Neugierigen ermöglicht er den totalen Überblick über

Oben: Torre dell'Orologio
Unten: Immer weniger Tauben in Venedig

AUTORENTIPP!

SONNENUNTERGANG ÜBER DER BASILICA SAN MARCO

Wer das Glück hat, die Basilica einmal bei Sonnenuntergang zu sehen, wenn einen die goldglänzenden Mosaiken derart blenden, dass man die Quadriga oben über dem Hauptportal glatt übersieht, wird diesen Anblick so bald nicht vergessen. Deshalb sollte man dieses Highlight unbedingt mit einplanen. Am besten man lässt sich in einem der umliegenden Cafés nieder, um einen Kaffee oder einen Prosecco zu genießen, bis der Sonnenball hinter dem Museo Correr (s. S. 51) in den großartig restaurierten und erst 2012 wieder zugänglich gemachten Appartamenti Reali, den königlichen Gemächern, verschwindet.

AUTORENTIPP!

PLATZ DER GONDOLIERI
Hinter der Nordwestecke der Piazza San Marco gelangt man durch eine offene Loggia zu einem kleinen Becken, dem Bacino Orseolo, einer Ausbuchtung des gleichnamigen Rio. Hier schaukeln vor dem einladenden Hotel »Cavalletto e Doge Orseolo« immer einige Gondeln im ruhigen Wasser des heimeligen Platzes. Es ist einer der stillsten Plätze der Gondolieri. Vor allem so nah am wuseligen, gut besuchten Markusplatz. Zwar kann man überall in der Stadt eine Gondelfahrt buchen, aber die Bootsführer machen hier einen seriöseren Eindruck als etwa am Bacino di San Marco und legen beispielsweise bereitwillig die Preisliste für die unterschiedlichen Touren aus.

die großartige Piazza San Marco und weit über sie hinaus. Belegt war die Piazza San Marco ursprünglich mit *cotto*, also Ziegelsteinen in Fischgrätenmuster, wie man auf den Bildern von Giovanni Bellini (1430–1516) und Giovanni Antonio Canal, gen. Canaletto (1697–1768), erkennen kann. Als Kaiser Friedrich I. im Jahre 1177 Venedig aufsuchte, war der Umfang des Platzes bereits festgelegt. Den Belag aus Trachyt bekam die Piazza San Marco jedoch erst 1723, mit hellerem Stein zu einem mäanderähnlichen geometrischen Muster so gefügt, dass der Platz noch länger erscheint. Die anschließende Piazzetta wurde in ihren Ausmaßen erst durch die Renaissancebauten für die Procuratie Nuove (s. S. 50) auf ihrer Westseite festgelegt.

Campanile

Auch die Gardemaße des Campanile, des Glockenturms von San Marco, der sich sozusagen in Alleinlage gegenüber der Fassade von San Marco erhebt, können sich mit 98,6 Metern sehen lassen. Der Turm war am 14. Juli 1902 kurz nach 9.30 Uhr zusammengefallen. Alle schon seit 1885 ausgesprochenen Warnungen der beiden Verantwortlichen Giacomo Boni und Luigi Vendrasco haben nichts genützt, noch eine Woche vor dem Zusammenbruch hieß es, der Campanile sei sicher. Die beiden Bauingenieure sahen es anders: Die Grabungsarbeiten am Fundament für die vom Architekten Jacopo Sansovino (1486–1570) errichtete Loggetta zu Füßen des Turms gegenüber der Markuskirche hatten dem Turm seine letzte Stabilität genommen.

Loggetta

Die Loggetta wurde im 16. Jahrhundert errichtet und diente als Versammlungsort. Sie ist reich verziert. Die Reliefs zeigen den Stadtapostel Markus und weitere Figuren aus der Stadtgeschichte. Viele symbolisieren die Stärke und die Tugenden Venedigs. Beim Einsturz des Campanile wurde ein Großteil der Skulpturen und Reliefs zerstört.

Wiederaufbau des Campanile

Die satirische Zeitung »Lustige Blätter« des deutschen Schriftstellers Alexander Moszkowski (1851–1934) veröffentlichte am 24. August 1902 mögliche Rekonstruktionen des Glockenturms. Recht lustige Bilder mit abartig verdrehten Konstruktionen, die sicher nicht ernst gemeint waren, beweisen aber, ebenso wie eine große Spende aus den USA, dass der Campanile der Markuskirche nicht irgendein Turm ist. Mehrere Jahre tat sich außer Planen nichts. Ein Foto von 1906 zeigt die Piazza San Marco bei Hochwasser ohne den Campanile. Erst am 25. April 1912, also zehn Jahre nach seinem totalen Zusammenbruch, wurde der Glockenturm wieder eingeweiht, die letzten Bauarbeiten waren erst am 2. Juni 1912 beendet.

Engel als Wetterfahne

Unter den geretteten Teilen des Campanile befand sich der Engel, der die Spitze krönte. Am Donnerstag dem 31. Juli 1902 wurde in eben diesem Engel eine Nachricht entdeckt, die ein unbekannt gebliebener Verfasser der Nachwelt 1822 hinterlassen hatte. Fast wäre die kleine Kupferkassette mit allem Schutt ins Bacino, dem Lagunenbecken vor San Marco, geworfen worden. In der Kassette war eine doppelt versiegelte Glasflasche versteckt, in der die Namen derjenigen Künstler geschrieben standen, die den Engel schufen, unter ihnen ein gewisser Francesco Carissimo. Der Engel sitzt jetzt so auf der Spitze des Turms, dass er sich wieder wie von Anfang an vorgesehen als Wetterfahne nach dem Wind drehen kann.

Oben: Perfekt für den totalen Überblick: der Campanile
Unten: Das glückliche Lächeln über den Venedig-Besuch muss man natürlich festhalten!

Oben: Blick von San Marco auf die Klosterinsel von San Giorgio Maggiore
Mitte: Starke Symbolkraft hat der Löwe von San Marco.
Unten: Manchmal müssen die Gondolieri lange auf Kundschaft warten.

Angst vor dem Scharfrichter

Am Meer erheben sich vor dem Bacino di San Marco genannten Becken zwei Säulen, die den ersten und den seit 828 aktuellen Schutzpatron Venedigs präsentieren: vom Campanile aus gesehen rechts San Teodoro als Drachentöter, links der Löwe als Symbol für San Marco. Abergläubische Venezianer gehen noch heute lieber nicht zwischen den Säulen hindurch, denn hier befand sich im Mittelalter die öffentliche Hinrichtungsstätte.

Gondola, Gondola

Vor der Piazzetta warten sie auf Kundschaft, auf Venedigs Wasserstraßen haben sie Vorfahrt vor jedem Motorboot und sind die absoluten Königinnen der Lagune – die schwarzen Gondeln. Bereits 1094 erwähnt existieren sie seit dem 19. Jahrhundert in ihrer heutigen Form. Weil die Adeligen mit immer prächtiger ausgestatten Gondeln allzu sehr konkurrierten, verbot die Stadt im 16. Jahrhundert per Dekret jeden Prunk. Nur die Gondeln der Republik durften ihren Schmuck behalten, alle anderen bekamen die Farbe Schwarz verordnet. Auch die genauen Maße wurden festgeschrieben: 10,87 Meter Länge, nur bis 1,42 Meter Breite, aus sieben (früher sogar acht) verschiedenen Holzarten aus 280 Teilen zu zimmern. Und dies asymmetrisch, die linke Seite ist 24 Zentimeter kürzer als die rechte.

Infos und Adressen

SEHENSWÜRDIGKEITEN

Campanile. Mo–So April–Juni/Okt. 9–19 Uhr, Juli–Sept. 9–21 Uhr, Nov. –März 9.30–15.45 Uhr, San Marco 312, Piazza San Marco/Ecke Piazzetta, Tel. 041/522 40 64.

ESSEN UND TRINKEN

Hard Rock Café. Der Jugendtreff im Café der weltweit bekannten Kette mit Restaurant, super gestylt und doch angenehm mit diversen Sitzecken und Stehtischen ausgestattet. Restaurant Mo–So 11–23 Uhr, Bar Mo–So 11–24 Uhr, Bacino Orseolo, San Marco 1192, Tel. 041/522 05 13, www.hardrock.com

Osteria Enoteca San Marco. Heimelige Osteria mit Weintheke und mehr als 300 Wein-Etiketten. Küche Mo–So 12.30–23 Uhr, Calle Frezzeria, San Marco 1610, Tel. 041/528 52 42, www.osteriasanmarco.it

ÜBERNACHTEN

Cavalletto e Doge Orseolo. Schön am Bacino der Gondolieri gelegenes gut restauriertes Hotel. Bacino Orseolo, San Marco 1107, Tel. 041/520 09 55, cavalletto@sanmarcohotels.com

Durch das Fernrohr auf dem Campanile Venedig von oben sehen

EINKAUFEN

Boldrin Gioielli. Kostbarster Schmuck. Piazza San Marco 62/A, Tel. 041/520 05 72, www.boldringioielli.com

Murano Vitrum. Murano-Glas vom Feinsten, auch zeitgemäßes Design, ob kleine Mitbringsel oder ansehnliche Skulpturen. Piazza San Marco 1229, unten in der Ala Napoleonica an der Schmalseite der Piazza San Marco, Tel. 041/520 63 58, www.muranonet.com

INFORMATION

IAT Venezia. Unter den Appartamenti Reali, San Marco 71/F, Tel. 041/529 87 11.

Total »in« nicht nur bei jungen Leuten – das Hard Rock Cafè nahe Piazza San Marco.

Oben: Auch in Teilen schön ist die Kuppellandschaft von San Marco.
Unten: In frischen Farben erstrahlen die Mosaiken von San Marco.

2 Basilica di San Marco

Venedigs geistlicher Mittelpunkt

Golden flimmern an der Hauptfassade die Mosaiken der zwischen 1063 und 1071 erbauten Basilica di San Marco, dem geistlichen Mittelpunkt der Lagunenstadt. In den Bogennischen erzählen sie die Geschichte des Raubes der Gebeine des Heiligen Markus aus Alexandrien. Ganz links wird der Einzug der kostbaren Reliquien in die Basilika dargestellt, das einzige Original des Portals.

Eine wahre Kuppellandschaft öffnet sich dem Betrachter, der von oben – etwa vom Campanile – auf die Basilica schaut. Eher orientalisch als europäisch wirkt das Ganze, stark von Byzanz geprägt, was man auch als Brückenschlag zwischen Orient und Okzident verstehen könnte. Die reiche Ausschmückung mit Mosaiken sowohl an der Fassade als auch innen weist in den Orient. Angesichts der Entstehungsgeschichte von San Marco verwundert das nicht.

Kirche am Platz

Die Basilica ist die dritte Kirche an derselben Stelle. Die erste wurde 832 geweiht, um bald für die 828 entführten Reliquien des Heiligen Markus einen passenden Ort zu schaffen, und ist also eher als Schrein zu verstehen. Gleichzeitig diente sie dem Dogenpalast als Hauskapelle. 976 den Flammen Aufständischer zum Opfer gefallen wurde sie schnell wieder aufgebaut. Nachdem auch die Nachfolgekirche zerstört wurde, begann man 1063 mit dem Neubau der heutigen Basilica, die wiederum im Laufe der Jahrhunderte zahlreichen Änderungen unterworfen wurde.

Schon ab dem ausgehenden 11. Jahrhundert verpflichtete die Republik ihre Seefahrer, von ihren Reisen für die Ausschmückung von San Marco Schätze mitzubringen – ganz gleich, ob gekaufte oder geraubte. Nicht, dass die Seeleute nur Goldschmuck und Edelsteine mitgebracht hätten – sie scheuten sich nicht, ganze Säulen und andere Bauelemente nach Venedig zu verschleppen.

Geraubte Quadriga

Über dem rechten Portal der Basilica di San Marco ist der Trick der beiden venezianischen Kaufleute dargestellt, mit dem ihnen ein schwerwiegender Diebstahl gelang: Sie täuschten die muslimischen Zöllner, indem sie auf die kostbare Reliquie Schweinefleisch legten, das die Muslime ja nicht berühren dürfen. Über der Mitte der Fassade stehen Kopien der vier in Konstantinopel geraubten vergoldeten Bronzepferde. Die Originale sind inzwischen nach ihrer großartig gelungenen Restaurierung ganz oben in der Basilica hinter der Loggia im Museum zu besichtigen. Geraubt hatte sie der Doge Enrico Dandolo, nachdem er Konstantinopel am Ende des vierten Kreuzzugs 1204 erobert hatte.

Im Dezember 1797 wurden die Pferde, die als die einzige aus der Antike erhaltene Quadriga gelten, auf Befehl Napoleons von der Fassade von San Marco heruntergeholt und nach Paris abtransportiert. Man setzte die Quadriga auf den Triumphbogen und veränderte sie nicht gerade fachmännisch dafür. Nach dem Fall Napoleons war es der venezianische Bildhauer Antonio Canova (1757–1822), der sich für die Rückführung der geraubten Kunstwerke nach Venedig beziehungsweise überhaupt nach Italien einsetzte. So konnte die Quadriga am 13. Dezember 1815 unter den Augen des neuen Herrschers über Vene-

AUTORENTIPP!

DIE TETRARCHEN

An der Südostecke der Basilica, über Eck und oft übersehen, steht eine Gruppe aus dunklem Porphyr (rotbraunes Vulkangestein), die recht orientalisch anmutet. Es sind die sogenannten Tetrarchen, vier Krieger oder vier Könige, weil sie Kronen und schwere Umhänge tragen – oder wer waren sie wirklich? Je zwei von ihnen umarmen sich. Sie sollen im 4. Jahrhundert geschaffen und im 13. nach Venedig gebracht worden sein. Die beiden an der Ecke zusammengesetzten Platten sollen aus dem Philadelphion, einem Gebäudekomplex am gleichnamigen Platz, in Konstantinopel stammen, die beiden Gruppen sind ziemlich angeglichen, so wie es Diokletian (245–313) als Begründer der Tetrarchie, einer gemeinsamen und gleichberechtigten Herrschaft von vier Kaisern, vorgesehen hatte. Außer Diokletian sind wohl die ab 286 hinzugekommenen Mitregenten Maximian, Galerius und Constantin I. dargestellt.

AUTORENTIPP!

ATEMBERAUBENDER AUSBLICK

Das eigentliche Museo della Basilica wurde über dem Westteil der Kirche und auf den seitlichen Emporen sowie in einem ebenfalls in luftiger Höhe hinter dem Chor hinzugenommenen Trakt des Dogenpalasts untergebracht. Um hinaufzukommen, muss man eine sehr lange, sehr steile Treppe nahe der Schatzkammer erklimmen (es gibt zwar einen Aufzug hinten im Chorbereich, aber den dürfen nur Schwerbehinderte auf Anfrage benutzen). Also langsam die Treppe hoch und in den überraschend großen Raum treten – und sich dabei nicht vom Anblick der Quadriga ganz hinten so fesseln lassen, dass man dies hier verpasst: einen fantastischen Blick von der weiten Empore nach rechts beziehungsweise unten, auf die ganze Pracht der Basilica, sozusagen aus der Vogelperspektive. Ganz besonders zieht die goldglänzende Pala d'Oro die Aufmerksamkeit auf sich.

dig, Franz I. von Österreich, ihren alten Platz wieder einnehmen, nachdem sie ordentlich restauriert wurde. Während der beiden Weltkriege hatten die Venezianer sie vorsichtshalber an einem sicheren Ort versteckt.

Das Innere der Basilica

Vorhalle und Innenraum der Basilica in Form einer griechischen Kreuzkuppelkirche auf quadratischem Grundriss sind eine Stilmischung aus Romanik, Gotik und Renaissance. Der unbefangene Betrachter ist erst einmal so überwältigt von einem Feuerwerk an Mosaiken, dass er sich sicher keine Gedanken über Stilreinheit machen dürfte. Die schönsten und ältesten befinden sich in den fünf Kuppeln, die besonders bei gezielter Beleuchtung (meist vormittags und den ganzen Sonntag über) gefangen nehmen. Denn sonst kommt wenig Tageslicht in die Kirche, weil die Tambouren der Kuppeln nur kleine Öffnungen aufweisen. Wäre die Kirche heller beleuchtet, würde man von den Mosaiken geblendet, die auf goldenem Grund Wände und Kuppeln, aber auch die Fassade und die Vorhalle bedecken, insgesamt eine Fläche von 4240 Quadratmetern. Kein Wunder, dass San Marco gerne als die »Goldene Kirche« bezeichnet wird!

Pala d'Oro

Ein Höhepunkt des Besuchs ist die Pala d'Oro, der goldene Altaraufsatz auf der Rückseite des Hochaltars, den man sich trotz kleiner Eintrittsgebühr und meist garantiertem Gedränge nicht entgehen lassen sollte. Sie ist eine feingliedrige Meisterleistung byzantinischer und venezianischer Goldschmiedekunst, überzogen mit Schmucksteinen, Perlen, Emaillen und Ikonen. Im Zentrum der 3,45 mal 1,40 Meter großen Pala steht der segnende Christus in der Mandorla (dem mandelförmigen

Glorienschein), um die sich drei Ebenen gruppieren, eine schöner und reicher ausgearbeitet als die andere. Mitsamt dem oberen Teil sind es 72 Felder plus winzigen Medaillons aus drei Epochen und Stilrichtungen.

Die frühesten Teile sind die kleinen Medaillons, byzantinische Arbeiten aus dem 10. Jahrhundert. Die quadratischen Emailleplättchen im unteren Teil der Pala sind venezianische Arbeiten von 1102 bis 1105, die oberen größeren Felder sind byzantinische Emailletafeln aus dem 12. Jahrhundert, alles andere wurde erst 1345 in Venedig geschaffen.

Schatzkammer Tesoro

Die Schatzkammer Tesoro befindet sich rechts in der Kirche. Sie birgt in acht Nischen zahlreiche

Oben: Den schönsten Blick auf die wunderbare Kuppellandschaft von San Marco genießt man vom Campanile aus …
Unten: … eher von unten aber die kleinen Details der Mosaiken an der Fassade.

Oben: Wo man im Inneren der Basilika auch schaut, wird man von den prächtigen Mosaiken geblendet.
Unten: Im linken Querschiffsarm kommt man den Bildern ganz nahe, wie der wandfüllenden Wurzel Jesse.

kostbar gearbeitete Reliquien mit sowohl in Konstantinopel als auch im Heiligen Land und überhaupt im östlichen Teil des Mittelmeerraums erbeuteten sterblichen Überresten der Heiligen. Insgesamt sind es 283 Schätze aus Gold und Silber, Glas und Edelsteinen. Den ältesten Kern der Sammlung bilden die zwischen 1204 und 1261 gesammelten Stücke, hauptsächlich liturgische Gefäße und wunderbar gearbeitete byzantinische Einlegearbeiten aus Edelsteinen in Emaille. Aber auch orientalisch-islamische Gefäße sind darunter – und ein paar filigrane Arbeiten aus Venedig selbst.

Sala dei Banchetti

In der Sala dei Banchetti, die sich im bereits genannten Trakt des Dogenpalasts befindet und San Marcos Museum zugeschlagen wurde, sind Sakralgewänder und Gesangsbücher sowie zwei riesige Altartisch-Verkleidungen und Wandteppiche aus farbiger Seide mit Gold- und Silberstickerei ausgestellt. Ursprünglich waren es vier, 1531 in der Medici-Manufaktur in Florenz entstandene Auftragsarbeiten für die Serenissima. Doch als 1797 die Republik Venedig gefallen war, gingen die zwei anderen Wandteppiche wie so oft »verloren«.

Rechte Empore

Die rechte Empore birgt einige der schönsten Mosaiken der Kirche, die man aus konservatorischen Gründen abgenommen hatte. Etwa mit der Darstellung Johannes des Täufers, der das Kleid des Engels empfängt oder die Propheten David und Salomon – beide aus dem 14. Jahrhundert.

Bei aller Prachtentfaltung von Gewölben und Wänden sollte man nicht vergessen, auch den Fußboden zu betrachten. Denn auch er ist, in gröberer Arbeitsweise freilich, mit Mosaiken bedeckt.

Infos und Adressen

SEHENSWÜRDIGKEITEN

Basilica di San Marco. Ostern–Okt. Mo–Sa 9.45–17 Uhr, So/Feiertag 14–16 bzw. 17 Uhr, Nov. – Ostern 9.45–16.45 Uhr, So/Feiertag 14–17 Uhr (etwas kürzere Öffnungszeiten für das Museo della Basilica und die Pala d'Oro), Beleuchtung des Innenraums normalerweise tgl. 11.30–12.30 Uhr, Sa nach 17 Uhr, So ganztags, Piazza San Marco, Tel. 041/270 83 11, www.basilicasanmarco.it

ESSEN UND TRINKEN

Do Forni. Historisches Restaurant in einer früheren Bäckerei mit angenehmem Ambiente (Holzbalken, Holztäfelung), venezianischen Gerichten und illustren Gästen, weil von Orient Express verwaltet und vielfach ausgezeichnet. Tgl. 12–23 Uhr, Calle dei Specchieri, San Marco 468, Tel. 041/523 21 48, www.doforni.it

HK. Stylische Location für Kleinigkeiten zu einem Glas Wein. Mo–So 12–24 Uhr, San Marco 401, nahe Ponte L'Anzolo, Tel. 041/274 36 14, www.hkvenezia.it

ÜBERNACHTEN

Dimora Marciana. Wunderbar venezianische bezahlbare Eleganz, nur sechs Zimmer und eine Suite ganz nahe bei der Piazza San Marco. Calle de le Piere Vive o Bognolo, San Marco 1604, Tel. 041/522 07 55, www.dimoramarciana.com

Farbenprächtige Wohn-Accessoires von Bevilacqua

Handarbeit hat eine lange Tradition in der Lagunenstadt, vor allem Webereien.

San Moisè. Venezianisches Flair mit stuckierten Decken und verspielten Möbeln. San Marco 2058, Tel. 041/520 37 55, http://www.sanmoise.it/

EINKAUFEN

Arte Moderna Ravagnan. Kleine Privatgalerie für moderne Malerei. Piazza San Marco 50/A, Tel. 041/520 30 21, www.ravagnangallery.com

ArtigianCarta. Lederarbeiten aus eigener Werkstatt auf der Insel Sant'Elena. Calle Frezzaria, San Marco 1797, Tel. 041/522 56 06, artcarta@tin.it

Mario e Paola Bevilacqua. Wunderschöne Handarbeiten aus eigener Werkstatt in Venedig: Stoffe, Kissen, Decken, Trotteln etc. Fondamenta Canonica hinter der Markuskirche in der Nordostecke, San Marco 337/B, Tel. 041/528 75 81, www.bevilacquatessuti.com

Oben: Der filigrane Palazzo Ducale vom Bacino aus
Unten: Vom Innenhof führt die sog. goldene Treppe zum Krönungsort der Dogen.

3 Palazzo Ducale
Zentrum der profanen Macht

Thomas Mann nannte den Dogenpalast einen »Märchentempel«. Er hat zwei Paradeseiten – eine zum Bacino und eine zur Piazzetta San Marco hin. Auf Arkaden ruhend, darüber eine lange Loggia gotischer Maßwerköffnungen und darüber wiederum durch geometrische Muster aufgelockerte Wände, die von zierlichen Pyramiden bekrönt werden – das sind sie, die märchenhaft schönen Prunkfassaden des Palazzo Ducale.

Wie eine kunstvoll gearbeitete venezianische Spitzendecke erscheinen die Fassaden des Dogenpalasts, des schönsten Profanbaus der Stadt, der mit 71 Metern auch einer ihrer längsten ist. Wer genau hinschaut, bemerkt schon von außen die verschiedenen Bauphasen. 814 ließ der erste Doge gleich nach der Verlegung des Regierungssitzes von Malmocco eine mit Zinnen bekrönte Burg aus Holz errichten. Direkt neben der Kapelle des Heili-

MAL EHRLICH

SPEISEKARTE ZEIGEN LASSEN!

Wer sich von Kellnern in ein Restaurant locken lässt und deren Empfehlungen vertraut, dem kann es passieren, dass man das augenscheinlich Teuerste gewählt hat. Man sollte sich, wenn einem die Rechnung zu hoch vorkommt, diese vor dem Begleichen ruhig genau erklären lassen. Wenn man dennoch kein gutes Gefühl hat, kann man per kostenloser Telefonnummer (167 35 59 20 oder 800 35 59 20) das Touristenamt einschalten. Einfacher: Man lässt sich immer die Speisekarte bringen und wählt selbst.

gen Theodor, der später bekanntlich vom Heiligen Markus als Stadtpatron abgelöst wurde.

Nachdem der Dogensitz nach mehreren Bränden immer wieder neu aufgebaut werden musste, entschied man sich in der reich gewordenen Seerepublik 1301 für eine stabilere Steinkonstruktion, den Beginn des heutigen Dogenpalasts mit seinen Fassaden aus weißem und rosafarbenem Marmor. Nach Querelen und einem Staatsstreich setzte sich der Doge Tommaso Mocenigo gegen Zahlung von 100 Dukaten beim Senat durch und durfte 1422 weiter bauen lassen. Aber erst Mitte des 15. Jahrhunderts wurde die kleine Lücke zwischen Palast und Basilica geschlossen. So betritt man den Palast durch eine für seine Gesamtgröße eher unscheinbare, aber in ihrer gotischen Formensprache wunderschöne Pforte, durch die sogenannte Porta della Carta (gebaut 1438 bis 1442 und damit das letzte gotische Bauwerk in Venedig). Zu Deutsch heißt sie »Tor des Papiers«, weil hier die Veröffentlichungen der Republik angeschlagen wurden, aber auch, weil hier Schreiber saßen, die sich auf Bittschriften spezialisiert hatten.

Der Innenhof

Betritt man den Innenhof, steht man sprachlos vor der gigantischen Freitreppe von 1443. Vollendet wurde sie jedoch erst 1550 mit *Mars* und *Neptun*, den beiden muskulösen Gestalten von Jacopo Sansovino (1486–1570), die sie flankieren – zum Zeichen dafür, wie mächtig Venedig sowohl zu Lande (Mars), als auch zu Wasser (Neptun) war. Das Ende der Treppe war der Krönungsort der Dogen. Leider darf diese Treppe nur noch zu besonderen Anlässen betreten werden, weil ihre zarten Einlegearbeiten aus Eisenornamenten an den Vorderkanten der Stufen dabei sind, abzubrechen.

Oben: Zarteste Gotik zeichnet die Porta della Carta aus, die Verbindung zwischen Basilika und Dogenpalast.
Mitte: Die Dogenmacht in der Sala del Maggior Consiglio, dem Saal des Großen Rats
Unten: Ruhepause im Dogenpalast

AUTORENTIPP!

DIE ORIGINALSTÜTZEN DER LAUBENGÄNGE

Normalerweise betritt man den Dogenpalast inzwischen durch den kleinen Eingang an der Wasserfront des Bacino. Geht man aber statt wie alle anderen Besucher geradeaus nach links, kommt man in das kleine Museo dell'Opera. Hier befinden sich alle – oder fast alle – Originalteile, die man am Bauwerk aus konservatorischen Gründen abgenommen oder abmontiert hatte. So auch einige der originalen Rundpfeiler der Laubengänge, beispielsweise von der Ecke zwischen dem Bacino und der Piazzetta San Marco. Man kann auf den in den einzelnen Räumen in der Nähe der Artefakte hängenden Architekturzeichnungen genau erkennen, wo die wunderbaren Kapitelle hingehörten beziehungsweise woher sie stammen. Eine schöne Idee!

Museo dell'Opera. April–Okt. 8.30–19 Uhr, Nov.–März bis 17.30 Uhr, Piazzetta San Marco, Tel. 041/848 08 20 00, http://palazzoducale.visitmuve.it

Das Innere des Palasts

Drinnen im Palast interessiert vor allem die Sala del Maggior Consiglio, der große Ratssaal, in dem die Politik der Serenissima geschmiedet wurde. Ihre Ausmaße sind überwältigend: rund 54 Meter lang, 25 Meter breit, 11,5 Meter hoch. Die Gemälde erzählen die glorreiche Geschichte der Venezianer, z.B. die Belagerung und Eroberung Konstantinopels. Auf dem Fries unter der Decke sieht man die Porträts der 76 Dogen, die von 804 bis 1556 (also bis Francesco Venier) die Seemacht regierten. Nur das Porträt des aufmüpfigen Marin Falier fehlt, 55. Doge von Venedig, der 1357 hingerichtet wurde, weil er gegen die Vorherrschaft des Adels rebellierte. Statt seines Antlitzes wurde ein schwarzes Tuch gemalt.

Nicht zu übersehen ist Jacopo Tintorettos (1518–1594) *Paradies* an der Eingangswand, mit rund 150 Quadratmetern das größte Ölgemälde der Welt, das dieser zusammen mit seinem Sohn Domenico (1560–1635), seinem Schüler Jacopo Palma der Jüngere (1544–1628) und anderen geschaffen hatte. An die 400 Personen sind dargestellt. Bei Restaurierungsarbeiten fand man darunter ein gleich großes Fresko, das man abgenommen und links vom Saaleingang in einem Nebenraum installiert hat. 1797 trat der »Große Rat« hier zum letzten Mal zusammen, als er am 12. Mai den Kniefall Venedigs vor Napoleon und damit das Ende der Seerepublik beschloss.

In der ebenfalls riesigen Sala del Collegio wird im Deckenbild ein zartes Spinnennetz gewoben – ein Sinnbild der in Venedig sehr gepflegten Diplomatie. Und im »Saal der vier Türen« (Sala delle quattro porte) befindet sich das einzige Bild Giovanni Battista Tiepolos (1696–1770) im Palazzo Ducale: Eine stolze *Venezia*, die auf Neptuns Füllhorn deutet.

Infos und Adressen

SEHENSWÜRDIGKEITEN

Palazzo Ducale. April–Okt. 8.30–19 Uhr, Nov.–März bis 17.30 Uhr, Piazzetta San Marco, Tel. 041/848 08 20 00, http://palazzoducale.visitmuve.it

ESSEN UND TRINKEN

Ai due Vescovi. Nettes Lokal mit eher klaren Linien unter Holzbalkendecken in drei unterschiedlichen Räumen nördlich des Markusplatzes. Hausgemachte Pasta. Tgl. 12–15 und 17.30–22 Uhr, Calle Fiubera, San Marco 812A – 813, Tel. 041/523 69 90, www.aiduevescovi.com

Alla Canonica. Bescheidene Trattoria mit venezianischer, aber auch internationaler Küche und Pizza. Tgl. 11–15 und 18–24 Uhr, Calle Larga, San Marco 340, Tel. 041/520 92 99.

All'Angelo. Renommiertes venezianisches Restaurant (im selben Besitz wie das Canonica) mit einer großen Bildersammlung des 20. Jahrhunderts. Mo–So 12–15 und 19–23 Uhr, Calle Larga, San Marco 403, Tel. 041/520 92 99.

Man braucht viel Zeit für die vielen Kunstschätze im Dogenpalast.

ÜBERNACHTEN

Montecarlo. Frisch renoviertes Hotel mit venezianisch eingerichteten Zimmern nahe San Marco. Calle degli Specchieri, San Marco 463, Tel. 041/520 71 44, www.venicehotelmontecarlo.it

San Marco Palace Suites. Zusammen mit den Torre dell'Orologio Suits eine wunderbare unabhängige Variante des Wohnens in Venedig. Ponte dei Dai, 875 Piazza San Marco, Tel.041/240 43 11, www.sanmarcopalacevenice.com

Scharfe Waffen werden hier lieber in Vitrinen aufbewahrt.

Oben: Unbeschreiblich schön ist der Blick über die Piazza San Marco in den Westen der Stadt.
Unten: Der Einkaufsbummel unter den Procuratie Nuove kann genauso wie unter den Procuratie Vecchie schön teuer werden.

4 Procuratie Nuove, Biblioteca Marciana und Ala Napoleonica

Anpassung an die Piazza

Entstanden sind die Procuratie Nuove vor allem als optisches Pendant zu den Procuratie Vecchie an der Nordseite der Piazza San Marco und als Fortsetzung der von Sansovino errichteten Bibliothek. Obwohl man fast 60 Jahre an ihnen arbeitete, wirken sie heute als Abschluss der Piazzetta harmonisch und wie ein fast ebenbürtiges, wenn auch moderneres Vis-à-Vis zum Palazzo Ducale. Der napoleonische Flügel prahlt mit den restaurierten Königlichen Gemächern, den Appartamenti Reali.

Napoleon Bonaparte, dem französischen Kaiser und 1806 bis 1814 Souverän des Königreichs Italien, reichte der von Jacopo Sansovino (1486–1570) gestaltete Westflügel der Piazza San Marco nicht. Er ließ ihn 1807 mitsamt der Kirche San Geminiano abreißen und darauf ab 1810 die sogenannte Ala Napoleonica, den »napoleonischen Flügel«, als Residenz ausbauen. Seine Nachfolger, die Habsburger, bauten sie von 1836 bis 1838 weiter.

Appartamenti Reali

Heute betritt man den riesigen, erst im Juli 2012 vollständig freigegebenen Komplex hauptsächlich von der Ala Napoleonica auf der Schmalseite des Markusplatzes. Denn damit prunkt Venedig so richtig: mit den wieder hergerichteten Räumen der Kaiserin Sissi, den Appartamenti Reali. Es gibt kostbarste Tapeten, zarte Deckenfresken voller Anspielungen auf antike Motive, schwere Lüster aus Murano-Glas, Goldstuck, goldgerahmte Bilder und Goldglanz überall zu sehen. Sissi weilte hier ganze 38 Tage zwischen November 1856 und Januar 1857, dann nochmals von Oktober 1861 bis Mai 1862.

Museo Correr

Von den königlichen Apartments geht es fast unmerklich in die diversen Räume des Museo Correr über, das mit unterschiedlichen Sammlungen glänzt, die nicht wenige Besucher verwirren dürften. Kein Wunder: Der Sammelwut Teodoro Correrss (1750–1830) hat die Stadt tatsächlich einen ihrer größten Funde zur Kunst und Geschichte Venedigs zu verdanken. Es gibt antike Kunst und die Bildergalerie mit einer großen Verbeugung vor der venezianischen Malerei von deren Beginn bis ins 16. Jahrhundert, außerdem Elfenbeinarbeiten und Majoliken. Zu den erstaunlichen Darstellungen der Sammlung gehört die *Pietà* von Antonello da Messina (um 1475/76): Ein sehr jugendlicher toter Christus wird von drei Engeln gestützt – und liegt nicht wie üblich auf den Knien seiner Mutter Maria.

Im ersten Obergeschoss sind allein 20 Säle der venezianischen Geschichte gewidmet, nach Themen geordnet: die Dogen, das Meer, die Waffen, das Alltagsleben, die Berufe, die Feste, die Spiele der Stadt. Erst im zweiten Obergeschoss befindet sich die eigentliche Gemäldesammlung, die Quadreria. Sie enthält nicht nur venezianische Gemälde ab dem 14. Jahrhundert, sondern auch Gemälde Ferrareser, aus Ferrara stammender Maler, oder flämischer wie Pieter Brueghel d.J. (1564–1638) mit der *Anbetung der drei Heiligen.*

Ein Lieblingsbild nicht nur venezianischer Besucher im Museo Correr dürfte Vittore Carpaccios

AUTORENTIPP!

MUSICA IM PALAZZO

Jeden Abend ab 20.30 Uhr erklingen je nach Programm andere Töne in den zusammengelegten Palästen Barbarigo und Minotto, ganze Opern oder thematisch gegliederte Opernarien wie *dueti d'amore*, »Liebesduette«, wunderbar vorgetragen von venezianischen Musikern. Für die einzelnen Akte zieht man in andere Räume um und lernt so ganz nebenbei einen typisch venezianischen Palast beziehungsweise in diesem Fall sogar zwei zusammengelegte mit ihrer interessanten Geschichte kennen. Die Seidentapete hat schon bessere Zeiten gesehen und die Stuckwände der Alkoven sind durch Kerzenrauch ergraut. In der Pause werden bei Kerzenlicht stimmungsvoll Prosecco und Wein kredenzt. Diese Abendveranstaltung sollte man auf jeden Fall mit einplanen.

Palazzo Barbarigo Minotto. Fondamenta Duodo o Barbarigo, San Marco 2504, Tel. 340/971 72 72, www.musicapalazzo.com

AUTORENTIPP!

HARRY'S BAR

»Harry's Bar« hat ihren Namen einem gewissen Harry Pickering zu verdanken, der mit seiner Tante, ihrer Begleiterin und einem Hund nach Venedig gekommen war, um sich von seiner Trunksucht zu kurieren. Ausgerechnet in der Bar des Hotels »Europa«, in dem sich ein gewisser Cipriani als Barmann hervorragend mit seinen Gästen verstand, kehrten sie ein. Als die Tante abgereist war, dem Neffen Harry ihren Hund und nur wenig Geld hinterlassend, das bald verbraucht war, lieh ihm Cipriani gegen seine Überzeugung 10 000 Lire. Erst viele Jahre später erschien Harry Pickering wieder in Venedig, übergab Cipriani seine 10 000 Lire und noch 30 000 dazu, damit sich dieser seine eigene Bar schaffen konnte. Bezahlbar ist die heute weltberühmte Bar, in der Hemingway gern einkehrte, kaum noch, aber die Erfindungen von Giuseppe Cipriani begegnen einem überall auf der Welt wie der Cocktail Bellini oder das Carpaccio.

Harry's Bar. Mo–So 10.30/11–23 Uhr, Calle Vallaresso, San Marco 1323, Tel. 041/528 57 77, www.harrysbarvenezia.com

(1460–1520) *Due Dame Veneziane* in Raum 38 sein: Da schauen zwei venezianische Damen recht gelangweilt drein, während sie wohl auf die Rückkehr ihrer Partner von der Jagd warten, wie es heißt. Beide Damen mit ähnlich hochgesteckten rotblonden Haaren. Die vordere, die mit zwei Hunden spielt, ist in einem Kleid aus tiefrotem Stoff dargestellt, der Farbe, die auch die aus Venedig stammende Rohfleischspezialität *carpaccio* aufweist. Die Datierung des Tafelbilds wurde übrigens anhand der Kostüme auf die Zeit um 1490 oder 1495 festgelegt.

Antonio Canova (1757–1822) war nicht nur ein begnadeter Bildhauer und einer der bedeutendsten Vertreter der italienischen Neoklassik, sondern auch ein sehr kunstverständiger und politisch engagierter Italiener. Ihm hat es Venedig unter anderem zu verdanken, dass die von Napoleon verschleppte Quadriga vom Markusdom aus Paris wieder an ihren Platz zurückgebracht werden konnte. Im Museo Correr hat jedenfalls auch die Sammlung der Bildhauerkunstwerke Canovas einen würdigen Rahmen gefunden.

Archäologisches Museum

Die Besichtigung der Sammlungen führt, fast unmerklich, ins Archäologische Museum. Die archäologischen Stücke Venedigs wurden lange hierhin und dorthin verlegt, dem Dogenpalast dienten viele Skulpturen gar nur zur Dekoration. Ihren Platz in den Procuratie Nuove verdanken die Sammlungen einem königlichen Dekret von 1919/20, das dafür Teile des napoleonischen Palazzo Reale im selben Baukomplex angeboten hatte: hauptsächlich klassische griechische und römische Skulpturen aus dem 5. Jahrhundert vor Christus bis zum 3. Jahrhundert nach Christus sowie Münzen und Bronzen orientalischer Provenienz.

Biblioteca Marciana

Ein besonderes Prachtstück ist die Biblioteca Marciana oder Sansoviniana, wie sie als Verbeugung vor ihrem Architekten Jacopo Sansovino, der fast seinen Kopf dafür herhalten musste, auch gerne bezeichnet wird. Die Procuratie Vecchie (s. S. 56) reichten der Stadtverwaltung allmählich nicht mehr, 1534 planten sie an der Piazzetta einen Neubau für weitere Amtsräume, in deren Obergeschoss auch die Bibliothek endlich den richtigen Platz bekommen sollte, mitsamt Lesesälen. Mit der Planung wurde der angesehene Architekt Jacopo Sansovino beauftragt. Er begann mit einem Bau in Höhe des Campanile, doch schon 1545 stürzte der Lesesaal ein – und der Architekt wurde in den Kerker geworfen. Nur weil er einflussreiche Freunde wie Tizian hatte, wurde er bald wieder freigelassen. Nach Sansovinos Tod vollendete Vincenzo Scamozzi von 1582 bis 1588 den Bau. Innen ausgestattet mit Werken der besten Künstler Venedigs dieser Zeit: Tizian und Veronese, Alessandro Vittoria und Tintoretto.

Oben: Die Biblioteca Marciana baute Sansovino im Renaisssancestil als zeitgemäßes Pendant zum gotischen Dogenpalast.
Unten: Teuer aber stilecht: die Drink- oder Kaffeepause im historischen »Florian«

Oben: Prachtentfaltung für Sissi in den Appartamenti Reali, die heute mit dem Museo Correr zusammengelegt sind
Unten: Recht martialisch zeigt sich dieser Engel an der Außenhaut des Dogenpalastes.

Grundstock der Bibliothek der Republik Venedig waren und sind Stiftungen und Schenkungen. Die allererste Schenkung bekam sie 1362 vom toskanischen Dichter, Mitbegründer des Humanismus und Geschichtsforscher der Antike Francesco Petrarca, der ihr zum Leidwesen seiner Heimatregion seine Handschriftensammlung vermacht hatte. Die zweite Schenkung kam von Kardinal Bessarion, der Venedig seine private Bibliothek 1468 testamentarisch überließ, damit alle Menschen davon profitieren konnten. Die Bibliothek der Basilica di San Marco, die Marciana, war geboren, hatte aber noch keinen festen Standort in Venedig. Erst Kardinal Bessarion machte seinerzeit zur Bedingung für seine Stiftung, dass die Bibliothek einen würdigen Platz in der Stadt bekäme. Das Haus an der Riva degli Schiavoni, in dem die Büchersammlung noch 1362 untergebracht war, meinte er sicher nicht. Später wurde sie in San Marco und auch im Dogenpalast eingerichtet.

Die dunkel gehaltenen Räume werden inzwischen auch für Sonderausstellungen benutzt. Die Besucher flanieren dann vom eigentlichen Eingang aus gesehen, der den Besuchern des großen Museumskomplexes nun als Ausgang dient, an einer der größten Kostbarkeiten entlang und beachten hoffentlich die *Mappamondo* des Fra Mauro von 1450, die 193 mal 193 Zentimeter große Weltkarte aus dem Kamaldulenser-Kloster San Michele di Murano mit fast 3000 Beschriftungen.

La Zecca

Heute hat die Merciana sogar noch die Räumlichkeiten der historischen, ebenfalls von Sansovino errichteten Zecca, »Münze«, nebenan bekommen. Sie befindet sich direkt an der Riva dei Schiavoni. Die Außenfassade wurde aus istrischem Marmor gestaltet und symbolisiert die Stärke der Währung.

Infos und Adressen

SEHENSWÜRDIGKEITEN

Appartamenti Reali. Zusammen mit Museo Correr/ Museo Archeologico/Biblioteca Marciana mit einem Ticket zu besichtigen, außer bei Sonderausstellungen. April–Okt. 10–19 Uhr, Nov.–März 10–17 Uhr, Ala Napoleonica, Piazza San Marco 52, Tel. 041/240 52 11, http://correr.visitmuve.it und www.polomuseale.venezia.beniculturali.it

ESSEN UND TRINKEN

Culto Caffè Cioccolato. Angenehmes Museumscafé in der Ala Napoleonica mit Blick auf die Piazza San Marco. Zu den Museumszeiten (s.o.) geöffnet.

La Caravella. Romantisches Restaurant mit maritimer Ausstattung, gehobene venezianische Küche. Mo–So 12–14.30 und 18.30–23 Uhr, Calle Larga XXII Marzo 2399, Tel. 041/520 89 01, www.restaurantlacaravella.com

La Cusina. Gepflegtes Restaurant mit innovativer venezianischer Küche im Hotel »The Westin Europa e Regina«. Man kann auch auf der Terrasse am Canal Grande speisen, Aperitivo gibt es an der Bar der Ciccetteria. Tgl. 12.30–14.30 und 19.30–23 Uhr, Corte Barozzi, San Marco 2159, Tel. 041/240 00 01, www.lacusina.it

ÜBERNACHTEN

Locanda Barbarigo. Kleine Frühstückspension mit z.T. großen Zimmern im venezianischen Stil. Fondamenta Duodo o Barbarigo, San Marco 2503/A, Tel. 041/241 36 39, www.locandabarbarigo.com

Luna Baglioni. Gilt, weil bereits im 14. Jahrhundert als Pilgerherberge gegründet, als das älteste Hotel der Lagunenstadt. Seit Jahrzehnten gehört das luxuriöse Haus der Baglioni-Gruppe zu den Top-Häusern Europas. Mit Spitzen-Restaurant »Canova« und »Caffè Baglioni«, das auf die früheren königlichen Gärten schaut. Calle Vallaresso, San Marco 1243, Tel. 041/528 98 40, www.baglionihotels.com

The Westin Europa e Regina. Gepflegtes Hotel in zwei zusammengelegten Gebäuden direkt am Canal Grande; schon die Eingangshalle erinnert an den Orient. Corte Barozzi, San Marco 2159, Tel. 041/240 00 01, www.westineuropareginavenice.com

Historisch und vornehm: das Hotel »Luna Baglioni«

EINKAUFEN

La Coupole. Die angesagtesten Marken für Damen- und Herrenbekleidung. Rechts und links der Calle Larga XXII Marzo, San Marco 2366 (Herren) und 2414 (Damen), Tel. 041/222 42 43 und 041/206 05 55.

Loro Piana. Gehobene Herrenausstattung. Calle Larga dell Ascensione, San Marco 1301, Tel. 041/277 06 96, www.loropiana.com

Louis Vuitton. Designer-Mode der bekannten Marke, die inzwischen unter russischer Flagge steht. Calle Larga dell'Ascension, San Marco 1255/56, Tel. 041/522 45 00, www.louisvuitton.it

Sergio Rossi. Super stylische Schuhe für Damen und Herren. Calle Barcaroli, San Marco 705, Tel. 041/241 36 15, www.sergiorossi.com

Oben: Einst Sitz der mächtigsten Baubehörde Venedigs, heute im Besitz einer großen Versicherungsgesellschaft, und schon immer ein teurer Ort: die Procuratie Vecchie
Unten: Original-Murano oder nicht Original-Murano – nur in einem guten Laden kauft man sicher ein.

5 Procuratie Vecchie
Sitz der mächtigsten Behörde

Vielleicht bekleideten die Prokuratoren Venedigs die mächtigste Stellung der Serenissima. Denn sie hatten die Oberaufsicht über das Vermögen des Stadtpatrons und ihm zugedachter Stiftungen. Außerdem standen sie der Baubehörde vor, die praktisch alles bestimmte, was in der Stadt neu gebaut, abgerissen, ersetzt etc. werden durfte, egal, ob privat oder zu Repräsentationszwecken.

Die Procuratie Vecchie nahmen die Büros der Prokuratoren und der Stadtverwaltung, aber auch Wohnungen für Pilger und Seefahrer auf – beide Gruppen waren wichtig für die Seerepublik. Im Erdgeschoss gab es schon immer Läden, die vermietet wurden, eine gute Einnahmequelle der Serenissima. Der langgestreckte Gebäudetrakt war von Anfang an als Demonstration politischer Macht gedacht und deshalb prächtig ausgebaut.

Die Alten Prokuratien

Unter dem Dogen Sebastiano Ziani begann man mit dem Bau der »Alten Prokuratien« auf der Nordseite der Piazza San Marco. Er wurde bereits 1204 für seine neue Funktion zu einem Verwaltungsgebäude umgestaltet, was er bis zum 15. Jahrhundert blieb. Erneute Umbauten wurden ob der immer mächtiger werdenden Behörde nötig und unter der Leitung von Bartolomeo Buon (1400/1410–1464/1467) in Angriff genommen. 1529, also bald darauf, übergab man die architektonische Oberaufsicht dem inzwischen berühmten Baumeister Jacopo Sansovino, der die Procuratie fast so vollendete, wie man sie noch heute sieht.

Denn nach einem verheerenden Brand 1540 wurden sie im Sinne Sansovinos wieder aufgebaut. Dreistöckig (mit niedrigem Dachboden, der durch die kleinen Rundfenster gekennzeichnet wird) und von Arkadenreihen geprägt. Breite Friese trennen die Stockwerke voneinander, die beiden unteren werden von Säulen- beziehungsweise Pfeilerarkaden getragen.

Sieben Prokuratoren

Übrigens gibt es in Venedig die Funktion der Prokuratoren bis heute beziehungsweise seit 1931 wieder. Die sieben Prokuratoren von San Marco verwalten im Namen des venezianischen Patriarchen den Schatz des Heiligen Markus und sorgen für die Erhaltung und wenn nötig die Restaurierung der Basilica und deren Kunstwerke – fast so wie in ihrer allerersten Funktion im 12. Jahrhundert. Aber sie haben ihre Büros nicht wie früher in den Räumen der Procuratie Vecchie, dort residieren zum Teil die Angestellten der neuen Besitzerin, der Versicherung Assicurazioni Generali, andere Räumlichkeiten und die Läden sowie Cafés darunter werden ganz profan vermietet. Bis auf eines, das die Generali generös der italienischen Umweltschutzorganisation FAI überlassen hat.

Olivettis Schreibmaschinen

Man könnte vor lauter anderen Geschäften den Negozio Olivetti in den Procuratie Vecchie glatt übersehen, der seit 2011 gar kein Laden mehr ist, sondern dank der italienischen Umweltschutzorganisation FAI und mit Unterstützung der Assicurazioni Generali, die ja die gesamte Immobilie besitzt, zu einem Museum für Kenner wurde. Einerseits ist es die Architektur, andererseits die Sammlung historischer Schreib- und Rechenmaschinen, die einen Besuch wert ist.

AUTORENTIPP!

TEUER, ABER EIN MUSS

Nach so viel Kunst und Sakralem am Markusplatz tut sicher eine Pause in einem der Cafés am Platze gut. Etwa im »Gran Caffè & Ristorante Quadri«, das aus dem 19. Jahrhundert stammt und daher nicht ganz so historisch ist wie das »Florian« gegenüber. Bei gutem Wetter spielt ein kleines Orchester auf der erhöhten Bühne im Schatten eines Baldachins. Hier kann man im Obergeschoss auch richtig fein speisen, falls man es sich finanziell leisten kann. Wieso? Es genügt ein Blick auf die Homepage und auf die Menükarten… Schon der kleine schwarze *caffè* kostet 6 €, ein Degustations-Menü um die 200 €. Immerhin handelt es sich beim eleganten Restaurant um eines der besten Venetiens, von Michelin für seine Kreativität und die hervorragenden Zutaten mit einem Stern bedacht. Und: Wie oft gönnt man sich schon einen solchen Luxus? Also: Wer kann, der sollte!

Quadri. Piazza San Marco 121, Tel. 041/522 21 05, www.caffequadri.it

Carlo Scarpa (1906–1978) schuf im Auftrag von Adriano Olivetti (1901–1960) einen besonderen Verkaufsraum für dessen Schreib- und Rechenmaschinen. Bis 1997 erfüllte der wunderbare Laden seinen Zweck, doch als die Firma Olivetti im piemontesischen Ivrea aufgegeben wurde, war es auch in Venedig aus und es zogen die üblichen touristischen Souvenirverkäufer ein – bis 2011, als die Generali die Immobilie der FAI überließ und sie damit der Öffentlichkeit wieder zugänglich machte.

Scarpas außerordentliche Architektur wurde hier zum Selbstzweck im positivsten Sinne und stellt behutsam restauriert die besonderen Aspekte heraus: die außerordentliche Treppe, die im Nichts zu schweben scheint, die unglaubliche Transparenz der Räumlichkeiten, die wunderbare Kombination von Material und traditionellem venezianischen Handwerk mit Stuck und Mosaiken. Hinzu kommt die Olivetti-Sammlung, die der FAI vermacht wurde. Sie ist etwas für Nostalgiker und Neugierige – so also sahen die Computer-Ahnen, die Schreibgeräte und Rechner, vor gar nicht allzu langer Zeit noch aus.

Oben: Auch Venezianer machen hier gerne Pause.
Unten: Der Olivetti-Shop war einst ein Ausstellungsraum des berühmten italienischen Schreibmaschinenherstellers und dient heute der Stadt als angenehmer Veranstaltungsort.

Infos und Adressen

SEHENSWÜRDIGKEITEN

Negozio Olivetti. Jan.–März/Nov./Dez. Di–So 11–16.30 Uhr, April–Okt. bis 18.30 Uhr (bei Ausstellungen und anderen Veranstaltungen eventuell unterschiedliche Öffnungszeiten, meist jedoch länger), Piazza San Marco 110,Tel. 041/522 83 87, fainegoziolivetti@fondoambiente.it

ESSEN UND TRINKEN

Caffè Lavena. Das dritte der vornehmen Cafés am Markusplatz, seit 1750. Richard Wagners Lieblingscafé, heute berühmt für seine Cocktails. Tgl. 9–23 Uhr, Piazza San Marco 133/34, Tel. 041/522 40 70, www.lavena.it

ÜBERNACHTEN

Concordia. Venedigs einziges Hotel, das 20 Zimmer zur Piazza San Marco anbieten kann, freundlich geführt, die Zimmer in venezianischem Stil. Calle Larga San Marco 367, Tel. 041/520 68 66, www.hotelconcordia.com

Relais Piazza San Marco. Über den Mercerie gelegene Pension mit wenigen Zimmern auf mehreren Etagen, ganz oben eine Suite mit privater Dachterrasse. Calle San Basso, San Marco 312, Tel. 041/296 08 04, www.relaisanmarcovenice.com

Das »Lavena« gehört zum Dreiergestirn »Florian«, »Quadri« und eben »Lavena«, den berühmtesten Cafès am Markusplatz.

EINKAUFEN

Jesurum. Wunderbare Spitzenarbeiten, Stickereien und Tischdecken, feinste Bettwäsche aus Leinen (seit 1870). Calle Larga XXII Marzo, San Marco 2401, Tel. 041/523 89 69, www.jesurum.it

Salviati. Murano-Glas und andere Einrichtungsgegenstände, seit 1859 eine der führenden Glasmanufakturen Venedigs. Fabrikation auf der Insel Murano, Fondamenta Radi 16, Tel. 041/527 40 85, Verkaufsladen unter den Procuratie Vecchie, Piazza San Marco, www.salviati.com

Die Arkaden, die den Markusplatz auf drei Seiten umgeben, gelten als Top-Adressen für den Einkauf.

Nur von oben erkennt man die beiden glockenschlagenden Mohren auf dem Dach des Uhrturms, dem Eingangstor zu den Mercerie, der ältesten Handelsgasse Venedigs.

6 Mercerie

Orient trifft Okzident

Vom Markusplatz unter dem Torre dell'Orologio hindurch gelangt man in die Mercerie, eine Reihe von stimmungsvollen engen Gassen mit allerlei Geschäften (nicht mehr alle edel) und Restaurants. Es bereitet echtes Vergnügen, auch in die noch engeren Seitengassen zu schauen, wo noch einfachere Wohnhäuser um kleine *campielli* (Wiesen) herum gruppiert sind. Diese älteste Einkaufsmeile der Stadt endet kurz vor der steinernen Rialto-Brücke.

Was für ein Unterschied zwischen den geradezu riesigen Ausmaßen der Piazza San Marco und dem engen Gassengewühl gleich hinter dem prächtig geschmückten Torre dell'Orologio aus der Frührenaissance, dem Uhrenturm! Obenauf die beiden stündlich ohrenbetäubend laut die Klöppel schwingenden Bronzefiguren, wegen ihrer dunklen Farbe *mori* genannt, rechts und links der großen Glocke. Darunter, wie könnte es anders sein, der venezianische Löwe. Erst dann folgt die runde Scheibe der Uhr, ein Quadrant auf einem Grund aus Gold und blauer Emaille, der alle 24 Stunden sowie die Mondphasen im jeweiligen Sternbild und den Sonnenstand anzeigt.

Der Uhrenturm

Konstruiert hat den Uhrenturm von 1496 bis 1499 Mauro Codussi (um 1440–1504) und bis heute ist man neugierig auf die Mechanik, die hinter der Uhr steckt. Und wer sie genauer betrachten und zumindest versuchen möchte, diese zu verstehen, kann dies bei einer geführten Tour tun. Lohnend ist dabei vor allem der Aufstieg auf die kleine Ter-

Durch die historischen Händlergassen Venedigs

Die Exklusivität ihrer Geschäfte mit Weltmarken und typisch venezianischem Kunsthandwerk war legendär, im Mittelalter pochte hier das Herz der Handelsstadt Venedig: in den Mercerie. Inzwischen sind diese engen Gassen leider nicht mehr das, was sie noch vor etwa zehn Jahren waren. Man hat sich den langen Strömen von Kreuzfahrttouristen gebeugt beziehungsweise ihrem Geschmack. Hauptsache, es sieht venezianisch aus, ob Karnevalsmasken oder Murano-Glas, das nicht immer aus Murano stammt. Aber durch diese Gassen muss man durch, sie vermitteln noch immer einen Einblick in das alte Venedig!

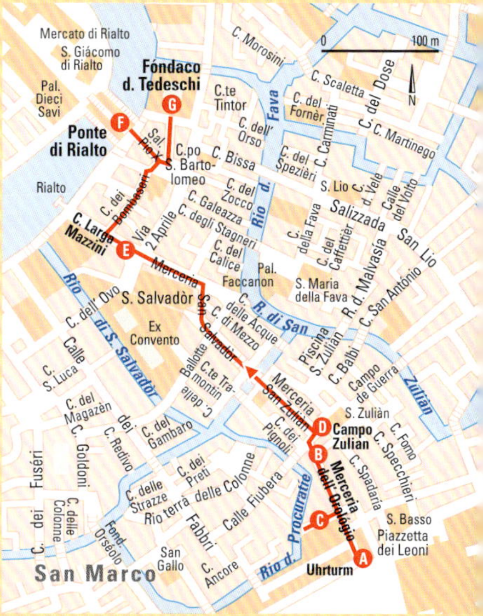

A Uhrenturm – 1496 bis 1499 als Startpunkt in die lange Reihe der historischen Händlergassen der Stadt errichtet.

B Mercerie dell'Orologio – Diese erste Gasse bildet die Verbindung zum Campo San Zulian.

C Sotoportego e Calle del Cappello Nero – Das Basrelief darüber mit einer Frau, die einen Mörser fallen lässt, erinnert an 1310, als sich Aufmüpfige unter der Leitung eines gewissen Bajamonte Tiepolo daran machten, den Dogenpalast zu stürmen: Eine Frau, die aus dem Fenster ihrer Wohnung den Vorgang beobachtete, ließ vor lauter Schreck einen steinernen Mörser fallen, mit dem sie gerade eine Mahlzeit vorbereitete, dieser traf den Kopf des Anführers, der sofort tot umfiel. Damit war die Revolution beendet… Und die Frau erhielt von der Republik den Erlass der Miete auf Lebenszeit.

D Campo Zulian – Hier beginnen die lebhaften Mercerie San Zulian, die bis zur Ponte dei Baretèri reichen.

E Calle Larga Mazzini – Teil der Mercerie mit vielen Modegeschäften und Cafés, die auf den Canal Grande zuführt.

F Rialto-Brücke – Die erst 1588 bis 1591 aus Stein errichtete Brücke über den Canal Grande

G Fondaco dei Tedeschi – Ab 1228 errichtetes und 1508 nach Brand wieder neu aufgebautes Warenlager der Deutschen, das gerade zu einem modernen Einkaufszentrum der Benetton-Gruppe umgebaut wird.

Heimelige Atmosphäre an engen Kanälen

AUTORENTIPP!

DREIKÖNIGSFEST

Wer zur Weihnachtszeit in der Stadt ist, sollte sich an *Epifania* (ital. *befana)*, dem Dreikönigsfest am 6. Januar, das Glockenspiel mit den Heiligen Drei Königen und weiteren Krippenfiguren nicht entgehen lassen. Diese treten aus dem Uhrturm der Piazza San Marco heraus und umtanzen, von einem Engel geführt, die Madonna mit Kind. Und das zu jeder vollen Stunde. An diesem Tag ist viel los in *bella Venezia*: Beispielsweise messen sich 50 hexenhaft gekleidete Männer in einer fröhlich lauten Regatta zwischen San Tomà und der Rialto-Brücke. Und noch etwas: Auch in Venedig werden in der Nacht vom 5. auf den 6. Januar Socken ans Fenster gehängt, in der Hoffnung, dass sie am Morgen voller Süßigkeiten sein werden…

rasse mit den *mori*, von der aus man einen herrlichen Blick über die Piazza und über die ganze Altstadt genießen kann. Mindestens zwei Personen müssen sich angemeldet haben und höchstens zwölf werden mitgenommen ins enge Treppenhaus des Turmes – Schwangeren und Kindern unter sechs Jahren wird dies nicht empfohlen, ebenso wenig wie Menschen, die unter Klaustrophobie oder unter Höhenangst leiden.

Die Seitenflügel des Uhrenturms kamen später hinzu. Restauriert wurde erstmals 1757, die neuzeitliche Restaurierung begann 1997 und dauerte – zum Leidwesen vieler Venedig-Besucher, die viele Jahre vor einem Gerüst standen – bis 2006. Um Mitternacht zum 7. Mai 2006 gab es dann schließlich eine große Einweihungsfeier auf der Piazza, so, wie sie Venedig liebt.

Venedigs älteste Kaufmannsstraße

Auf Venezianisch heißen die Mercerie *marzarie* und waren bereits in den Anfängen der Republik die Hauptschlagader des Kommerzes. An den Mercerie selbst sowie in den Seitengassen waren und sind alle Erdgeschosse für Läden reserviert. Früher blieben die Geschäfte, wenn wieder eine Ladung kostbarer Waren an Land ging, die ganze Nacht geöffnet. Vor allem die für die begehrten orientalischen Stoffe und Tuche. Heute wird in den meist kostbar ausgestatteten Läden jegliche Prestigeware angeboten wie Schmuck, Schuhe und Kleidung, Lederwaren und vor allem Murano-Glas, ob traditionell gearbeitet oder von modernem Design geprägt. Doch leider nimmt die Zahl der vortrefflich ausfgestatteten Läden dieser Art ab und die der Souvenirgeschäfte mit importierter Billigware aus Fernost, speziell aus China, auch hier zu.

Infos und Adressen

SEHENSWÜRDIGKEITEN

Torre dell'Orologio. Italienische Führung Tgl. 12/16 Uhr, englische Mo–Mi 11/19 Uhr, Do–So 14/15, französische Mo/Mi 14/15 Uhr, Do–So 10/11 Uhr, Piazza San Marco, für die Besuchsanmeldung Call Center 848 08 20 00, Tel. aus dem Ausland 0039/041/42 73 08 92, www.museicivicveneziani.it

ESSEN UND TRINKEN

Aciugheta. Modern aufgepeppte alte Trattoria unter alten Holzbalkendecken, mit vielen *cicheti* (Kleinigkeiten zu essen, kleine belegte Schnitten) an der Theke, auch typisches Menü. Spezialität ist die Pizza mit Mozzarella *di buffala* und frischen Tomaten. Tgl. 11–22 Uhr, Campo San Filippo e Giacomo, Castello 4357, Tel. 041/520 82 22, www.aciugheta-hotelrio.it

A le Colonete. Alles typisch venezianisch in den getäfelten Räumen und auf der Gasse davor, auch Spezialmenüs zu Festpreisen. Tgl. 12–15 und 19–22.30 Uhr, Calle dei Fabbri 987, Tel. 041/523 70 82.

Abendliches Tafeln im Angesicht der Rialto-Brücke

Traditionsreiche Kunst: venezianisches Papier

Rosa Salva. Wunderbare Konditorei mit Bar/Café, alles selbstgebacken, sehr gut von Venezianern zur Spritz-Zeit besucht. Mo–Sa 7–20 Uhr, San Marco 950, Tel. 041/522 79 34, www.rosasalva.it

ÜBERNACHTEN

Appartamento Pestello. Modernes Apartment mit vier Betten. Marzaria dell'Orologio, San Marco 252–266, im 4. Stockwerk, buchbar über www.my-venice-apartments.com

EINKAUFEN

Gucci. Schöner Laden der bekannten italienischen Modemarke. Mercerie dell'Orologio, San Marco 258, Tel. 041/522 91 19.

Libreria Linea D'Acqua. Sehr gut sortiertes Antiquariat, eine wenn auch teure Fundgrube für Sammler aller Stiche, Drucke, Kunstbände etc. Calle della Mandola, San Marco 3717/D, Tel. 041/522 40 30, www.lineadacqua.it

Luisa Spagnoli. Einladendes Modegeschäft der bekannten italienischen Marke mit kleidsamen Damenkollektionen. Campo San Bartolomeo 5534, Tel. 041/523 43 78, www.luisaspagnoli.it

Oben: Vornehm fährt man in Venedig vom Wasser heran, auch als Besucher des Casinòs im Palazzo Vendramin Calergi.
Unten: In einem Seitenflügel des Palazzo wohnte Richard Wagner, der hier mit einem Museum geehrt wird.

7 Östlich der Rialto-Brücke

Canal Grande und Zentrum

Schon durch die Mercerie kommend weiß man vor lauter Geschäften nicht, wohin man schauen soll. Doch das ganze Gebiet östlich der Rialto-Brücke ist voller Läden aller Couleurs und Cafés sowie kleiner Restaurants, alles ein bisschen moderner als westlich der Rialto-Brücke im Marktviertel. Was sich durchaus ändern kann, denn nichts wechselt so schnell wie die Einkaufsszene in Venedig...

Nördlich der Mercerie führt die recht gerade verlaufende Salizada San Lio mit ihren vielen, ja unzähligen kleinen Geschäften, Bars, Hotels oder Pensionen hinein in eine angesagte Szene. Aber das wechselt, wie so vieles in Venedig dieser Tage. Kurz vor der Rialto-Brücke wird die Straße enger, die Calle Bissa war im Mittelalter geradezu verrucht, was sie heute nur noch im Namen »Straße der Schlange« trägt.

Campo San Bartolomè

Ein Schlenker nach rechts und man ist auf dem hübschen dreieckigen Campo San Bartolomè angekommen. Und wer schaut einen da vom hohen Sockel an? Carlo Goldoni (1707–1793) mit wehenden Rockschößen, als habe er es eilig, voranzukommen. Dieser Platz ist bei den Venezianern als Zwischenstopp beliebt.

Fondaco dei Tedeschi

Vom Platz aus ist bereits eine Ecke des Fondaco dei Tedeschi zu sehen. Einst mit prächtig geschmückter Fassade zum Canal Grande war es das

Vom Casinò zur Rialto-Brücke

Den ganzen Canal Grande auf einmal zu entdecken, ist eigentlich unmöglich, weil die Taxis schnell durchrasen und eine stundenlange Gondelfahrt unbezahlbar ist. So sollte man wenigstens das Kernstück der größten Wasserstraße Venedigs intensiver anschauen.

A Palazzo Vendramin Calergi – Eines der Prachtgebäude am Canal Grande, von Mauro Codussi 1481 bis 1509 erbaut und besser bekannt als Sitz des Spielcasinos von Venedig. Im Palazzo befindet sich noch das Wagner-Museum.

B Fondaco dei Turchi – Genau gegenüber breitet sich das durch seine Architektur als orientalisch erkennbare Lagerhaus der Osmanen aus, die man hier allgemein Türken nannte. Ab 1225 errichtet und immer wieder umgebaut. Zum Highlight für Venedig wurde der im Venezianischen *fontego* genannte Bau nach Umbauarbeiten der Innenräume 2012 als Museo di Storia Naturale. Dieses punktet mit seinen interessanten naturkundlichen Sammlungen.

C San Stàe – Die kleine Saalkirche, ab 1127 errichtet und dem Heiligen Eustachius geweiht. Ihr heutiges Aussehen verdankt sie (nach einem Entwurf von Giovanni Grassi) ab 1678 dem Nachlass des Dogen Alvise II Mocenigo, dessen Palast hier ganz in der Nähe stand und der in dieser Kirche bestattet wurde.

D Ca' Pesaro – Wer bei San Stàe mit dem *vaporetto*, den öffentlichen Bootsbussen der Linie 1, vorfährt, kann gleich ein paar Meter weiter zur Ca' Pesaro gehen, 1673 anstelle von drei älteren Häusern der superreichen Dogenfamilie Pesaro errichtet. Heute mit der Galleria d'Arte Moderna und dem Museo d'Arte Orientale.

E Ca' d'Oro – Der Palazzo, das »Goldene Haus«, (ab 1430) gab der nächsten Vaporetto-Station auf der anderen Kanalseite ihren Namen.

F Pescaria – Schräg gegenüber und per Gondelfähre schnell erreichbar liegt die Pescheria, venezianisch für Pescaria, die offene Fischhalle, die im neugotischen Stil 1881 errichtet wurde.

G Mercato – Übergangslos folgt der ganze Marktbereich des Rialto-Gebiets.

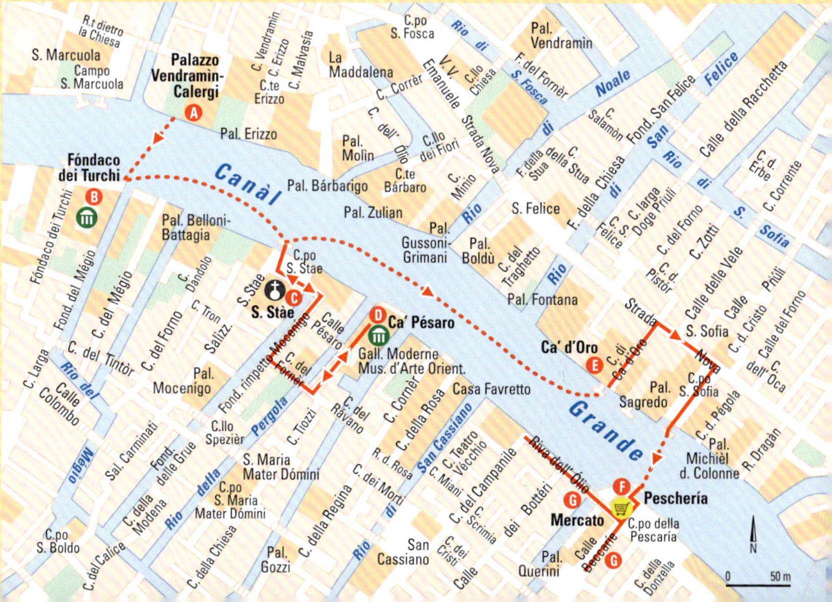

AUTORENTIPP!

EINKAUFS- UND SCHLEMMERPARADIES FÜR FISCHFANS

Die lang nach unten gezogenen, weinroten Vorhänge vor der offenen Fischhalle sollen die kostbare, verderbliche Ware vor der Sonneneinstrahlung schützen und durchaus auch dekorativ wirken, wie es Venedig liebt. Denn alles, was hier an Fischen und Meeresfrüchten angeboten wird, kommt frisch aus der Lagune, aus der offenen Adria – und nur zum geringsten Teil aus anderen Gewässern. Wer einmal auf dem Fischmarkt in Venedig eingekauft hat, tut sich noch lange schwer, sich woanders mit Meeresgetier einzudecken. Nicht nur in der neugotischen Fischhalle, auch in der historischen sowie in den Marktständen ringsum kann man sich für die Ferienwohnung oder vor der Abreise für zu Hause eindecken, dazu mit frischem Gemüse von den Inseln der Lagune. Außerdem locken rings um den Markt urige kleine Lokale für den schnellen oder auch ausführlicheren Schmaus.

Pescaria (oder Pescheria). Di–Sa 8–12/13 Uhr An der westlichen Seite des Canal Grande nahe der Rialto-Brücke.

Waren- und Wohnhaus der Deutschen, wobei auch andere deutschsprechende Händler gemeint waren, die man hier nachts einzuschließen pflegte. Der Fassadenschmuck ist im Lauf der Zeit abhandengekommen oder in Museen gelandet, wie bei der Ca' d'Oro.

Teatro Goldoni

Südlich der Mercerie und kurz vor dem Canal Grande hat das Theater, das heute nach Carlo Goldoni benannt ist, eine große Fangemeinde, erstaunlicherweise nicht nur unter dem älteren Publikum sondern auch bei jüngeren Venezianern, die mit ihrem Abonnement das Fortbestehen der Theateraktivitäten garantieren. Zur Einweihung wurde Goldonis *Einer der letzten Abende des Karnevals* gespielt – außerhalb Venedigs ein eher unbekanntes Stück.

Das Teatro Goldoni, von außen alles andere als attraktiv, bestand bereits seit 1622 als Teatro Vendramin. Es brannte ab und wurde wieder aufgebaut, bot zunächst Lyrik, also Opern, dann auch Prosa. 1752 gelang es Francesco Vendramin, Carlo Goldoni zu engagieren, der speziell für ihn einige Komödien schrieb. Seine monumentale Fassade erhielt das Theater nahe dem Campo San Luca 1909 durch seinen neuen Besitzer, den Anwalt Antonio Marigonda, der auch für eine Umgestaltung des Programms sorgte. Er engagierte Schauspieler wie Eleonora Duse. 1979 wurde das Theater, nun im Besitz der Stadt, daher Teatro Comunale Carlo Goldoni, mit zeitgemäßer Innenausstattung versehen und auf 800 Zuschauerplätze erweitert. Von den vier Rängen hat man einen guten Blick auf die 12 mal 11,20 Meter große Bühne, auf der neben Komödien auch Jugendstücke des Teatro Ragazzi (Kindertheater) gezeigt werden sowie Konzerte und Ballette zur Aufführung kommen. Eine gute Idee für einen besonderen Abend!

Infos und Adressen

SEHENSWÜRDIGKEITEN

Museo di Storia Naturale. Naturkundliches Museum, Juni–Okt. 10–18 Uhr, Nov.–Mai Di–Fr 9–17 Uhr, Sa/So 10–18 Uhr, Fondaco dei Turchi, Calle del Megio, Santa Croce 1730, Tel. 041/275 02 06, nat.mus.ve@fmcvenezia.it

Palazzo Vendramin Calergi. Wagner-Museum und Sitz des Spielcasinos. Tgl. Spieltische 15.30–2.45/3.15 Uhr, Slot ab 11 Uhr, Cannarégio 2040, Tel. 041 529 72 30, www.vendramincalergi.com und www.casinovenezia.it; Wagner-Museum nur auf Anfrage, Tel. 338 416 41 74.

San Stàe. Auch Sant'Eustachio genannt. Mo–Sa 10–17 Uhr, Campo San Stàe, Santa Croce s/n, Tel. (über Chorus) 041 275 04 62.

Ca' Pesaro. Galleria d'Arte Moderna und dem Museo d'Arte Orientale. Di–So April–Okt. 10–18 Uhr, Nov.–März 10–16 Uhr, Calle Pesaro, Santa Croce s/n, Tel. 041 72 11 27, capesaro.visitmuve.it

ESSEN UND TRINKEN

Ai Stagneri. Traditionelle *cicchetteria* mit einer großen Auswahl an regionalen und italienischen Weinen. Tgl. 11–22 Uhr, Calle dei Stagneri, San Marco 5246, Tel. 041/522 73 41.

Al Colombo. In neuem Kleid wiedereröffnetes altes Lokal mit *ombra e cicheti* (Wein und Häppchen) und traditionell-venezianischer Küche. Tgl. 11–23 Uhr, Corte del Teatro, San Marco 4619, Tel. 041/523 74 98, www.alcolombo.com

Als hätte es Goldoni eilig, den Platz zu verlassen...

Die vergoldeten Ränge des Teatro Goldoni

Alla Botte. Seit mehr als einem Jahrhundert werden hier *cicheti* und andere traditionell-venezianische Gerichte in gemütlicher Atmosphäre angeboten. Fr–Mi 10–15 und 17.30–23 Uhr, Calle della Bissa, San Marco 5482, Tel. 041/520 97 75, osteria.allabotte@fastwebnet.it

Antico Calice. Angenehmes Fisch-Restaurant. Di–So Mittag 10–15 und 17.30–23 Uhr. Calle dei Stagneri, San Marco 5228, Tel. 041/520 60 84.

Osteria Ai Rusteghi. Osteria mit angeblich 365 Arten von belegten Broten und 380 Weinetiketten. Mo–Sa 11–15 und 18.30–24 Uhr, Campiello del Tentor, San Marco 5513, Tel. 041/523 22ä 05, www.osteriairusteghi.com

ÜBERNACHTEN

Montecarlo. Kostbare Marmorhalle, geschmackvolle Zimmer in venezianischem Stil, aufmerksamer Service und gute Küche. Calle degli Specchieri, San Marco 463, Tel. 041/520 71 44, www.venicehotelmontecarlo.com

AUSGEHEN

Teatro Goldoni. Corte del Teatro, San Marco 4650/B, Tel. 041/240 20 14, www.teatrostabileveneto.it

EINKAUFEN

Libreria Emiliana. Gut sortiertes Buchantiquariat mit Venedig-Literatur aus dem 16. bis 21. Jahrhundert. Calle Goldoni, San Marco 4487, Tel. 041/522 07 93, www.libreriaemiliana.com

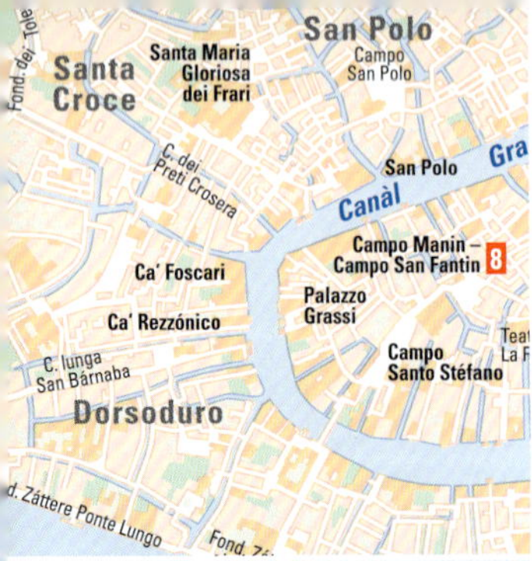

Oben: Die Ca' Pesaro gehört zu den wuchtigsten Palästen am Canal Grande.
Unten: Was wäre Venedig ohne Gondeln? Und was wäre ein Venedig-Besuch ohne eine Gondelfahrt?

8 Vom Campo Manin zum Campo San Fantin

Vom Canal Grande umarmt

Die Westseite von San Marco liegt in der Beuge des Canal Grande links von der Piazza San Marco mit der Rialto-Brücke. Am Campo Manin wird einem Mann gehuldigt, der 1848 maßgeblich an der Revolution beteiligt war und dafür sorgte, dass Venedig als Repúbblica di San Marco unabhängig blieb. Einem Phoenix aus der Asche gleicht Venedigs Opernhaus La Fenice, umgeben von Kunstgalerien.

Das von Luigi Borro (1826–1886) 1857 geschaffene bronzene Denkmal für Daniele Manin (1804–1857) steht in der Mitte des sonst recht wohnlichen Platzes, der seitdem auch den Namen des verdienten Venezianers jüdischer Abstammung trägt. Es befindet sich gegenüber dem früheren Wohnhaus des italienischen Patrioten, dessen Blicke darauf gerichtet sind. Ihm hatte die Republik schließlich zu verdanken, dass sie trotz österreichischer Vormachtstellung unabhängig blieb.

MAL EHRLICH

TEMPI PASSATI

Die Osteria »Vino Vino« war ein zu Recht viel gerühmtes Lokal, wo man preiswerte Kleinigkeiten von der Theke aussuchen und an kleinen Marmortischen zu einem Gläschen Wein verzehren konnte. *Tempi passati* würden dazu die Italiener sagen, vergangene Zeiten! Nicht einmal der *fegato alla veneziana* oder die *sarde in saor* werden mehr richtig zubereitet. Der Service ist flink – man soll seinen Platz schnell für den nächsten Gast räumen, die Weinpreise sind extrem hoch…

Der Schneckenturm

Auf dem Weg vom Campo Manin zum Campo Fantin kommt man in eine enge Gasse, die zum Schneckenturm (*bòvolo*) führt. Der Turm, der 1499 erbaut wurde, ist eine Außen-Wendeltreppe und führt zu den Loggien der Obergeschosse des etwas früher errichteten venezianisch-gotischen Palazzo Contarini. Von oben genießt man einen fantastischen Blick über Venedig. Im 19. Jahrhundert diente der hübsche Palast mit der interessanten Außentreppe als Hotel und später als Sitz eines Wohltätigkeitsvereins, heute ist er ein Institut für Rehabilitation, das sich vorwiegend um die Altersheime Venedigs kümmert.

La Fenice

Am Campo San Fantin erhebt sich stolz La Fenice, der Phönix, der tatsächlich aus der Asche entstiegen ist: Venedigs größtes Opernhaus, mit vollem Namen Gran Teatro La Fenice di Venezia. Der Name La Fenice kommt nicht von ungefähr. Schon der erste Opernbau wurde 1773 ein Opfer der Flammen, der nächste, 1792 eingeweiht, bekam bereits den Namen des aus dem Feuer erstandenen und noch mehr strahlenden Phoenix. Auch deshalb, weil die Mitglieder der Gründergesellschaft zum größten Teil Freimaurer waren – und deren Symbol ist der Phönix, der Sonnenvogel.

1836 erlitt das Haus wieder schwere Schäden durch einen Brand, doch seiner Beliebtheit tat dies keinen Abbruch. Vor allem Giuseppe Verdi liebte La Fenice, wo mehrere seiner Opern uraufgeführt wurden, darunter *Rigoletto* und *La Traviata*. 1883, nur zwei Monate nach seinem Tod in Venedig, wurde Richard Wagners *Der Ring der Nibelungen* erstaufgeführt. Zu seinem 150. Todestag wird die Oper erneut in Venedig aufgeführt. 1973 bekam La Fenice durch den venezianischen Stadt-

Oben: Diese Treppe des Bòvolo ist einzigartig, sie windet sich wie ein Schneckenhaus hinauf.
Unten: Das Fenice, Venedigs Opernhaus, das mehrfach wie ein Phoenix aus der Asche wieder aufgebaut wurde, ist auch ohne Aufführung einen Besuch wert.

AUTORENTIPP!

SUPER LECKER BEI ASSASSINI

Giuseppe Galardi sorgt seit fast drei Jahrzehnten für eine echt venezianische Küche im einfachen, grob holzgetäfelten langen Raum seiner Trattoria. Früher mit berühmt-leckeren *cicheti* zum Gläschen Wein, heute im Trattoria-Betrieb, der außer am Sonntagmittag und abends Gerichte nach einem Wochenplan anbietet. Venedig pur, und auch noch nach dem Motto *chilometro zero* – alles stammt aus Venedig.

Montags gibt es weißes Fleisch, dienstags verarbeitete Fleischsorten (lassen Sie sich überraschen!), mittwochs *bollito* (verschiedenes gekochtes Fleisch), donnerstags *baccalà* (Stockfisch), ganz unterschiedlich zubereitet, freitags ist natürlich Frischfisch dran und am Samstag lässt sich der Chef Giuseppe Galardi immer etwas Neues einfallen.

Trattoria Ai Assassini. Mo–Sa 12–14.30, 19–22.30 Uhr, Rio Terà' degli Assassini, San Marco 3695, Tel. 041/528 79 86, www.osteriaaiassassini.it

baumeister Eugenio Miozzi (1889-1979) ein Facelifting verpasst. Neuen Aufschwung erhielt das Haus nach dem Zweiten Weltkrieg durch die Biennale. Doch die nächste Brandkatastrophe, als wäre der Name des Opernhauses Programm, passierte am 29. Januar 1996, diesmal beabsichtigt: Weil sie die Konventionalstrafe wegen Verspätung der Renovierungsarbeiten nicht zahlen wollten, zündeten der Elektroingenieur Enrico Carella und sein Cousin Massimiliano Marchetti den Bau an, der bis auf die Grundmauern abbrannte. Venedig und die Musikwelt waren schockiert. Den Zuschlag für den Wiederaufbau erhielt Aldo Rossi, der anhand von Fotos und Filmen eine möglichst originalgetreue Rekonstruktion des Opernhauses von 1790 vorschlug. Natürlich ergänzt durch notwendig gewordene technische Neuerungen. Die lang ersehnte endgültige Wiedereröffnung war am 12. November 2004 mit der Oper *La Traviata* unter der Leitung von Lorin Maazel.

Intensivbesuch von La Fenice

Passeggiata al Teatro heißt das Angebot, La Fenice intensiv kennen zu lernen. Geführt von einem Experten kommt man praktisch überall hin: Ins Foyer, in den Theatersaal, in die königliche Loge sowie in die so genannten Sale Apollinee – fünf ineinander übergehende prächtig ausgestattete Räume, die man für private Feste, besondere Veranstaltungen etc. nutzen kann. Sie sind entweder mit Fresken verziert oder ihre Wände sind behangen mit vielsagenden Bildern, die meist etwas mit Opernthemen zu tun haben, vielfach mythologische Szenen. Am Ende des Besuchs, der eineinviertel Stunden dauert, wird man mit einem echt venezianischen Aperitif in einem der Säle verabschiedet. Man kann den Besuch auch ganz auf eigene Faust durchführen, Eintrittskarte genügt.

Infos und Adressen

SEHENSWÜRDIGKEITEN

La Fenice. Besichtigungen mit Audio-Guide tgl. 9.30–18 Uhr, Infos und Touren buchen unter Tel. 041/78 66 75, www.festfenice.com, Campo San Fantin, San Marco 1965, Tel. 041/78 65 11, Call Center 041/24 24, www.teatrolafenice.it

Scala Contarini del Bóvolo. Wegen Restaurierung evtl. noch länger geschlossen, sonst Besichtigung April–Okt. tgl. 10–18 Uhr, Nov.–März Sa/So 10–16 Uhr, Corte dei Risi o del Bòvolo, San Marco 4299, Tel. 041/271 90 12, www.scalabovolo.org

ESSEN UND TRINKEN

Antico Martini. Historisches Café von 1720 bei der Oper. Treff von Künstlern und Intellektuellen sowie Theaterbesuchern. Tgl. 10–24 Uhr, Campo Teatro Fenice, San Marco 2007, Tel. 041/522 41 21, www.anticomartini.com

Hostaria ai Coristi. Gemütliche Osteria mit Mittagsmenü und Pizza um die Ecke bei La Fenice. Tgl. 12–14.30 und 18.30–23 Uhr, Calle Drio la Chiesa, San Marco 1995, Tel. 041/522 66 77.

Taverna La Fenice. Typisch venezianisches, teures aber gutes Restaurant. Hier waren Schauspieler und Musiker sowie andere Künstler zu Gast.

Wandbild in der Taverna La Fenice

Würdevoll blickt der bronzene Staatsmann Manin vom hohen Sockel auf dem gleichnamigen Campo.

Mit Sommerterrasse. Mo–Sa 12–14.30 und 19–23.30 Uhr, Campiello della Fenice, San Marco 1939, Tel. 041/522 38 56, www.ristorantelafenice.it

ÜBERNACHTEN

Ateneo. Nettes kleines Hotel mit hübschem Garten um die Ecke bei der Oper. Calle Minelli, San Marco 3673, Tel. 041/520 07 77, www.ateneo.it

Ca' Alvise. Ideal für den Besuch des Opernhauses gelegen, vom namengebenden Vorfahren der jetzigen Betreiber erbaut, Zimmer und die Alvise-Suite im venezianischen Stil eingerichtet. San Marco 3673, Tel. 041/520 45 15, www.caalvise.it

EINKAUFEN

Antichità Marciana. Kleiner Antiquitätenladen mit Schmuck, Kleinmöbeln und Dekorationsartikeln. Calle Minelli/Ecke Calle del Frutarol, San Marco 1864, Tel. 041/523 56 66, www.antichitamarciana.it

Bugno Art Gallery. Große Galerie für zeitgenössische Kunst gegenüber La Fenice. Campo San Fantin, San Marco 1996/D, Tel. 041/523 13 05, www.bugnoartgallery.it

Oben: Die kurze aber vornehme Einkaufsstraße Calle Larga XXII Marzo führt direkt auf die prächtige Barockfassade der Kirche San Moisè zu.
Unten: Motive für die Malschüler auf einem venezianischen Campo gibt es ja genug!

9 Vom Markusplatz zum Campo Santo Stefano

Zwischen modernem Luxus und historischer Stierhatz

Spaziert man vom Marktplatz zum Campo Santo Stefano begegnen einem Luxusgeschäfte sowie die Kirche des Heiligen Moses und Santa Maria del Giglio. Der nette Campo di San Maurizio zieht immer wieder Antiquitätenfreunde an und dann ist Campo Santo Stefano in Sicht, einer der größten Plätze Venedigs, auf dem bis 1802 noch eine Art *corrida*, also eine Stierhatz, stattfand.

Von der Ala Napoleonica des Markusplatzes führt zwischen eleganten und unglaublich teuren Modegeschäften fast gerade die Salizada San Moisè zur gleichnamigen Kirche. Linker Hand ragt das Dach der Kirche San Moisè bald leicht in die Gasse hinaus, wo sich der Seiteneingang der Kirche befindet. Man sollte jedoch widerstehen und erst auf den Vorplatz treten. Die Fassade der barocken Kirche ist eine längere Betrachtung wert, so reich verziert ist sie. In Venedig galt das Prinzip, entweder richtig barock oder gar nicht! Die Fassade war so mit Figuren überladen, dass man 1878 einige von ihnen aus statischen Gründen entfernen musste.

MAL EHRLICH

FUSSGÄNGER AUFGEPASST!
Der Campo Santo Stefano und der angrenzende Campo Sant'Angelo scheinen die Lieblingsplätze der Hundehalter zu sein. Selten ist ein Hundehalter mit einer Plastiktüte zu sehen. Für den abendlichen Spaziergang empfiehlt sich deshalb eine Taschenlampe.

San Moisè

Beim Betreten der Kirche schaut man direkt auf die außergewöhnliche Altarwand, die in allem auf ihren Patron zugeschnitten ist: Moses. Kein Altarbild, sondern ein wuchtiges naturnahes Bildhauerwerk stellt dar, wie Moses auf dem Berg Sinai die Gesetzestafeln empfängt, in Begleitung von Aaron, Jeremias, Samuel und Zacharias.

San Moisè blickt auf eine lange Baugeschichte zurück, wird bereits im 8. Jahrhundert erwähnt und im 13. Jahrhundert Pfarrkirche. So, wie wir sie heute sehen und wie sie gerne von den Venezianern des Stadtviertels zum Gebet aufgesucht wird, wurde sie nach einem Brand 1632 durch eine Stiftung völlig neu aufgebaut. Alle Pracht half nichts, Napoleon degradierte San Moisè 1810 und schlug es der Pfarrerei von San Marco zu.

Die Saalkirche, die recht finster wirkt, besitzt spätbarocke Seitenaltäre mit einigen bedeutenden Altarbildern wie eine (späte) *Fußwaschung* von Tintoretto links neben dem ersten Seitenaltar und ein *Abendmahl*, das Palma il Giovane zugeschrieben wird. Das Chorgestühl stammt noch aus der Vorgängerkirche (16. Jahrhundert).

Santa Maria del Giglio

Die Brücke am Platzende des Campo San Moisè führt direkt auf eine der verführerischsten Einkaufsstraßen der Lagunenstadt, auf die Calle Larga XXII Marzo. Sie schlägt einen kleinen Bogen und landet über die Calle delle Ostreghe am hübschen Campo Santa Maria del Giglio. Mittendrin ein gusseiserner Zeitungskiosk, linker Hand der Blick zum Canal Grande mit der Gondelfährstation nach Dorsoduro und rechts die Kirche Santa Maria del Giglio, die dem Platz wie üblich ihren Namen gab.

AUTORENTIPP!

MARMORIERTES PAPIER

Echt venezianisches mühsam marmoriertes Papier und allerlei handgefertigte, vor allem gebundene Notizblöcke, Schreibtisch-Sets, Bleistifte etc. fabriziert Alberto Valese in seiner Werkstatt an der Salizada San Samuele 3331 in San Marco und verkauft sie am belebten und beliebten Campo Santo Stefano. Er nennt seinen Laden »Ebrû«, ein türkisches Wort für eine Technik, die im 16. Jahrhundert aus Persien kam und »nebulös« bedeutet – weil man auf Papier die Struktur von vielfarbigem Marmor nachahmt, die wie vernebelt wirken kann. Jedenfalls ist jedes Blatt ein Unikat, weil der Künstler es durch die Verflüssigung der aufgetragenen Farben gar nicht in der Hand hat, ein einmal lieb gewonnenes Muster zu wiederholen. Weit verbreitet in der Türkei hatte es bald auch Freunde in Venedig gefunden, von wo aus es im 17. Jahrhundert in ganz Europa verbreitet wurde. Eine Besonderheit Alberto Valeses sind die Blumen- und Fischmotive.

Ebrû. Campo Santo Stefano 3471, Tel. 041/523 88 30, www.albertovalese-ebru.it

Oben: Nicolò Timmaseos Statue wird von einem schweren Bücherstapel gestützt.
Mitte: Hoch auf dem Dach von Santa Maria del Giglio trompetet ein Marmorengel ...
Unten: ... und schließt die stark strukturierte Fassade der Kirche ab.

Der venezianische Volksmund nennt Santa Maria del Giglio nur Santa Maria Zobenigo, eine Verballhornung des Namens Lubenico oder Giubenico – der Familie, die dieses Gotteshaus im 10. Jahrhundert bauen ließ. Viel weiß man nicht über das Bauwerk, auch nicht, wann es zur Pfarrkirche avancierte – wahrscheinlich bereits im 11. Jahrhundert. Doch bald hatte sie zahlreiche Kirchen unter sich, von denen sich ein paar erst nach Napoleons Dekret abkoppeln und verselbständigen konnten.

Wer vor der reich durch ionische und korinthische Pilaster gegliederten und durch Nischen mit Statuen sowie Basreliefs geschmückten Fassade der Kirche steht, wird unschwer begreifen, dass sie früher anders aussah, nachdem sie, durch mehrere Brände zerstört, ihr heutiges Aussehen nach der grundlegenden Restaurierung 1680 bekam: ein total barockes. Es zählt zu den Hauptwerken sakraler Kunst des Barock in Venedig. Es ist ein Werk des viel beschäftigten Architekten Giuseppe Sardi (1624–1699), der unter anderem auch für die Fassade der Chiesa dei Scalzi (s. S. 154) verantwortlich war. Die Figuren an der Fassade zeigen nicht wie üblich Heilige, sondern dienten allein der Verherrlichung des Finanziers des Kirchenbaus Antonio Barbaros und seiner Familie.

Auch wenn die Fassade eine basilikale Dreischiffigkeit vortäuschen mag, die Kirche ist einschiffig, mit je drei seitlichen Kapellen und geradem Chorabschluss. Von besonderem Wert ist die erst 1914 geschaffene Orgel auf der Sängerempore hinter dem Hauptaltar. Hier kann man Konzerten lauschen.

Das einzige Werk des flämischen Malers Peter Paul Rubens (1577–1640) in Venedig befindet sich in dieser Kirche. Man findet es hinter einem Gang zwischen der ersten und der zweiten Kapelle rechts, in der Cappella Molin. Das Ölbild *Madonna mit Kind und Johannes* hängt auf der linken Seite, ist aber nicht gerade überwältigend.

Campo Santo Stefano

Kommt man durch die enge Calle dello Spezier auf den großen Platz zu, schaut man direkt auf das hohe Denkmal für den Literaten Niccolò Tommaseo (1802–1874). Mit dem ziemlich imposanten Denkmal mitten auf dem Platz dankte man Tommaseo aber für sein Engagement als Patriot. Er hatte sich bei der Revolution 1848 zusammen mit Daniele Manin (1804–1857) um seine Vaterstadt verdient gemacht.

Wie alle Plätze Venedigs war auch der Campo Santo Stefano früher mit Gras bewachsen und diente lange der beliebten Stierhatz als Plattform, die aber wegen eines Unglücks abgeschafft wurde. Es folgte 1807 bis 1809 der große Markt. Gepflastert war nur eine Allee in der Mitte, wo man spazieren zu gehen pflegte, wohl um sein Schuhwerk zu schonen.

Auffälliger Höhepunkt auf der Piazza ist jedoch die namengebende Kirche, die Chiesa di Santo Stefano, die mit ihrer Südseite den nördlichen Platzabschluss bildet.

AUTORENTIPP!

MORDGESCHICHTE ALS LOCKMITTEL

Eigentlich hat es das nette, im Laufe der letzten Jahrzehnte wunderbar restaurierte »Hotel Ala« in sehr zentraler Lage gar nicht nötig, aber es wirbt dennoch mit einem Mord für sich und seine American-Bar »Tarnowska's«. In der Bar lässt es sich gut während des Einkaufsbummels im schicken Viertel zwischen Markusplatz und Santa Maria del Giglio entspannen. Die fantasievollen Drinks hat AIBES, die Italienische Barkeepervereinigung kreiert, Wein kann man auch glasweise bestellen, man bekommt außerdem eine erlesene Auswahl an Tees (aus ganzen Blättern) mit erstklassigen Keksen serviert. Ein schöner Rückzugsort! Kunstfreunde finden hier auch immer wieder eine neue Ausstellung zeitgenössischer Künstler.

Tarnowska's. Tgl. 16–24 Uhr, Campo Santa Maria del Giglio, San Marco 2494, Tel. 041/520 83 33, www.hotelala.net

Oben: Santa Maria del Giglios barocke Fassade vor dem nach ihr benannten Campo täuscht eine basilikale Dreischiffigkeit vor…
Unten: … überrascht innen aber mit einem einzigen Langhaus und den typischen Spitzbogen der Gotik.

Chiesa di Santo Stefano

Am auffälligsten ist erst einmal ihr schiefer, 60 Meter hoher, backsteinerner Glockenturm – immerhin soll er sich um zwei Meter neigen! Kaum auffällig dagegen ist die wunderschöne spätgotische Fassade, weil sie auf eine schmale Gasse blickt, um in der üblichen Ost-West-Ausrichtung einer Kirche zu bleiben. Ihr Portalschmuck zeigt ein flammendes spätgotisches Dekor mit dem segnenden Gottvater an der Spitze zwischen den beiden Fialen.

Santo Stefano wurde bereits 1294 von Augustiner-Mönchen gegründet und den beiden Heiligen Augustinus und Stephanus geweiht, aber in ihrer heutigen Form präsentiert sie sich als die größte und schönste venezianische Kirche der Spätgotik. Denn Anfang des 15. Jahrhunderts wurde beim Umbau lediglich die dreischiffige Grundform der Basilika beibehalten. Dafür hat man den angrenzenden Rio del Santissimo mit dem Presbyterium der Kirche überbaut – und bis heute könnte man mit einem sehr flachen Boot unter der Kirche hindurchfahren.

Innen zeigt sich die Kirche durch ihre großen Fenster sehr hell, ihre drei Schiffe, die auf hohen Spitzbögen über Säulen aus rotem Veroneser Marmor ruhen, enden in je einer Apsis. Die Wände sind rautenförmig mit roten und weißen Fresken versehen. Wunderschön und ganz typisch für Venedig und Venetien überhaupt ist die Decke in sogenannter Schiffskielform, wie üblich auf den Kopf gestellt. Vom schönen Holzgestühl sind nur Teile übrig geblieben, die sich an den Wänden des Presbyteriums wiederfinden. Und in der Sakristei sind mehrere kostbare Gemälde ausgestellt, darunter *Christus auf dem Ölberg*, ein *Letztes Abendmahl* und eine *Fußwaschung Christi*, alle drei von Jacopo Tintoretto (1518–1594).

Infos und Adressen

SEHENSWÜRDIGKEITEN

Chiesa di Santo Stefano. Mo–Sa 10–17 Uhr, So/Feiertag 13–17 Uhr, Campo Santo Stefano 3825, Tel. 041/ 522 23 62.
San Moisè. Mo–Sa 9.30–12.30 Uhr, Campo San Moisè, San Marco 1456, Tel. 041 520 37 55
Santa Maria del Giglio. Mo–Sa 10–16.45 Uhr, Campo Santa Maria del Giglio/Campo del Traghetto, San Marco, Tel. 041/ 275 04 62.

ESSEN UND TRINKEN

Fuori Menu Fly Away. Bäckerei, Konditorei und *cioccolateria*, etwas für Süßmäuler gleich an der kleinen Brücke. Mo–Sa 8–20/21 Uhr, Ponte San Maurizio, San Marco 2769, Tel. 041/241 01 76.
Santo Stefano. Traditionell das größte Restaurant am Platz, venezianische Küche. Do–Di 11.45–15.15, 18.45–22.15 Uhr. Campo Santo Stefano, San Marco 2776, Tel. 041/ 523 24 67, www.ristorantesantostefano.it

ÜBERNACHTEN

Ala. Nettes Best Western-Hotel in einem Palazzo aus dem 17. Jahrhundert, mit wunderbar restaurierten Zimmern, teilweise mit Stuck verzierte stylische Bar »Tarnowska's«. Campo Santa Maria del Giglio, San Marco 2494, Tel. 041/520 83 33, www.hotelala.net
Locanda Art Déco. Anwesen im italienischen Jugendstil (sechs Zimmer) inmitten von Antiquitätenläden nahe dem Canal Grande, San Marco 2966, Tel. 041/277 05 58, www.locandaartdeco.com
San Maurizio. *Residenza* mit meist großzügigen Zimmern (auch benachbartes Hotel San Maurizio). Calle Zaguri, San Marco 2624, Tel. 041/528 97 12, www.residenzasanmaurizio.com
Santo Stefano. Kleines gepflegtes Charming-Hotel in einem Wohnturm (15. Jahrhundert). Campo Santo Stefano, San Marco 2957, Tel. 041/520 01 66, www.hotelsantostefanovenezia.com/

Nette Einladung ins Restaurant Santo Stefano

EINKAUFEN

Antica Legatoria Piazzesi. Handgeschöpftes Papier vom Feinsten (seit 1851), heute auch Postkarten. Campiello della Feltrina nahe Campo Santa Maria del Giglio, San Marco 2511/C, Tel. 041/520 19 78, www.legatoriapiazzesi.it
Antiquitätenmarkt auf dem Campo San Maurizio. Infos und die genauen Termine findet man auf der Homepage der Aussteller unter www.mercatinocamposanmaurizio.it
Bottega D'Arte San Marco. Zeitgenössische Kunst in der kleinen Privatgalerie gegenüber dem Hotel Luna Baglioni. Calle dell'Ascensione, San Marco 71/G, Tel. 041/241 26 95, www.bottegadartesanmarco.it
Bottega Veneta. Schönes Kunsthandwerk aus marmoriertem und anderem typisch venezianischen Papier aus Eigenproduktion. Salizada San Moisè, San Marco 1473, Tel. 041/522 84 89.
Contini. Ganz edle Kunstgalerie für zeitgenössische Kunst, vertritt u.a. Botero. Calle Larga XXII, San Marco 2765, Tel. 041/523 03 57, www.continiarte.com
Il Papiro. Einer der beiden Verkaufsläden in Venedig für die schöne Papierproduktion aus der Toskana-Region, Briefpapier, Schreibtisch-Accessoires etc. Calle del Piovan/Ponte San Maurizio, San Marco 2764, Tel. 041/522 30 55.
Venetia Studium. Eines der Geschäfte der Marke, die exklusiv Fortuny-Lampen eigener Produktion verkaufen. Calle Larga XXII Marzo, San Marco 2425, Tel. 041/523 69 53, www.venetiastudium.com

Oben: Der Palazzo Grassi am Canal Grande hat schon viele Besitzer gesehen – jetzt gehört es dem französischen Kunstsammler Pinault, …
Unten: … der hier wechselnde Ausstellungen moderner und zeitgenössischer Kunst veranstaltet.

10 Rund um den Palazzo Grassi

In der Beuge des Canal Grande

Wie ein schwerer ebenmäßiger Klotz liegt der Palast am Canal Grande, in den letzten Jahrzehnten Sitz eines für seine hochinteressanten Ausstellungen diverser Kunstrichtungen bekannten Museums. Doch das sind nun *tempi passati* – vergangene Zeiten. Jetzt hat sich der französische Multimillionär François Pinault mit dem Kauf des Palazzo Grassi einen Traum erfüllt und wird darin seine Sammlung zeitgenössischer Kunst präsentieren.

Pinaults Anliegen ist es, zeitgenössische Kunstwerke zu zeigen, vor allem die seiner eigenen Sammlungen. Ein zweites Standbein hat er sich an der Punta della Dogana eingerichtet. Für die Erfüllung seines Traumes hat François Pinault (*1936) den Palazzo Gritti (s. S. 84) innen – außen durfte er ihn aus konservatorischen Gründen nicht antasten – behutsam umbauen lassen. Vom Architekten Tadao Ando (*1941), der auch die Punta della Dogana umgestalten durfte.

Baugeschichte

Der Palazzo Grassi gehört zu den letzten Palästen am Canal Grande, die nach dem Fall der Republik Venedig 1797 fertiggestellt wurden. Die Renaissance war überwunden, der Barock auch – nun erblühte der Klassizismus in Venedig, einer allerdings, der sehr akademisch wirkt. Dennoch ist der Palazzo Grassi ein bedeutender Palast am Canal Grande. Zwei schwere Obergeschosse mit je neun Fensteröffnungen breiten sich über einem mit Rustika verkleideten, zweigeschossigen, aber niedrigeren Sockel aus. Rundbögen schließen die Fenster des ersten Obergeschosses ab, Dreieckgiebelchen hocken über denen des zweiten.

Gebaut wurde der Palazzo Grassi nach den Plänen von Giorgio Massari (1687–1766), der als der letzte große Architekt Venedigs gilt. Er war ein genauer Beobachter der Werke der großen Meister seines Faches wie Palladio, Sansovino und Longhena und soll immer die Meinung anderer angehört haben – in Venedig sicher ein besonderes Talent. Er starb kinderlos nach langer Krankheit, die wohl sein gesamtes Vermögen verschlungen hat. Die Fertigstellung des Palazzo Grassi hat er nicht mehr erlebt.

Nach den neuesten Umbauten durch François Pinaults Architekten spricht der Bauherr von einem gelungenen Dialog zwischen der ursprünglichen Neoklassik des Gebäudes und den neuzeitlichen inneren Ausbauten. Jeden Mittwoch haben Venezianer unter Vorlage ihres Personalausweises freien Zutritt! Und der Palast zeigt sich nun auch außen sauber sandgestrahlt und mit einem rosa schimmernden Verputz.

Camiceria San Marco

Manche Galeristen versprechen sich aus der Nähe zum alten/neuen Palazzo Grassi gute Geschäfte. Zumindest die kurze Aufmerksamkeit auf dem Weg zum neuen Tempel der zeitgenössischen Kunst ist ihnen sicher. So werden sie kommen und gehen, wie so viele andere in Venedig und anderswo auch. Hartnäckig halten sich aber traditionelle Läden wie die Camiceria San Marco am Campo Sant'Angelo. Dort ließen schon Filmgrößen wie Gregory Peck oder Hochadel wie die Windsors Hemden nach Maß schneidern. Die alten Damen im sympathischen Atelier lassen Neugierige gerne einen Blick ins Gästebuch werfen.

AUTORENTIPP!

TRADITIONELLE TRATTORIA MIT BÀCARO

Seit 1871 eine beliebte Adresse im Gassengewühl nahe dem Campo Sant'Angelo wurde die »Trattoria da Fiore« 1984 von Sergio Boschian übernommen, der aus ihr eine weit über Venedigs Grenzen hinweg bekannte Adresse machte. Mit einer treuen lokalen wie internationalen Klientel, die eine gute, echt venezianische Küche zu schätzen weiß.
Im »Bàcaro da Fiore« nebenan, der gut besuchten *cicchetteria*, gibt es leckere Kleinigkeiten für zwischendurch wie *baccalà mantecato, seppioline*, die ganz kleinen ausgebackenen und frittierten *moeche* mit weißer Polenta, *sarde in saor* und neben vielen anderen Fleischgerichten auch den unbeschreiblich leckeren *fegato alla veneziana*, Kalbsleber auf venezianische Art eben. Begleitet von einem passenden Glas Wein aus der gut sortierten *cantina* des Wirtes.

Bàcaro da Fiore/ Trattoria da Fiore. Calle delle Botteghe, San Marco 3461, Tel. 041/523 53 10, www.dafiore.it

Oben: Eine sehr ungewöhnliche Atmosphäre strahlt das einstige Wohnhaus des vielseitigen spanischen Künstlers Mariano Fortuny aus.
Mitte: Kunst überall, auch beim Transport durch die engen Gassen.
Unten: Im Show Room der Fabrik Fortuny in Giudecca

Palazzo Fortuny

Zugegeben, die Stiftung der venezianischen Museen macht es einem nicht leicht, indem sie den Palast nur bei Ausstellung besichtigen lässt. Aber es lohnt sich, rechtzeitig nach deren Terminen Ausschau zu halten. Gemeint ist der Palazzo Fortuny, in dem das Universalgenie Mariano Fortuny y Madrazo (1871–1949) lebte und wirkte, ein in Granada geborener Spanier, der seine Kunst in Venedig auszuleben verstand. Als Maler, Bildhauer, Fotograf und Bühnenbildner gleichermaßen interessant und anregend.

Sein Wohnpalast, der eigentlich Palazzo Pesaro degli Orfei heißt, spiegelt in den oberen Räumen seine Philosophie zum Leben und zur Kunst, ein wenig düster alles, die Wände mit den eigenen Stoffbahnen behangen. Dass er ein Freund Gabriele D'Annunzios (1863–1938) war, überrascht dann auch nicht, mit ihm zusammen hatte er manche Projekte geplant, wie ein großes Theater, dessen Modell im Palazzo steht. Mehr über Fortuny erfährt, wer seine 1919 auf der vorgelagerten Insel La Giudecca (s. S. 142) errichtete Fabrikationsstätte besucht, die er selbst gegründet hatte. Im sogenannten *Show Room* können Besucher die Stoffe, die nach Fortunys Design und Philosophie geschaffen wurden, anschauen und vor allem anfassen! In die Manufaktur darf niemand hinein, alles streng geheim!

Infos und Adressen

SEHENSWÜRDIGKEITEN

Palazzo Fortuny. Nur bei Ausstellungen Mi–Mo 10–18 Uhr geöffnet. Rio Terà della Mandola, San Marco 3958, Tel. 041/520 09 95, http://fortuny.visitmuve.it

Palazzo Grassi. Nur bei Ausstellungen Mi–Mo 10–19 Uhr (Sammelticket mit der Punta della Dogana). Campo San Samuele, San Marco 3231, Tel. 041/27 190 39, www.palazzograssi.it

ESSEN UND TRINKEN

Al Bacareto. Osteria, seit 1971 im selben Familienbesitz, mittags und abends vor dem Essen auch *chiceti.* Mo–Sa Café ab 8 Uhr, Restaurantbetrieb 12–15 und 18.30–22.30 Uhr, Salita San Samuele, San Marco 3447, Tel. 041/528 93 36, www.bacareto.it

Acqua Pazza. Echt amalfitanisches (Fisch-)Restaurant mit Tischen auch auf dem großzügigen Campo. Di–So 12.30–14.30 und 19–22.30 Uhr, Campo Sant'Angelo, San Marco 3808, Tel. 041/277 06 88, www.veniceacquapazza.it

Besucherin im Palazzo Grassi Shop

ÜBERNACHTEN

Acqua Pazza. Vier Ferienapartments im historischen Palazzo (1. OG), ganz modern und mit zeitgemäßem Komfort eingerichtet. Campo Sant'Angelo, San Marco 3569, Tel. 041/277 06 88, www.locationacquapazza.com

Ca' Fortuny. Außen unscheinbar, innen gemütlich-venezianisch, nur 14 Zimmer klein. Rio Terà della Mandola, San Marco 3752, Tel. 041/241 19 42, www.cafortuny.it

Locanda Fiorita. Zehn im Stile des venezianischen 18. Jahrhunderts eingerichtete, angenehme Zimmer nahe Palazzo Grassi. Campiello Novo, San Marco 3457/A, Tel. 041/523 47 54, www.locandafiorita.com

PalazzinaG. Nur 16 Zimmer, aber besonders durch die Ausstattung des Designers Philippe Starck interessant. San Marco 3247, Tel. 041/528 46 44, www.palazzinag.com

San Giorgio. Hübsches kleines Hotel. Rio Terà della Mandola, San Marco 3781, Tel. 041/523 58 35, www.sangiorgiovenice.com

Settimo Cielo e Bloom. Nur sechs Zimmer kleines B&B mit herrlicher Dachterrasse. Campiello Santo Stefano, San Marco 3470, Tel. 340/149 88 72, www.bloom-venice.com

EINKAUFEN

Camiceria San Marco. Maßgeschneiderte Hemden vom Feinsten sowie eher traditionelle Damenmode. Campo Sant'Angelo, San Marco 3627, Tel. 041/522 14 32, www.camiceriasanmarco.it

Libreria Bertoni. Dicht bestücktes Buchantiquariat vor allem über Venedig. Calle de la Mandola/Ecke Rio Terà dei Assassini, San Marco 3637/B, Tel. 041/522 95 83, www.bertonilibri.com

Santa Maria Novella. Kleine Parfümerie mit Naturprodukten aus der Klosterapotheke von Santa Maria Novella aus Florenz. Salizada San Samuele, San Marco 3149, Tel. 041/522 08 14.

Venice Design. Kleine Galerie für zeitgenössische Kunst. Salizada San Samuele, San Marco 3146, Tel. 041/523 85 30.

Ein bleibender Eindruck: der Canal
Grande mit seinen wunderbaren Palazzi

Oben: Völlig runderneuert wiedereröffnet und doch stilvoll geblieben: das Gritti Palace
Unten: Auch an der Rezeption wurde zumindest äußerlich nichts verändert, um den diversen literarischen Schwärmereien gerecht zu werden.

11 Palazzo Pisani Gritti
Wo Literaten abzusteigen pflegten

In vielen der historischen venezianischen Paläste kann man heute wohnen, weil sie zu Hotels, Bed & Breakfasts oder Ferienapartments umfunktioniert wurden. Wie anders ließen sich die meisten von ihnen sonst erhalten? In keiner anderen Stadt gibt es eine so große historische Bausubstanz, die nur unter schwersten Bedingungen vor dem Verfall gerettet werden kann. Ein Beispiel ist der Palazzo Pisani Gritti.

Der frühgotische Palast aus dem 14. Jahrhundert mit der wie üblich zum Canal Grande gerichteten Fassade blickt direkt auf die Kirche La Salute – eine großartige Aussicht! Camillo Gritti hatte ihn erst Anfang des 19. Jahrhunderts von den Pisanis übernommen, daher der Doppelname. Immerhin Namen, die sich gut anhören in Venedig, Pisani ebenso wie Gritti, beides Familien, die Dogen stellten und noch andere bedeutende Persönlichkeiten der Serenissima.

Architektonische Besonderheiten

Auf die frühe Bauzeit deutet die betonte Flächigkeit der Wasserfront, die eine fünfbogige Loggia zwischen den breiten Seitenteilen besitzt. Die große Fläche freilich war einst von Giorgione (1478–1510) mit Fresken versehen gewesen, ähnlich der Fassade des Fondaco dei Tedeschi (s. S. 64). Doch die Bilder des Palazzo Pisani Gritti sind schon lange verloren gegangen. Wahrscheinlich besaß der Bau obenauf einen Mezzanin, der dem Umbau zum Hotel zum Opfer fiel – er wurde durch die neugotische Aufstockung um 1890 ersetzt. Insgesamt breiten sich über dem niedrigen Erdgeschoss nun drei Etagen aus, die ersten beiden mit je einer fünfbogigen Loggia und zwei kleinen Balkonen seitlich. Ein Palazzo also – in Venedig allerdings keine Seltenheit – mit zwei *piani nobili*, vergleichbar der Beletagen. Die Entkernung des Palasts für den Ausbau als Hotel fand Ende der 1970er-Jahre statt. Dabei setzte man dem Palast am Canal Grande eine Terrasse vor – etwas, das man in Venedig nicht mehr erlauben dürfte. Erneut schloss man kürzlich das superluxuriöse Haus, um es noch besser und mit allem erdenklichen modernsten Komfort auszustatten. Weshalb es erst wieder 2013 eröffnet wird. Mit einer praktisch unsichtbaren Vorrichtung, die das Eindringen von Hochwasser verhindern soll.

Illustre Gäste

Das Gästebuch des Hotels Gritti Palace liest sich wie das *who is who* der Literaturwelt, aber auch der Politik und der Stars. Doch am meisten profitiert das Haus wohl noch immer von den Literaten, weil man die ja so schön zitieren kann. Ernest Hemingway (1899–1961) war hier ein gern gesehener Gast. Von da hatte er es nicht weit in die geliebte »Harry's Bar« (s. S. 52), die er so lebhaft in seinem Essay *Über den Fluss und in die Wälder* beschreibt. Auch der britische Schriftsteller W. Somerset Maugham, der Venedig zu einer seiner Lieblingsstädte erklärte, nachdem er sie in den frühen 1920er-Jahren erstmals besucht hatte, wohnte hier. Er verbrachte im hohen Alter von 76 Jahren einen ganzen Monat in der Suite, die daraufhin nach ihm benannt wurde. Er schrieb 1960 in einem Brief, dass es sicher nur wenige Dinge im Leben gäbe, die erfreulicher seien als auf der Terrasse des Gritti zu sitzen und zu beobachten, wie die untergehende Sonne La Salute in schöne Farben eintaucht.

Infos und Adressen

SEHENSWÜRDIGKEITEN

La Salute, eigentlich Santa Maria della Salute. Kirche Mo–So 9–12, 15–18 Uhr, Campo della Salute 1, Dorsoduro, Tel. 041 274 39 11 oder 041 274 39 28, salute@marcianum.it

ESSEN UND TRINKEN

Caffè Centrale Venezia. Stylische Lounge mit Kerzenlicht, Café und Restaurant in einem. Cocktails und andere Drinks, aufgemöbelte venezianische Küche. Tgl. 18–1 Uhr, Piscina Frezzeria, San Marco 1659/B, Privateingang für Taxi und Gondeln am Rio dei Barcaroli, Tel. 041/887 66 42, www.caffecentralevenezia.com

ÜBERNACHTEN

AD Place. Wunderschönes kleines Hotel mit stoffbehangenen Wänden und einer Mischung aus modernem Design und venezianischen Schnörkeln, ein echtes Charming-Hotel mit nur zwölf Zimmern. Fondamenta della Fenice, San Marco 2557/A, Tel. 041/241 32 34, www.adplacevenice.com

The Gritti Palace. Edeladresse. 2013 total umgebaut (inkl. Hochwasserschutz) wiedereröffnet. Campo Santa Maria del Giglio, San Marco 2467, Tel. 041/79 46 11, www.thegrittipalace.com

EINKAUFEN

Mario e Paola Bevilacqua. Einer der schönsten Läden Venedigs für Webarbeiten, Posamenten etc., alles aus der Eigenfabrikation auf Webstühlen ab dem 18. Jahrhundert. Campo Santa Maria del Giglio, San Marco 2520, Tel. 041/241 06 62, www.bevilacquatessuti.com

Ein Kleinod der venezianischen Palastarchitektur, das man nur von außen bewundern kann – der schmalbrüstige gotische Palazzo Contarini Fasan

12 Palazzo Contarini Fasan

Schmalbrüstig und sehr hübsch

Zierlich, gotisch, mit auffälligen Balkonen – der Palazzo am Beginn des Canal Grande mit der Kirche Santa Maria della Salute im Visier ist ein Kleinod der venezianischen Palastarchitektur (1475), auch wenn nicht alle Elemente erhalten geblieben sind. Privat genutzt kann man ihn nur von außen, am besten natürlich von seiner Schokoladenseite am Canal Grande, bewundern.

Die Contarinis waren eine adelige und stolze Herzeig-Familie, eine der zwölf vornehmsten Venedigs. Sie brachten acht Dogen, vier Patriarchen sowie allein 44 Prokuratoren hervor, von den zahlreichen Künstlern, Dichtern und Gelehrten sowie den Staatsmännern und Feldherren ganz zu schweigen. Ihren Reichtum machte die Familie mit einem regen Handel mit der afrikanischen Küstenregion, besaß also auch eigene Schiffe. Kein Wunder, dass man in Venedig auf mehrere Contarini-Paläste trifft, darunter der

MAL EHRLICH

HOHEN HOTELPREISEN AUSWEICHEN

Venedig gehört zu den teuersten Städten Italiens, vor allem die Hotelpreise sind unglaublich hoch und nur in wenigen Ausnahmen gerechtfertigt. Sogar die Preise von Appartements, die man, statt sie zu Normalpreisen an Venezianer zu vermieten, lieber Touristen überlässt, sind oft unerschwinglich. Warum nicht in Mestre übernachten, wo es auch nette Hotels mit Parkplatz oder Garage gibt, für die man in der Lagunenstadt so viel zahlt wie für eine Übernachtung in Mestre. Und die Verkehrsanbindung ist perfekt!

Palazzo Contarini della Porta di Ferro (s. S. 111) sowie der Palazzo Contarini Fasan.

Architektonische Highlights

Dreigeschossig und nur drei Achsen schmal: Im niedrigen Erdgeschoss öffnen sich drei kleine gerade abgeschlossene Fenster, darüber drei spitzbogige Fenstertüren, die durch einen durchgehenden Balkon zusammengefasst werden. Im zweiten Obergeschoss sind nur zwei gotische Fenstertüren eingelassen, zwischen ihnen der freie Platz für das große Wappen der Contarinis, das allerdings nicht gut erhalten geblieben ist. Jedes der Türenfenster besitzt hier einen eigenen kleinen Balkon. Alle drei Balkone, den großen durchgehenden im ersten Obergeschoss und die beiden kleinen im zweiten, zieren Maßwerke im Fischblasenmuster – eine Seltenheit in der Serenissima, wie der gute Venedig-Kenner Jan-Christoph Rößler festgestellt hat. Er vergleicht diese reiche Dekoration mit den – allerdings rekonstruierten – Balkonen der Ca' d'Oro (s. S. 130). Die Ecken sind durch Rustika eingefasst, für den zierlichen Palazzo fast schon zu wuchtig.

Auf der Rückseite liegt das kleine Campiello Contarini, mit der Hausnummer 2307, die Adresse des Palazzo. Im Venedig der Gerüchte wird kolportiert, dass dies das Haus der Desdemona gewesen sei, die Othellos Eifersucht zum Opfer fiel. Warum, das könnte allein der Erbauer aus der reichen und mächtigen Familie der Contarini wissen, bis heute ist es nicht wirklich überliefert. Heute ist der zierliche Palast im Besitz der Familie Bennati, der Familie des einst aus Genua nach Venedig gezogenen Reeders Arnaldo Bennati, der sein Wirtschaftsimperium in den 1940er-Jahren aufbaute. Ihm gehören u.a. die drei Bauer-Hotels in Venedig und ein Weingut Richtung Gardasee. Der Palazzo am Canal Grande ist sicher ein besonderes Refugium.

Kein origineller Anbau, aber berühmt: das Hotel Baur

Infos und Adressen

ÜBERNACHTEN

Violino d'Oro. Guter Service, nette Zimmer, tolle Lage zwischen Canal Grande und Einkaufsmeile. Palazzo Barozzi, Calle Larga XXII Marzo, San Marco 2091, Tel. 041/277 08 41, www.violinodoro.com

EINKAUFEN

Angela R. Greco. Kunsthandwerkliche Werkstatt mit Ladengeschäft. Ponte delle Ostreghe, San Marco 2433, Tel. 041/523 45 73, grecoartigianato@libero.it

Cristina Linassi. Feine exklusive Bett- und Tischwäsche. Ponte delle Ostreghe, San Marco 2434, Tel. 041/241 75 32, www.cristinalinassi.it

Il Prato. Handbedrucktes Papier und schöne Souvenirs daraus. Calle delle Ostreghe, San Marco 2569/8, Tel. 041/523 11 48, www.ilpratovenezia.com

Rocca. Ausgesuchter Schmuck und Uhren seit mehr als 200 Jahren. Salizada San Moisè, San Marco 1494, Tel. 041/520 53 95, www.rocca1794.com

MARCO POLO
Roberto S.
ERACLEA

DIE FLANIER-MEILE AM BACINO

Cimitero San Michele in Isola
Ca' d'Oro
Canal Grande
Pal. Giusti
C.po S. Sofia
Strada Nova
Salizzada del Pistor
C.po dei Santi Apòstoli
Rio dei Santi Apòstoli
C.po S. Canciano
C.llo del Casòn
C.llo Widman
Rio terrà Barba Fruttariòl
R. Contarini
C.te del Paludo
Rio della Panada
Rio dei Mendicanti
Fondamenta Mendicanti
S. Lázzaro dei Mendicanti
Ospedale Civile
Scuola Grande di San Marco
San Zanipolo
Bartolomeo Colleoni
Osteria da Alberto
Campo S. Maria Nova
Ca' Da Mosto
C.te Remèr
Campo Beccarie
C.po della Pescaria
Riva dell' Olio
C.po Cesare Battisti
Mercato di Rialto
Ruga degli Oréfici
C.po Rialto Nuovo
Fóndaco d. Tedeschi
Ponte di Rialto
Fondamenta del Vin
Rialto
Campo San Silvestro
Santa Maria dei Miracoli
Al Portego
Santa Marina
C.po S. Marina
Rio di San Marina
Palazzo Ruzzini
Al Mascaron
Mascareta
Alla Staffa
Rio di S. Giov. Laterano
Campo S. Maria Formosa
Palazzo Vitturi
Palazzo Grimani
C. larga S. Lorenzo
Borgoloco S. Lorenzo
Campo S. Lorenzo
Santa Maria Formosa
Palazzo Querini-Stampalia
Da Giorgio
Alla Conchiglia
Querinicaffè
Qshop
Palazzo Zorzi
SUCC. G. Carli
Acqua Palace
C.po S. Bartolomeo
C.po S. Salvadòr
Merceria
Rio di S. Salvadòr
Campo S. Luca
C.po Manin
R. di San Luca
San Marco
Rio della Verona
Campo San Fantin
Teatro La Fenice
C.te de la Vicenza
C. larga 22° Marzo
C.po S. Moisè
Rio di S. Moisè
Calle Vallaresso
Pal. Contarini-Fasàn
Piazzetta dei Leoni
Libreria Studium
Mario e Paoloa Bevilacqua
Bertoldini Giuliana
Basílica di San Marco
Campanile di S. Marco
Piazza S. Marco
Palazzo Ducale
Piazzetta S. Marco
Giardini ex Reali
Molo
Trattoria alla Rivetta
Da Roberto
Fontana
Segreti di Bellezza
C.po S. Provolo
San Zaccaria
C.po S. Zaccaria
Paganelli
Do Leoni
La Pietà
Terrazza Daniela
Danieli
Wildner
Locanda Vivaldi
Riva degli Schiavoni
Rio del Vin
Museo dei Dipinti Sacri
San Zacc. Jolanda
Ponte del Vin
San Zacc. Danieli
San Zacc. Mon. Vitt. Emanuele
San Marco Giardinetti
San Marco Calle Vallaresso
Bacino di San Marco
Canale
Salute
Campo della Salute
S. Maria della Salute
Fond. Dogana alla Salute
Punta della Dogana
Zattere al Saloni
Rio terrà ai Saloni
Campo San Giórgio Maggiore
San Giórgio
Chiesa di San Giórgio Maggiore e Chiostri
Fondazione Giórgio Cini
Bacino

Sehenswürdigkeit, Denkmal
Aktivität, Ausgang, Theater
Museum, Galerie
Shopping
Restaurant, Bar, Café
Übernachtungsmöglichkeit
Kirche, Synagoge
0
200 m
N
Celestia
Bacini
Sestiere Castello
Fondam.
Case
Nuove
R. d. Arsenale
Sagredo
C. dei Orti
Calle Cimitero
Campo S. Francesco della Vigna
S. Francesco
C. della Pietà
Campo della Confraternita
Corte Da Porte
Calle del
Campo della Celéstia
Rio di San Francesco
R. S. Francesco
Rio della Celéstia
Canale delle Galeazze
Arsenale
Dársena
Castello
Grande
Dársena Arsenale Vécchio
Calle dell' Olio
Calle Malatin
Scuela
Scuola di San Giorgio degli Schiavoni
Furlani
Rio di Santa Ternita
C.llo Due Pozzi
C. Magno
Rio delle Gorne
Corte Soranzo
C. d. Muneghete
Antonin
C. dell' Arco
Rio di San Martino
Sal. del Pignater
C. del Pestrin
C. d. Preti
Arsenale
Torri dell' Arsenale
Corte Sconta
Fond. di Fronte
Al Covo
San Giovanni in Brágora
Ca` delle Ancore
C. Morosina
Pal. Gabrielli
Schiavoni
Rio Ca' di Dio
C. d. Tagliapietra
C. d. Forni
C. della Vida
Campo Arsenale
Rio dell' Arsenale
Fond. dell' Arsenale
Al Carpaccio
Riva Ca' di Dio
Arsenale
Campo della Tana
Corderie
Museo Storico Navale
Palazzetto dello Sport
Fond. Biagio
C. S. Biágio
San Biàgio ai Forni
Riva S. Biágio
Bucintoro
Rio della Tana
C. Grimana
Fondamenta della Tana
C.te Nuova
C. dei Preti
C. Coltrera
C. d. Forno
S. Franc. d. Páola
C.
Via Giuseppe Garibaldi
C. dei Santi del Squero
Al Garanghelo
Giorgione
Schiavona
Riva dei Sette Martiri
La Marineressa
C. Colonne
Calle
Donna Partigiana
Villino canonica
Calle S. Domenico
C.te S. Domenico
Viale Garibaldi
Garibaldi Denkmal
Ca` Fomenta
Majer
Fond. S. Gioacchino
Fondamenta Sant' Anna
Trattoria alla Rampa
C. dell' Ángelo
Calle delle Furlane
C. delle Ancore
R. dei Nicoli
C. G. Correr
C. B. Tiepolo
Calle Cattapan
Caffè La Serra
Secco Marina
Residenza Ai Giardini
Al Ponte
Rio terrà dei Forner
Rio di San Giuseppe
Rio delle Vérgini
Campo S. Daniele
Rio San Daniele
C. S. Giovanni
Fond. Riello
Rio Riello
Salizzada Stretta
C. larga S. Pietro
C. del Terco
C. Marafani
Calle Crosera
C.te del Bianco
C. S. Anna
Rio
Ex Chiesa di S. Anna
San Pietro in Castello
S. Giuseppe di Castello
C.po S. Giuseppe
Rio terrà San Giuseppe
Paludo Sant' Antonio
Calle dentro il Giardino
B&B Biennale Venecia
Viale Trento
Giardini Pubblici
Giardini
Riva dei Partigiani
Biennale Internazionale d'Arte
Caffè Paradiso
Viale Trieste
Biennale
Marco

13 Riva degli Schiavoni

Ein Spaziergang durch enge Gassen

Sich drehende Karussells, Souvenirverkäufer u.a. Vergnügungen weisen die Riva degli Schiavoni gleich als die erste Flaniermeile der Venedig-Besucher aus, wenn sie von der Piazza San Marco auf Entdeckungstour gehen. Schaudernd ein Blick links auf die Seufzerbrücke und nach rechts auf die vorgelagerten Inseln, die kleine San Giorgio und die riesige La Giudecca. Gondeln schaukeln am Lagunenbecken vor San Marco, dem Bacino, *vaporetti* kommen und gehen.

Gleich hinter Markuskirche und Dogenpalast beginnt das Sestiere Castello, das als volkstümlich bezeichnete Stadtsechstel. Eine lange Promenade, die Riva, mit mehreren Abschnitten und daher unterschiedlichen Beinamen entlang des Bacino steht im Widerspruch zum engen Gassengewirr dahinter. Dieses beginnt mit der Riva degli Schiavoni, sicher die bekannteste Promenade.

S. 88/89: Es kann ganz schön viel Verkehr am Bacino vor Venedig sein!
Oben: Die Seufzerbrücke, die den Palazzo Ducale mit seinem Gefängnisbau verbindet, gehört zu den beliebtesten Fotomotiven der Touristen, die sie schaudernd aufnehmen.

Seufzerbrücke

Die mit großen Platten belegte Riva degli Schiavoni beginnt am Ponte della Páglia, besser bekannt als Ponte dei Sospiri (»Seufzerbrücke«), gleich östlich von der Piazza San Marco bzw. vom Dogenpalast. Weiter geht es über den Rio Ca' di Dio in Höhe des Arsenale bis zur Spitze des Biennale-Geländes vor dem Rio dei Giardini. Die Promenade wird von einigen Kanälen, die zum Bacino streben und von markanten Brücken überwunden werden, optisch wie städtebaulich durchschnitten. Ein schönes Auf und Ab!

La Pietà

Hat man die Seufzerbrücke und rechts davon die Gefängnisse betrachtet, steht man vor dem Rio del Vin am Palazzo Dandolo, besser bekannt als Stammsitz des Hotels »Danieli« (s. S. 96). Von der nahen Brücke aus schaut man direkt auf das imposante Bronzedenkmal für den italienischen König Vittorio Emanuele II vor dem nach hinten ausladenden Komplex des Klosters Santa Maria della Visitazione, auch La Pietà genannt.

Klare klassische Barocklinien zeigt die Fassade der kleinen Vivaldi-Kirche, wie das Oratorium La Pietà gerne tituliert wird, weil in ihr Vivaldi die Mädchen des Klosters in Musik unterrichtet hatte. Zwar gab es für das Mädchen-Waisenhaus bereits im 15. Jahrhundert ein Oratorium, aber da es in miserablem baulichem Zustand war, musste es abgerissen und ab 1730 neu gebaut werden. Das geschah behutsam nach den Plänen von Giorgio Massari, nachdem durch eine Lotterie genug Geld dafür eingenommen werden konnte. Die Fassade, als Gegenpart zur Zitadelle gegenüber auf La Giudecca (s. S. 142) konzipiert, wurde 1902 fertiggestellt.

Sestiere di Castello

Das als Wohngebiet noch immer beliebte Sestiere di Castello ist reich an sakralen Bauten, besitzt aber auch ein paar sehenswerte Paläste. Doch nächster Punkt an der Spaziermeile ist am Campo San Biagio das Museo Storico Navale (s. S. 98) (Historisches Schifffahrtsmuseum), danach das Denkmal für die Donna Partigiana, die im Wasser der Lagune liegend dargestellt ist. Schlusspunkt sind die Giardini della Biennale (s. S. 108), alle zwei Jahre Hauptort der internationalen Kunstausstellung. Je weiter die von Brücken unterbrochene Riva vom Markusplatz wegführt, desto weniger bevölkert ist die Promenade.

Eine beliebte Bleibe am Bacino – Hotel Metropole

Infos und Adressen

SEHENSWÜRDIGKEITEN

La Pietà. Tgl.10–17 Uhr, Riva degli Schiavoni, Castello 3701, Tel. 041/522 21 71.

ESSEN UND TRINKEN

Corte Sconta. Aus einer alten Weinhandlung wurde ein angenehmes Innenhof-Restaurant mit gepflegter venezianischer Küche. Mo–Sa 12.30–14 und 19–22 Uhr, Calle del Pestrin, Castello 3886, Tel. 041/522 70 24.

ÜBERNACHTEN

Fontana. Familiäres Hotel mit nur 15 Zimmern auf vier Etagen, schön ruhig und recht komfortabel. Campo San Provolo/Ecke Campo San Zaccaria, Castello 4701, Tel. 041/523 10 40, www.hotelfontana.it

Metropole. Beliebtes, in der Saison durch Gruppen etwas überfülltes Hotel. Riva degli Schiavoni, Castello 4149, Tel.041/520 50 44, www.hotelmetropole.com

Paganelli. Total renoviertes Haus mit nur 21 Zimmern, diejenigen zum Bacino natürlich am begehrtesten. Riva degli Schiavoni, Castello 4182, Tel. 041/522 43 24, www.hotelpaganelli.com

Wildner. Nette Pension mit begehrten Zimmern zum Bacino. Riva degli Schaivoni, Castello 4161, Tel. 041/522 74 63, www.hotelwildner.com/de

Hôtel
RISTORANTE

14 Palazzo Dandolo

Die schönste Terrasse zum Bacino?

Livriertes Personal versperrt nicht wirklich den Weg ins Innere dieses Palasts der Gastlichkeit, dessen weltweiter Ruhm nicht zuletzt einigen Filmen zu verdanken ist, die hier gedreht wurden. Der historische Teil des Hotels »Danieli« fand Platz im gotischen Palazzo des Dogen Andrea Dandolo. Das letztere Gebäude fungierte schon zur Zeit der Republik als dessen Gästehaus.

Der Palazzo Dandolo ist nicht zu übersehen: Rot leuchtet seine Fassade zum Bacino, weiß die Umrandung der gotisch zugespitzten Fenster. Über einem einfacheren Sockel zeigt der Palast eine strenge Symmetrie der Fensterordnungen: Im ersten Obergeschoss schaut eine sechsteilige, oben durch Kleeblattöffnungen zusammengehaltene Fensterreihe nach bekanntem gotisch-venezianischen Muster auf die Lagune, rechts und links flankiert von je zwei Einzelfenstern. Das zweite Obergeschoss besitzt gar eine Reihe aus acht gotischen Fenstern, auch sie von je zwei Einzelfenstern flankiert. Die gotische Tür, die einst den Haupteingang bildete, hat man, um den Einlass ins Luxushotel bequemer zu halten, auf die Seite verlegt, an die Calle delle Razze. Ein Blick lohnt sich!

Erstaunlicherweise hat man bis heute nicht herausgefunden, wer der eigentliche Erbauer dieses schönen Palasts an so exponierter Stelle war, jedenfalls stammt der Palazzo Dandolo aus den Anfängen des 14. Jahrhunderts. Dann würde die Annahme passen, dass der Doge Andrea Dandolo (1306–1354) während seiner Dogenzeit ab 1343

S. 94/95: Morgenstimmung an der Riva degli Schiavoni mit der Reiterstatue von Vittorio Emanuele II und der sog. Vivaldi-Kirche
Oben: Innen fühlt man sich im Palazzo Dandolo, dem vornehmen Sitz des Hotels Danieli, fast in den Orient versetzt.

selber der Bauherr war. Da die Familie insgesamt vier Dogen gestellt hatte, war ihr Palast mit Sicherheit ein begehrter Ort der Kommunikation.

Wechselnde Besitzer ohne Schaden überstanden

1536 ging der Palazzo Dandolo in den Besitz der Familie Gritti über, dann folgten immer weitere Besitzer wie die Michiel, die Mocenigo und Bernardo. Einem gewissen Giuseppe Dal Niel gelang es 1822, einen Teil des Palasts zu mieten und zu einem Hotel namens »Royal« auszubauen. Der beliebte Wirt wurde nur »Danieli« genannt und so erhielt auch sein Hotel bald diesen Namen. 1840 war der Palast wieder in seinem Besitz und die Nachfrage groß: Venedig war zu einem begehrten Ziel von Bildungsreisenden geworden, die eine feine Adresse zum Absteigen zu schätzen wussten und sie auch bezahlen konnten.

Die späteren Erweiterungen rechts und links vom gotischen Palazzo können mit ihm nun wirklich nicht mithalten. Innen jedoch, in den Hallen und eleganten Zimmern und Suiten im venezianischen Stil bemerkt man den Stilbruch kaum. Und die Eingangshalle empfängt einen wie im Orient, raffiniert dunkel gehalten. Das Nonplusultra jedoch ist das Terrassen-Restaurant mit dem traumhaft schönen Blick auf San Giorgio Maggiore.

Keine Frage, dass die »Doge Dandolo Royal Suite« der absolute Luxus und voller Geschichte ist. Sie ist Enrico Dandolo gewidmet, der 1192 bis 1205 als 41. Doge Venedig regierte, also noch bevor der Familienpalast von seinem Nachfahren errichtet wurde. Illustre Gäste wohnten im »Danieli«, aber ob alle in dieser schönsten aller Suiten? Die Gästebücher des Hotels jedenfalls verzeichnen Greta Garbo und Maria Callas, Grace von Monaco u.v.m.

Die leuchtend rote Fassade des Palazzo Dandolo zieht magisch an.

Infos und Adressen

ESSEN UND TRINKEN

Do' Leoni. Eine Verbeugung vor der Verbindung England/Venedig mit besonderem Augenmerk auf die frischen Zutaten, im Hotel Londra Palace. Mo–Sa 12–15 und 19–22.30 Uhr (außer 7.–31. Jan.), Riva degli Schiavoni, Castello 4171, Tel. 041/520 05 33.

Met. Intime Atmosphäre im Hotel Metropole, traditionell venezianische wie moderne Rezepte. Di–So 12.30–14.30 und 19.30–22.30 Uhr, Riva degli Schiavoni, Castello 4149, Tel. 041/524 00 34.

Terrazza Danieli. Eines der Superrestaurants in Venedig mit großartiger Präsentation der traditionellen und doch innovativen venezianischen Gerichte im Kreuzpunkt von Orient und Okzident und mit dem wohl schönsten Blick über die Lagune hinweg auf die Klosterinsel San Giorgio Maggiore. Di–So 12–15 und 19–22.30 Uhr, Riva degli Schiavoni, Castello 4196, Tel. 041/522 64 80.

ÜBERNACHTEN

Danieli. Die Traum-Adresse am Bacino. Riva degli Schiavoni, Castello 4196, Tel. 041/522 64 80, www.danielihotelvenice.com

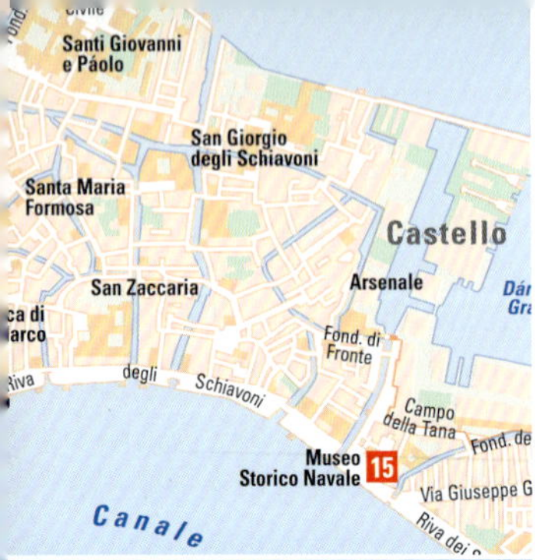

Oben: Man muss kein Militär verherrlichen, um das Museo Storico Navale Venedigs interessant zu finden.
Unten: Manchen reicht es auch nur für ein Erinnerungsfoto.

15 Museo Storico Navale

Spiegelbild der Muskelspiele Venedigs

Wo, wenn nicht in Venedig als eine der vier historischen Seerepubliken Italiens neben Genua und Pisa sowie Amalfi kann man sich in einem Spezialmuseum über die Geschichte der Seefahrt informieren. Gleich hinter dem Museum erstreckt sich das Arsenale beziehungsweise die wirklich riesenhafte Dársena Grande, die große Werft Venedigs.

Wenige Besucher Venedigs schaffen den Spaziergang von San Marco bis zum Museo Storico Navale, einer sehenswerten Sammlung aus der Geschichte der ehemaligen Seemacht. 1919, bald nach dem Ersten Weltkrieg, wurde das Museum gegründet. Das Gebäude, das man dafür auswählte, stammt aus dem 15. Jahrhundert und diente lange der Serenissima als Kornlager. Das Korn wiederum diente der Herstellung eines besonders lange haltbaren Brotes, das man *biscotto* nannte.

MAL EHRLICH

LEIDER GESCHLOSSEN

Leider ist das nahe Padiglione delle Navi mit den Originalen typisch venezianischer Boote wohl für eine längere Zeit geschlossen: Es diente Zeremonialzwecken und der Arbeit der Lagunenfischer. Darin ausgestellt sind militärische und Rennboote, wie das zumindest in Italien berühmte »Asso«: Bootsbau von Baglietto, Motor von Isotta Fraschini, Fahrer Cattaneo. Am besten, man erkundigt sich vor Ort, ob man vielleicht einen kurzen Blick hineinwerfen kann oder gerade eine Wechselausstellung stattfindet.

Schiffsmodelle und andere Schätze der Lagunenstadt

Den Grundstock der historischen Sammlungen lieferte das Arsenale mit seinen Schiffsmodellen, Vorlagen für den Bau der Galeeren und anderer Schiffe oder Boote. Als Napoleons Truppen die Serenissima im Dezember 1797 eingenommen hatten, gingen wie so viele andere Schätze der Lagunenstadt auch zahlreiche Modelle »verloren«. Manche konnten im Laufe der Zeit wieder beschafft werden, aber eben nicht alle. Auch die österreichischen Besatzer bedienten sich so mancher Schätze aus dem Fundus des Arsenale. Erst nachdem sie 1866 Venedig verließen, begann man mit der Neuordnung der Materialien und damit der Gründung des ersten Kerns des Museo dell'Arsenale, wie es damals hieß, weil es auch im Arsenale untergebracht war. Weitere maritime Sammlungen lagerten an anderen Stellen. Alles, was direkt mit dem Militär, also mit den Feldzügen der Serenissima zu tun hatte, wurde in den Dogenpalast zurückgegeben, wo es ursprünglich lagerte.

Grabmonument und Modelle venezianischer Festungen

Gleich beim Eingang ins Museum bewundern zumindest Venezianer im rechten Raum das Grabmonument des im Kirchlein nebenan bestatteten Admirals Angelo Emo (1731–1792), der sich große Verdienste vor allem durch die Befreiung der Meere von den, wie es heißt, barbarischen Piraten erworben hatte. Antonio Canova hat das Monument 1795 für den Palazzo Ducale geschaffen. Ebenfalls im Erdgeschoss befinden sich u.a. 18 historische Modelle von venezianischen Festungen im adriatischen und ägäischen Raum aus dem 16. und 17. Jahrhundert, aus Holz oder Holz mit Pappmaschee. Erstaunlich, wie gut sich die Modelle trotz des empfindlichen Materials erhalten haben!

AUTORENTIPP!

DIE KIRCHE DER SEELEUTE

Das Kirchlein San Biágio ai Forni steht genau gegenüber den Ex Forni, den historischen Backöfen der Stadt. Hier holten sich die Seefahrer schon im 11. Jahrhundert Segen vor ihrer Reise. Im 18. Jahrhundert spätbarock erneuert, für ein paar Jahre als Ausstellungsraum entweiht, könnte man jetzt darin sogar wieder heiraten. Jedenfalls ist San Biágio nur noch bei speziellen Anlässen wieder zugänglich, sonntags findet sogar regelmäßig eine Messe statt. Hier ist Admiral Angelo Emo, der letzte Kommandant der venezianischen Marine und Erfinder so mancher Kriegsmaschine, bestattet, außerdem das Herz des kaiserlichen Erzherzogs Franz Friedrich von Habsburg. Das soll er testamentarisch verfügt haben, weil seine große Liebe Venedig gegolten habe. Gerne erzählt man sich in Venedig, dass er hier sein Herz wohl im doppelten Sinne verloren haben könnte.

San Biágio ai Forni. Besichtigung vor der Messe möglich, So 10.30/11 Uhr, Riva San Biágio/Campo San Biágio.

Oben: Vergoldete Bugfigur des Modells, weil das venezianische Staatsschiff Bucintoro von Napoleon zerstört wurde.
Unten: Eines der vielen prächtigen Schiffsmodelle im Museo

Geschichte der Seerepublik

Im ersten Obergeschoss ist fast alles der Geschichte der Seerepublik Venedig gewidmet. Modelle von Kriegsgaleeren, wie sie bis zur Mitte des 16. Jahrhunderts in Gebrauch waren, oder einer *galeazza*, wie sie 1571 vor Lepanto in der berühmten und für die Venezianer siegreichen Schlacht gegen die Türken eingesetzt wurde. Und dann die Königin der venezianischen Boote, das repräsentative *bucintoro*. Es wurde vom Dogen am Himmelfahrtstag für den religiösen Festakt der Vermählung mit dem Meer benutzt: »Wir verheiraten dich«, rief der Doge traditionell auf Lateinisch und warf einen geweihten Ring im Wert von sechs Dukaten ins Wasser der Lagune, als Zeichen der wahren und stetigen Verbundenheit. – Als die Franzosen das Herrschaftsschiff der Serenissima im Arsenale entdeckten, zerstörten sie es als Symbol ihrer Macht über die Republik Venedig. Leider gingen damit auch die wertvollen Ausstattungsstücke, Karten und Bilder sowie historische Navigationsgeräte unwiederbringlich verloren.

Geschichte der italienischen Marine

Im zweiten Obergeschoss zeigen Uniformen und Illustrationen die Geschichte der italienschen Marine insgesamt. Die dritte Etage ist der Passagierschifffahrt gewidmet, ein Raum den venezianischen Gondeln. Darunter befindet sich die Privatgondel der amerikanischen Milliardärin und Kunstmäzenin Peggy Guggenheim mit prächtigem Löwenschmuck. Ex Voti der Seeleute vom 16. bis zum 19. Jahrhundert und chinesische Dschunkenmodelle runden den Rundgang fast schon ab. Doch es folgt im vierten Obergeschoss der sogenannte »Schwedische Saal« als Beweis der guten Beziehungen zwischen der italienischen und der nordischen Marine.

Infos und Adressen

SEHENSWÜRDIGKEITEN

Museo Storico Navale. Das historische Schifffahrtsmuseum, Mo–Fr 8.45–13.30 Uhr, Sa 8.45–13 Uhr, Riva San Biágio, Castello 2148, Tel. 041/244 13 99.

SUCC. G. Carli. Paolo Brandolisio produziert hier wie eh und je Ruder u.a. Kleinteile für die venezianischen Gondeln, man darf ihm bei der Arbeit zuschauen. Mo–Sa 10–18 Uhr, Corte Porta Rota, Ponte dei Carmini, Castello 4725, Tel. 041/522 41 55, www.paolobrandolisio.altervista.org

ESSEN UND TRINKEN

Al Carpaccio. Wie der Name verspricht, ist dieses elegante Restaurant auf Carpaccio spezialisiert, das es hier in vielen Variationen gibt, aber auch Fischgerichte fehlen nicht. Tische im Freien wie im Obergeschoss. Tgl. 12.30–14.30, 19–22.30 Uhr. Riva Ca' di Dio, Castello 4088, Tel. 041/528 96 15.

ÜBERNACHTEN

Bucintoro. Freundliche Zimmer rund um das Kirchlein San Biágio, alle nach historischen Booten benannt, einige mit San-Marco- bzw. Lagunen-Blick. Campo San Biágio, Castello 2135/A, Tel. 041/528 09 38, www.hotelbucintoro.com

EINKAUFEN

Bertoldini Giuliana. Atelier für kostbar gearbeitete venezianische Masken sowie Modeschmuck und besondere Schmuck-Kreationen mit Swarowski-Steinen von dem Designer Alessio Benetti. Ponte Canonica, Castello 4321, Tel. 041/523 62 15, www.bertoldinigiuliana.com

Libreria Studium. Toller Buchladen mit großer Auswahl an Venedig-Literatur auch in deutscher Sprache. Mo–Sa 9.30–13.30 und 14–18 Uhr, Calle della Canonica, San Marco 337, Tel. 041/522 23 82.

Peggy Guggenheim leistete sich eine so vornehme Gondel, als sei sie wirklich eine Dogaressa gewesen.

Oben: Blick auf den Stadtteil Castello, in dem das Arsenale angelegt wurde
Unten: Brücke am Ende der Via Garibaldi

16 Arsenale, Biennale und Ex-Kathedrale

Von hier aus in die Weltmeere

Der Eingang zum Arsenale sieht heute noch genauso aus wie ihn Canaletto 1743 gemalt hatte: mit mächtigem Portal, einem römischen Triumphbogen nachempfunden. Dahinter wurde seit 1104 das gefertigt, was Venedig als Seerepublik mächtig machte: die Galeeren der Republik. Zur Kunststadt erhob sich Venedig selbst mit seiner Biennale, die Kathedrale verlegte Napoleon aus praktischen Erwägungen ins Zentrum.

Streng gehütet wie damals wird die monströse Anlage noch heute, weil hier inzwischen die Marine zu Hause ist. Genauer: das Istituto di Studi Militari Marittimi, also die Führungsakademie der italienischen Marine. Das Arsenale, also Venedigs Schiffswerft, das Zeughaus und die Flottenbasis, bekam seinen Namen vom arabischen *darsiná-a*, was einfach Arbeitsstätte bedeutet. Und nichts anderes war es ja, nichts anderes gab der Doge

MAL EHRLICH

VENEZIANISCH ODER CHINESISCH?
Auffällig ist es schon eine ganze Weile, wie viele Bars, Cafés und Restaurants von Chinesen übernommen und betrieben werden. So geht man venezianisch speisen und findet sich unverhofft bekocht von Chinesen. Am besten man erkundigt sich in der Umgebung bei Einheimischen, zum Beispiel bei Inhabern der umliegenden Geschäfte, wo es sich gut venezianisch essen gehen lässt. Denn auch das Suchen und Finden kleiner Trattorias gehört zu einem richtigen Venedigurlaub dazu.

Ordelafo Faliero 1104 in Auftrag und damit die wohl größte Produktionsstätte ganz Europas vor dem Industrialisierungszeitalter. Immer wieder erweitert belegt das Arsenale heute eine Fläche von rund 32 Hektar, was zehn Prozent der Fläche des *centro storico* entspricht.

Dantes Bewunderung für das Arsenale

Schon Dante (1265–1321) bewunderte, natürlich in Versform, die Geschäftigkeit in diesem Arsenal, und zwar im Inferno, XXI. Gesang, Vers 7–12 seiner »Göttlichen Komödie«:

„Gleich wie man in Venedigs Arsenal/
Das Pech im Winter sieht aufsiedend wogen,/
Womit das lecke Schiff, das manches Mal/
Bereits bei Sturmgetos das Meer durchzogen,/
Kalfatert wird – da stopft nun der in Eil'/
Mit Werg die Löcher aus am Seitenbogen."

Arsena Nuovo und Arsenale Nuovissimo

Da die Republik immer mächtiger wurde, musste auch die Schiffswerft vergrößert werden. 1325 kam das Arsena Nuovo hinzu, 1475 das Arsenale Nuovissimo, 1539 ein Becken für die größeren *galeazze* (Galeeren) – immerhin mit 1000 Bruttoregistertonnen und 400 Mann Besatzung. Doch mit den Becken allein war es nicht getan. Zum Arsenal gehörten u.a. die Schreinereien bzw. Zimmermannswerkstätten für die Verarbeitung des Holzes, das aus dem nördlichen Veneto um Cadore und aus Istrien stammte. Für das Drehen der Schiffstaue brauchte man eine lange Halle, für alles andere Erzgießereien und schließlich das Pulverlager an Bord. Ganz ungefährlich war die Arbeit hier sicher nicht.

AUTORENTIPP!

EIN WIRKLICH VOLKSTÜMLICHES FEST

Das recht volkstümliche Sommerfest von San Pietro in Castello dürfte noch eine ganze Weile vor allem den Venezianern, wenn nicht gar allein den *castellani* gehören, die mit Sack und Pack hierher pilgern. Es findet in der letzten Juniwoche von Mittwoch bis Sonntag mit abendlichen Musikbands und kulinarischen Ständen statt. Und leider wie so oft mit immer mehr Ramsch. Aber wie die Einheimischen sagen: Besser so, als gar nicht… Auch eine Ruderregatta der *sandoli* (Ruderbootart, meist mit 4 Rudern) und ein Markt zu Wohltätigkeitszwecken werden veranstaltet. Man trifft sich mit der Familie oder mit Freunden, kann an langen Holztischen speisen oder auf der Wiese des in diesem Fall noch wirklich Grünfläche gebliebenen *campo* vor der früheren Kathedrale hocken.

San Piero de Casteo. Letzte Woche im Juni Mi–So, www.sanpierodecasteo.org

Fast einsam auf ihrer kleinen Insel erhebt sich die frühere Kathedrale Venedigs.

Oben: Da kam früher niemand durch, der nicht hierher gehörte – ins Arsenale.
Mitte: Löwen bewachen den offiziellen Eingang ins Arsenale – nur für Militärs.
Unten: Ein Maler hält den Haupteingang des Arsenals im Bild fest.

Eine Handelsgaleere wird zum Kriegsschiff

Die Arbeit im Arsenale war straff organisiert: Die Einzelteile einer Galeere waren vorgefertigt und gelagert und konnten in kürzester Zeit zusammengesetzt werden. Ebenso ließen sich die harmlosen Handelsgaleeren kurzfristig zu Kriegsschiffen umbauen. 1570, als Venedig beschloss, vor Lepanto gegen die Türken zu ziehen, wurden so 100 Kriegsschiffe in nur zwei Wochen gebaut. Spezialisten dafür hatte die Serenissima genug an der Hand und entlohnte sie fürstlich. Die Arbeiter bekamen Wohnraum für sich und ihre Familie zugewiesen, die Häuser standen sozusagen in Rufweite des Arsenales, südlich der heutigen Via Giuseppe Garibaldi, in der sogenannten *marinaressa*. Ob das für alle galt, ist fraglich, immerhin arbeiteten bis zu 30 000 Menschen dort.

Das rund um die Uhr bewachte Arsenale war bis 1806 nur durch zwei Tore zugänglich. Über das 1574 errichtete Wassertor, das Ingresso dell'Acqua, mit zwei Türmen und Fallgitter wurden die Schiffe ins Bacino entlassen. Links davon erhebt sich das Landtor, das Ingresso di Terra. So wie wir es heute sehen, wurde es 1460 in Form eines Triumphbogens gebaut und gilt als das erste Beispiel der Renaissancearchitektur in Venedig. Der kräftig ausschreitende geflügelte Löwe mit gefletschten Zähnen im Giebel darüber hält wie

Ganz im Osten der Lagunenstadt

Im Osten Venedigs stand die erste Kathedrale der Stadt, San Pietro. Doch weil es Napoleon Bonaparte, als er Venedig eroberte hatte, unsinnig erschien, das sakrale Zentrum am Rande zu belassen, erklärte er 1807 kurzerhand San Marco zur Bischofskirche.

Ⓐ **Bronzedenkmal von Giuseppe Garibaldi** – Am Ende der Via Garibaldi steht rechts das hohe Bronzedenkmal für Garibaldi.

Ⓑ **Ponte Rio San Daniele** – Hinter dem Denkmal beginnt die Fondamenta Sant'Anna entlang des gleichnamigen Kanals. Dieser kreuzt sich mit dem breiteren Rio San Daniele. Von der kleinen Brücke hat man nach links einen schönen Blick zur imposanten Mauerecke des Arsenale.

Ⓒ **Chiostro di Sant'Anna** – Bleibt man auf der Fondamenta, kommt man an einem interessanten neuen Wohnprojekt mit luftigen Balkonen im ehemaligen Benediktinerinnen-Kloster von Sant'Anna vorbei.

Ⓓ **Ponte Quintavalle** – Die lange Brücke führt über den Canale di San Pietro mit seinen vielen Bootsanlegestellen auf die Insel San Pietro.

Ⓔ **Cattedrale San Pietro** – Ab 7. Jahrhundert Kathedrale, bis Napoleon, immer praktisch orientiert, 1807 den Sitz ins zentrale San Marco verlegte. Das Gotteshaus stammt aus dem 7. Jahrhundert und wurde erst zwei Jahrhunderte später dem Heiligen Petrus geweiht. Innen wurde die Kirche, dreischiffig und auffällig kurz mit gewaltiger Kuppel, im 17. Jahrhundert völlig umgestaltet.

Ⓕ **Ponte di San Pietro** – Eine schmale Brücke aus Eisen- und Holzkonstruktion, die in die Calle Larga de Castello übergeht, immer mit Blick auf die hohen Mauern des Arsenale.

Ⓖ **Ponte Salizzada Stretta ins Arsenale** – Am Ende der Calle Larga führt die Salizzada Stretta rechts zum neuen Brückchen, das direkt auf eine kleine Öffnung in der Mauer führt: Es ist der Ausgang aus den streng bewachten Gärten des Arsenales, die in die Architektur-Biennale integriert werden.

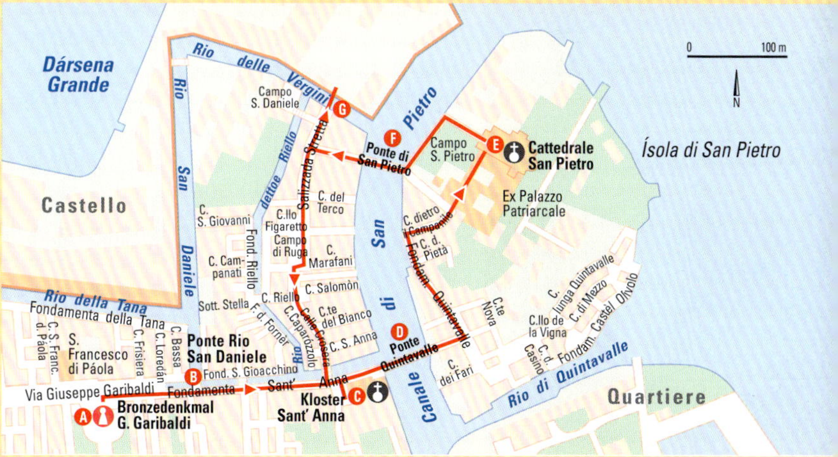

AUTORENTIPP!

HIER SPEISEN DIE CASTELLANI
Am Ende der Via Garibaldi, dort, wo der schmale Kanal Richtung Laguna Nord beginnt, ist im Kanal ein Gemüseboot verankert und ihm gegenüber findet sich eine winzig kleine Trattoria. Sie ist nur zur Mittagszeit geöffnet, wenn im Hinterraum das täglich wechselnde Menü serviert wird. Ein garantiert echtes venezianisches und dazu preiswertes. Kein Wunder, dass die wenigen Tische im Nu besetzt sind, weshalb man sich frühzeitig an der Bar anmelden sollte, wo man sich ja vorher eine *ombra* (das kleine Weinglas/der Stampfer mit Wein aus dem großen Glaskolben) genehmigen könnte.

Trattoria alla Rampa. Mo–Sa 12–14.30/15 Uhr, Fondamenta Sant'Anna, Castello 1135, Tel. 041/528 53 65.

üblich ein Buch in seinen Pranken. Obenauf steht die Symbolfigur der Gerechtigkeit. An die mehrfach zitierte Seeschlacht von Lepanto erinnert die Portalinschrift, die acht Figuren auf Sockeln symbolisieren die Tugenden. Und die beiden kräftigen und zu Venedig so gut passenden Löwen sind Beutestücke aus Griechenland. Der linke drei Meter hohe Löwe stand bis 1687 zwei Jahrtausende lang im Löwenhafen bei Athen.

Via Giuseppe Garibaldi

Schnurstracks führt die Straße, die den Namen des italienischen Freiheitshelden trägt, vom Bacino bzw. der Riva dei Sette Martiri in West-Ost-Richtung zum stolzen Garibaldi-Denkmal. Zu Beginn der breiten Straße bildet ein schmaler Palazzo im gotisch-venezianischen Stil die rechte Ecke. Hier erinnert eine Gedenktafel an die beiden Entdecker Neufundlands (1497), die in dieser Gegend wohnten: Giovanni Caboto (1450/51–1498) mit Sohn Sebastiano (1484–1557), beide im Dienste des englischen Königs Heinrich VII.

Die ganze Via Garibaldi entlang steht Lokal an Lokal, davor jeweils die sommerliche Freifläche. Im Hochsommer wird das Pflaster der Via Garibaldi so heiß, dass es kein Vergnügen bereitet, hier entlangzuflanieren, es sei denn am Abend, wenn die Sonne untergegangen ist und ein leckeres Eis für zusätzliche Abkühlung sorgt. Das Sestiere Castello ist insgesamt ein noch vielfach von Venezianern bewohntes Stadtsechstel und ein Bummel durch das von Touristen kaum frequentierte Quartier geradezu erholsam. Hier sitzen die Einheimischen vor den Hauseingängen, in den Seitengassen flattert Wäsche zwischen den Häusern. Und man findet immer wieder einen Obst- und Gemüsestand sowie einen kleinen Supermarkt oder einen Eisenwarenladen.

Infos und Adressen

SEHENSWÜRDIGKEITEN

Giardini dell'Arsenale. Über einen Extra-Eingang bei der Corderie zu besichtigen, nur während der Architektur-Biennale (2014/2016 etc.) und wenn andere Termine anstehen. Di–So 10–18 Uhr, Tel. 041/ 521 87 11, www.labiennale.org

San Pietro di Castello. Venedigs erste Kathedrale, Mo–Sa 10–17 Uhr, Campo San Pietro, Castello 70, Tel. 041/275 04 62.

ESSEN UND TRINKEN

Al Garanghelo. Einladende Osteria in dunkler Holztäfelung und Tischen auf der Via Garibaldi, mit täglich wechselnden venezianischen Spezialitäten, speziell Fischgerichte. Mi–Mo 11.30–15.30 und 17.30–22.30 Uhr, Via Garibaldi, Castello 1621,Tel. 041/520 49 67, www.garanghelo.com

Giorgione. Abends sorgt Wirt Lucio Bisutto mit guter Stimmung, seiner Gitarre und venezianischen Liedern für musikalische Untermalung, seine Gäste sind vielfach Künstler aus der Nachbarschaft. Seine Frau Ivana kocht seit mehr als zwei Jahrzehnten echt venezianisch, vor allem Fisch. Do–Di 11.30–15.30 und 18–22.30 Uhr, Via Garibaldi Castello 1533, Tel. 041/522 87 27, www.ristorantegiorgione.it

Strani. Super nette kleine Bar mit wenigen Sitzplätzen innen und auf der Via Garibaldi, der Wirt bereitet stets frische (preiswerte) Happen. Tgl. 11–24 Uhr (Di zeitweise nur abends), Via Garibaldi, Castello 1582, Tel. 041/099 14 34.

ÜBERNACHTEN

Ca' delle Ancore. Ferienwohnung für sechs Personen, völlig renoviert und in venezianischem Stil eingerichtet. Via Garibaldi, Castello 1127, Tel. 041/523 85 66.

EINKAUFEN

Majer. Einladender Verkaufsladen mit Café der handwerklich perfekt arbeitenden Bäckerei-Konditorei mit mehreren Standpunkten in der Stadt. Via Garibaldi, Castello 1591, Tel. 041/528 90 14, www.majer.it

Eine der breitesten Straßen der Lagunenstadt ist die Via Garibaldi.

17 Giardini Pùbblici und Giardini della Biennale

Ein Park für alle, ein Park für die Biennale

Füße platt, genug von Kunst und Kultur? Wenn nicht gerade einer der vielen Biennale-Termine ansteht, bieten sich die öffentlichen Gärten vor den Giardini della Biennale als idealer Erholungsraum an. Für venezianische Familien ein gern besuchter Ort, an dem man die Kinder herumtoben lassen kann. Außerdem gibt es am Bacino immer wieder Lunapark.

Napoleon hat diese größte Grünfläche im *centro storico* von Venedig mit angenehm schattigen Alleen anlegen lassen. Seit 1895 ist ein Teil abgetrennt, in dem die Biennale-Pavillons der »Internationalen Ausstellung zeitgenössischer Kunst« Platz finden. Die einzelnen Teilnehmerstaaten der Biennale haben in den Giardini eigene Pavillons, 29 sind es seit 1907. Immer mehr Staaten wollen sich hier mit ihrer Kunst präsentieren. Venedig wäre nicht Venedig, wenn der Lagunenstadt nicht auch dazu Geniales eingefallen wäre: Brach liegende Gelände, verfallende Gebäude profaner oder sakraler Art, vor allem die vielen fast zerstörten Kirchen, die dringend einer Renovierung oder Sanierung bedürfen, können von Biennale-Aspiranten für mehrere Jahre kostenlos gebucht werden – wenn sie diese wieder herrichten. So hat beispielsweise die Kirche San Lorenzo des Frauenklosters 2012 während der Architekturbiennale den mexikanischen Pavillon aufgenommen: Mexiko konnte in einer Ausstellung vor Ort zeigen, wie sich das Land die Restaurierung des total heruntergekommenen Gotteshauses vorstellt. Sicher keine leichte Aufgabe angesichts der immensen

Oben: Man sollte es hier den Venezianern nachmachen und sich in den Giardini Pùbblici eine Ruhepause gönnen.
Unten: Hier bekommt man freundliche Auskunft zu den Biennale-Pavillons.

Einladendes Caffè La Serra in einem historischen Treibhaus

Größe des Kirchenschiffs (ein Querschiff) und der dahinterliegenden ebenso breiten Klausur.

Die verschiedenen Biennalen

Nur bei der Kunst-Biennale konnte es nicht bleiben. So ist die bereits mehrfach erwähnte Architektur-Biennale, Mostra Internazionale di Architettura, entstanden, die seit 1980 an wechselnden Standorten und seit 2000 zusätzlich in den Corderie an der Südseite des Arsenale stattfindet. Die Mostra Internazionale del Cinema, das Internationale Filmfestival, findet bereits seit 1932 auf dem Lido statt, und zwar jedes Jahr im Hochsommer – Ende August/Anfang September. Hauptaufführungsort ist der historische Palazzo del Cinema. Die Biennale Danza, das Tanzfestival, früher ein Teil der Musik-Biennale, hat sich 1998 als unabhängige Sektion der Biennale etabliert und wird ebenfalls jährlich ausgetragen, ca. Ende Mai bis Mitte Juni. Das Festival Internazionale di Musica Contemporanea, also der zeitgenössischen Musik, wurde bereits 1930 ins Leben gerufen. Als erste »Nebenveranstaltung« zur Kunst-Biennale findet sie jeweils eine Woche im Oktober statt. Das Festival del Teatro etablierte sich bereits Anfang 1934 und hatte anfänglich Venedig zum Thema. Seit 1936 findet es jedes Jahr im August statt, seit 2000 an zwei besonderen Stätten im Gebiet des Arsenale: Teatro alle Tese sowie Teatro Piccolo Arsenale im Ex-Cinema Arsenale.

Infos und Adressen

SEHENSWÜRDIGKEITEN

Giardini della Biennale. Organisations-Büro in der Ca'Giustinian, San Marco 1364/A, Tel. 041/521 87 11, www.labiennale.org

ESSEN UND TRINKEN

Al Ponte. Volkstümliche Osteria mit Restaurant, stets frisch und saisonal ausgerichtet. Mo–Sa 6-20 Uhr, Fondamenta San Giuseppe, Castello 930, Tel. 041/520 66 32.

Caffè La Serra. Im historischen Treibhaus der städtischen Gärtnerei. Im Park, zurückversetzt von der Via Giuseppe Garibaldi. Di–Do 11–20 Uhr, Fr 11–21 Uhr, Sa/So 10–21 Uhr, Via Giuseppe Garibaldi, Castello 1254, Tel. 041/296 03 60, www.serradeigiardini.org

Caffè Paradiso. Wieder eröffnetes historisches Café. Hier finden während der Kunstausstellungen angesagte Veranstaltungen statt. Toller Bacino-Blick. Außer im Winter Tgl. 11–24 Uhr, am Haupteingang der Giardini Pùbbilici, Viale Giardini Pùbblici, Castello 1260, Tel. 0335/622 30 79.

ÜBERNACHTEN

B&B Biennale Venezia. Nur zwei Zimmer, eines mit Küchenbenutzung. Campo Monte Grappa, Sant'Elena 1, Castello, Tel. 041/522 47 93, www.biennalevenezia.net

Ca'Formenta. Nur 14 venezianisch eingerichtete Zimmer, kleines Hotel in schöner Lage am Anfang der Via Garibaldi beim Bacino. Via Garibaldi, Castello 1650, Tel. 041/528 54 94, www.hotelcaformenta.it

Residenza Ai Giardini. Modernes B&Bt. Corte del Magazen, Castello 748, Tel. 041/523 24 41, www.residenzagiardini.com

Oben: Fast versteckt liegt die Scuola San Giorgio degli Schiavoni. **Unten:** Karnevalskostüm in einem Geschäft am Campo Bandiera e Moro

18 Scuola San Giorgio degli Schiavoni

Eine wahre Pinakothek

Weil sie von den Schiavoni aus Dalmatien jenseits der Adria errichtet wurde, wird sie auch Scuola Dalmata di San Giorgio degli Schiavoni genannt und besitzt einen wunderbaren Bilderzyklus zum Leben der Heiligen Georg (Giorgio), Tryphon (Trifone) und Hieronymus (Gerolamo) von einem der ganz Großen seiner Zunft: Vittore Carpaccio (1460–1520), bekannt für seine erzählerische Malweise mit Venedig als Kulissc und sein intensives Rot.

Von der Riva degli Schiavoni geht es auf verschlungenen Wegen hinein ins volkstümliche Sestiere di Castello. Man kann zum Beispiel über den Campiello del Piovàn vorbei an der Chiesa San Giovanni in Bragora zum Campo Bandiera e Moro schlendern, der sich bald überraschend groß inmitten des engen Gassengewühls öffnet. Ein angenehmer, geradezu wohnlicher Platz mit zwei Brunnen, noch jungen Mimosen, Ruhebänken rund um das Ehrenmal für die drei Namen gebenden italienischen Patrioten, die für die Befreiung Italiens 1844 ihr Leben ließen (die Brüder Attilio und Emilio Bandiera sowie Domenico Moro). In der kleinen Kirche Chiesa San Giovanni, eine der ältesten Venedigs, wurde Antonio Vivaldi (1678–1741), wegen seiner Haarfarbe »Roter Musiker« genannt, am 4. März getauft.

Palazzo Gritti-Badoer

Während das Kirchlein mit seiner Westfassade die Südseite des Campo schmückt, erhebt sich an seiner Nordseite der Palazzo Gritti-Badoer mit seiner typisch venezianischen Fensterfront, einer der vielen dieser noblen Familie. Dieser ist innen, wie so viele in Venedig, zum kleinen Hotel in eine sogenannte *Residenza d'Epoca* umgestaltet worden.

Auf der Rückseite des Palazzo Gritti führt die Salizzada San Antonin mit einfachen Lebensmittelläden und Lokalen zur gleichnamigen Kirche, die ihre Wurzeln im 7. Jahrhundert hat, also zu den ältesten der Lagunenstadt zählt. Sie wirkt zumindest von außen eher wie ein Wohngebäude denn ein Sakralbau, wäre nicht der Glockenturm. Nach mehreren Umbauten ab dem 12. Jahrhundert und um 1500 bekam sie ihre basilikale Form, 1680 wurde sie nach dem Umbau nach Plänen Baldassare Longhenas wieder eingeweiht. Innen, über einem quadratischen Grund, ist sie mit einem venezianischen Schiffskielgewölbe abgeschlossen und mit einem Matronäum versehen. Viele der Fresken und Altarbilder erzählen das Leben der Heiligen Saba und Antonius.

Am Rio di Sant'Agostin entlang der Fondamenta dei Friulani überquert man die Calle dei Friulani, die nach Westen zum hübschen Brückchen über den Rio führt, und steht gleich vor der Renaissance-Fassade der Scuola San Giorgio degli Schiavoni. Sie wurde zu Beginn des 16. Jahrhunderts neben der Kirche San Giovanni dei Cavalieri di Malta des Malteserordens (für längere Zeit wegen Restaurierung geschlossen) errichtet.

Patrone der Scuola

Im Erdgeschoss der Scuola fordert der *Ciclo dei Santi Giorgio, Trifone* e *Girolamo* ausreichend Zeit. Vittore Carpaccio arbeitete fünf Jahre lang (1502–1507) an diesem wundervollen Zyklus, der die Legende des Heiligen Georg, des Drachentöters, die Wunder des Heiligen Tryphon (Trifone) und das Leben des Heiligen Hieronymus (Gerolamo), der mit

AUTORENTIPP!

FAST PRIVAT WOHNEN IM PALAZZO

Es ist ein behutsam renovierter Palazzo am Kanal, mit nur 17 stilvoll eingerichteten Zimmern und Apartments (mit Küche) sowie Suiten. Frühstück wird auf Wunsch zubereitet. Wunderbar großzügige Aufenthaltsräume, speziell im *piano nobile*, bieten Ausblicke auf Kanal und die nahen Nachbar-Palazzi. Und ein sehr hübscher, sehr ruhiger Innenhof verstärkt den Eindruck, ganz privat in Venedig zu wohnen. Ein Ort zum Wohlfühlen abseits der Hektik in den touristisch geprägten Stadtteilen, mit guten echt venezianischen Einkaufsmöglichkeiten. Es gibt einen Abholservice am Flughafen oder Bahnhof oder der eigene Wagen wird in eine befreundete Garage gebracht.

Palazzo Contarini della Porta di Ferro. Salizada Santa Giustina, Castello 2926, Tel. 041/822 69 43, www.palazzocontarini.com

Oben: In dieser kleinen gotischen Kirche wurde Antonio Vivaldi getauft …
Mitte: … woran die kleine Marmortafel an San Giovanni in Brágora erinnert.
Unten: Carpaccios Meisterwerk in der Scuola degli Sciavoni

dem verletzten Löwen, zum Thema hat. Die warmen Farben, die Führung des Lichts und die Detailgenauigkeit schaffen eine Atmosphäre stiller Aufmerksamkeit.

Der Bilderzyklus

Die wichtigsten Auftraggeber des Frührenaissancemalers Vittore Carpaccio waren die *scuole*. Doch allein der berühmte Bilderzyklus in der Scuola di San Giorgio degli Schiavoni ist vor Ort erhalten, die anderen Werke sind in die Accadèmia und andere Museen gelangt. Dabei erkennt man leicht, wie schön und mit welcher zumindest scheinbaren Leichtigkeit Carpaccio das Leben in Venedig um die Wende des 15./16. Jahrhundert darzustellen vermochte.

Die drei Patrone der Bruderschaft der Schiavoni sind die Protagonisten der Geschichten, die Carpaccio in seinen Bildern festgehalten hat. Im Erdgeschoss beginnt man an der linken Längswand zu lesen: Georgs Kampf mit dem Drachen, sein Einzug in die Stadt Silena (Libyen). Nachdem er dessen Tochter vom Ungeheuer befreit hatte, tauft Georg das libysche Königspaar, zu sehen an der Altarseite. Das Altarbild selbst soll von einem Sohn Carpaccios, Benedetto, stammen; rechts daneben erlöst der Heilige Tryphon als Kind die Tochter des römischen Kaisers Gordian von einem Ungeheuer, das symbolhaft für einen Dämon steht. Die rechte Langseite zeigt zunächst zwei Episoden aus dem Leben Christi: am Ölberg und die Berufung des Apostels Matthäus. Hieronymus, der Nationalheilige der Dalmatiner und nicht zuletzt wegen seines Attributs, des Löwen, in Venedig ebenfalls sehr verehrt: Zu sehen sind *Bändigung des Löwen, Tod des Heiligen, Hieronymus in seiner Studierstube*. Das letzte Bild erinnert an Bilder der flämischen Malerei, die eine heimelige Atmosphäre zeigen.

Infos und Adressen

SEHENSWÜRDIGKEITEN

San Giovanni in Brágora. Mo–Sa 9–12 und 15.30–17.30 Uhr, So 10.30–12 Uhr, Campo della Brágora bzw. Campo Bandiera e Moro, Castello 3790, Tel. 041/520 59 06.

Scuola di San Giorgio degli Schiavoni. Mo 14.45–18 Uhr, Di–Sa 9.15–13 und 14.45–18 Uhr, So/Feiertag nur 9.15–13 Uhr, Corte San Giovanni di Malta, Castello 3259/A, Tel. 041/522 88 28.

ESSEN UND TRINKEN

A La Scuela. Einladende kleine Osteria mit wenigen Tischen im Hinterzimmer und stets frischen *cicheti* an der engen Bar. Man weicht bei Platzmangel auf die Gasse aus. Freitagabend Livemusik. Di–So 11–22/23 Uhr, Salizada De Le Gate, Castello 3183/A, Tel. 041/528 59 16.

Al Covo. Fischrestaurant mit gepflegtem Trattoria-Ambiente am kleinen dreieckigen Campiello della Pescaria, Tische auch im Freien. Küche Fr–Di 12.45–14 und 19.30–22 Uhr, Campiello della Pescaria, Castello 3968, Tel. 041/522 38 12, www.ristorantealcovo.com

Im Hochaltar von San Giovanni in Brágora die großartige Taufe Christi von Cima da Conegliano

Al Covo – eine gute Adresse für Fischfans

Alla Conchiglia. Recht nettes Restaurant mit einer langen Reihe Tischen entlang des Kanals. Do–Di 11.30–22 Uhr, Fondamenta San Lorenzo, Castello 4990, Tel. 041/528 90 95, www.ristoranteallaconchiglia.com

Alla Staffa. Schicke kleine Osteria mit Häppchen-Theke für vor den Mahlzeiten, sonst kleine Tische, an denen täglich wechselnde Menüs serviert werden. Gute Weinauswahl. Tgl. 11–15 und 18–22.30 Uhr, Calle Muazzo nahe Barbaria de le Tole, Castello 6397/A, Tel. 041/523 91 60.

ÜBERNACHTEN

B&B S. Marco. Zauberhaftes B&B bei der Kirche San Giorgio dei Schiavoni. Fondamenta San Giorgio dei Schiavoni, Castello 3385/L, Tel. 041/522 75 89, www.realvenice.it

La Residenza. Wundervolles Ambiente im etwas überrestaurierten Palazzo Gritti-Badoer aus dem 15. Jahrhundert. Campo Bandiera e Moro, Castello 3608, Tel. 041/528 53 15, www.venicelaresidenza.com

Oben: Die wundervolle Renaissance-Fassade von San Zaccaria …
Unten: … soll auch den Carabinieri im früheren Kloster gefallen, die stolz sind auf ihre besondere Bleibe mitten in Venedig.

19 San Zaccaria

Carabinieri statt Benediktiner

Angeblich wissen die Carabinieri del Comando Provinciale von Venedig genau, in welch imposantem und historisch bedeutendem Ambiente sie ihren Dienst schieben. Für Besucher sind die früheren Klostergebäude tabu, nur das heute als Pfarrkirche fungierende Gotteshaus kann man anschauen. Schon von außen ist die Kirche ein Genuss, sehenswert erst recht von innen wegen der reichen bildnerischen Ausstattung.

Der großzügige Campo San Zaccaria bietet genügend Raum, die helle, durch Rundbögen gleichmäßig aufgeteilte und mit kannelierten Pilastern und freistehenden Doppelsäulen geschmückte Fassade der Kirche zu betrachten, die mit einem halbrunden Giebel abgeschlossen wird. Entstanden ist die Kirche des einst bedeutenden Nonnenklosters 1460 bis 1500 auf den Resten einer romanischen und gotischen Vorkirche. Allein die kräftige horizontale Fassadenaufteilung in sechs Stockwerke ist impo-

MAL EHRLICH

EINFACH HINEINSPAZIEREN?

Geht das, einfach in ein Luxushotel hineinzuspazieren und sich ungeniert umzuschauen? Ja, meistens problemlos. Am besten geht man schnurstracks und als wäre man ein Hotelgast auf die Rezeption zu. Gerade in Luxushotels kann man sich auch einfach in einen der bequemen Sessel oder an der Bar niederlassen. Keine schlechte Idee ist es allerdings, sich einen Drink oder einen Kaffee zu gönnen, falls sich jemand vom Personal fragend nähert.

Giovanni Bellini schuf diese großartige »Sacra Conversazione«, die in San Zaccaria zu bewundern ist.

sant, beginnend mit dem wie intarsiert gegliederten Sockel mit der schlichten Eingangstür. Darüber befinden sich offene Arkaden für die Fenster und Blendarkaden zur Angleichung der Optik.

Eine überraschende Bilderfülle

Da es meist recht dunkel ist, sollte man die 50 Cent in den Beleuchtungskasten werfen, um den dreischiffigen Innenraum zu erhellen. Die Bilderfülle erschlägt einen fast, gerade wenn man sie so plötzlich beleuchtet wahrnimmt! Die Wände sind ohne Lücken mit Gemälden bedeckt, eine wahre Pinakothek – und alles ist sogar beschriftet. Am zweiten Altar links befindet sich eines der schönsten Madonnenbildnisse von Giovanni Bellini (1430–1516), die *Sacra Conversazione*, sicher die größte bildnerische Attraktion der Kirche, immerhin vom Meister der venezianischen Frührenaissance. Er malte, schon ziemlich alt, dieses Altarbild 1505, etwa zeitgleich mit Leonardos *Mona Lisa*, und wurde von Dürer, der gerade auf seiner zweiten Venedig-Reise war, als bester Maler bewundert. Bellinis leuchtend warme Farben haben bis heute nichts von ihrer Strahlkraft verloren. Alle Gestalten scheinen in sich zu ruhen, die Zentralfigur, eine thronende Maria mit Kind, ebenso wie die Heiligen Petrus und Katharina links von ihr, Hieronymus und Lucia rechts,

AUTORENTIPP!

MEHR ALS HEILIGENBILDCHEN

Das Istituto Ellenico di Studi Bizantini e Postbizantini in Venedig ist das einzige griechische Forschungszentrum außerhalb Griechenlands. 1959 im Obergeschoss des früheren Armenkrankenhauses der Griechen gegründet, das von 1678 bis zum Beginn des 20. Jahrhunderts funktionierte, 1999 total umgestaltet ist auch das Museum im ersten Obergeschoss einzigartig. Es besitzt neben den griechischen Ikonen aus der byzantinischen wie der späteren Zeit kostbare Handschriften und kunstvolle Kultgegenstände. Auch aus Konstantinopel eine wunderbare Sammlung, die es der Schenkung einer byzantinischen Adeligen verdankt, Anna Paleologhina Notarà. Darunter die bewegte Darstellung *Madonna mit Kind, Propheten und Heiligen in Gloria* aus dem 16. Jahrhundert. Eines ist sicher: Hier wird man als Betrachter nur ganz selten von anderen Besuchern gestört!

Museo Dipinti Sacri. Tgl. 9–17 Uhr, Castello 3412, Tel. 041/522 65 81, www.istitutoellenico.org

Oben: Kleinteilige Kassetierung gestalten die Fassade von San Zaccaria.
Mitte: Einlass ins frühere Kloster von San Zaccaria ist nur für Carabinieri.
Unten: Gerne posieren die Nonnen vor der edlen Fassade.

alle vier klar an ihren Attributen zu erkennen: Petrus an Schlüssel und Buch, Katharina am Rad, Kirchenvater Hieronymus an seinem roten (Gelehrten-) Gewand, Lucia an ihren Augen, die sie in einer kleinen Schale in der Hand hält.

Cappella del Coro

Berühmte Maler haben sich in der Cappella del Coro am Ende des rechten Seitenschiffs mit ausdrucksstarken Kunstwerken ein Denkmal gesetzt: Am Eingang rechts Palma il Vecchio (1480–1528) mit *Jungfrau mit Kind*, an der Front rechts vom Altar Giandomenico Tiepolo (1727–1804) mit seiner *Flucht nach Ägypten*, Jacopo Tintoretto (1518–1594) malte das Altarbild, die *Geburt Johannes des Täufers*. Auf der linken Seite hängt ein drastisches Bild von il Giovane (1548–1628): *David besiegt Goliath*, Goliath ist bereits enthauptet und hält seinen eigenen Kopf in der Hand... Tatsächlich goldglänzend, wie ihr Name verheißt, ist die anschließende gotische Cappella d'Oro mit ihren drei vergoldeten, fein gearbeiteten gotischen Altaraufsätzen.

Kloster San Zaccaria

Das Kloster San Zaccaria, wahrscheinlich vom Dogen Giustiniano bzw. durch seine testamentarisch verfügte Stiftung Ende des 9. Jahrhunderts gegründet, war zusammen mit San Lorenzo das älteste und bedeutendste Nonnenkloster Venedigs. Hier wurden die unverheiratet gebliebenen Töchter der reichen Venezianer, mit einer ordentlichen Mitgift ausgestattet, untergebracht. Das Kloster wurde sehr schnell reich, besaß immense Ländereien und Immobilien, bereits im 14. Jahrhundert sollen es allein in Venedig 153 Häuser gewesen sein. Das heute noch so hübsche Monselice in den Euganeischen Hügeln des Hinterlands gehörte beispielsweise auch zum Klosterbesitz.

Infos und Adressen

SEHENSWÜRDIGKEITEN

San Zaccaria. Mo–Sa 10–12 und 16–18 Uhr, So 16–18 Uhr, an Feiertagen evtl. kürzer, Campo San Zaccaria, Castello 4693, Tel. 041/522 12 57.

ESSEN UND TRINKEN

Da Giorgio. Nette Trattoria mit einladenden Tischen auf den schmalen Fondamenta di San Lorenzo mit schönem Blick auch auf den venezianisch-gotischen Palazzo gegenüber. Do–Di 12.30–14.30 und 19–22 Uhr, Fondamenta di San Lorenzo, Castello 4988/89, Tel. 041/528 97 80.

Da Roberto. Großes Lokal für schnelles Essen, mit Tischen auf der Gasse, große Auswahl, auch Touristenmenüs und Pizza. Ab 11 Uhr durchgehend geöffnet. Campo San Provolo, Castello 4707, Tel. 041/522 15 06, www.ristorantedarobertovenezia.com

Osteria Oliva Nera. Zwei nebeneinander liegende kleine Osterien mit hellem Holzambiente und familiärer Atmosphäre. Tgl. 11 Uhr bis spät abends, südlich der Salizada dei Greci, Castello 3417/18, Tel. 041/522 21 70, www.olivanera.com

Trattoria alla Rivetta. Winzig kleines Lokal mit guter Qualität und vorwiegend frischem Fisch, mittags auch *cichetti* (Häppchen). Di–So 11.30–14.30 und 19–22.30 Uhr, Ponte San Provolo, Castello 4625, Tel. 041/528 73 02.

ÜBERNACHTEN

Liassidi Palace. Wunderschönes, erst 2002 eröffnetes *Small Luxury*-Hotel mit nur 26 Zimmern im Palazzo aus dem 15. Jahrhundert im engen Gassengewühl. Ponte dei Greci, Castello 3405, Tel. 041/520 56 58, www.liassidipalacehotel.com

Locanda Vivaldi. Jüngst eröffnetes gepflegtes Hotel mit 27 Zimmern neben der Vivaldi-Kirche (La Pietà) mit großen Zimmern, einige davon im Nebengebäude. Riva degli Schiavoni, Castello 4152/53, Tel. 041/277 04 77, www.locandavivaldi.it

EINKAUFEN

Mario e Paola Bevilacqua. Echte venezianische Webarbeiten. Fondamenta della Canonica, San Marco 337/B, Tel. 041/528 75 81, www.bevilacquatessuti.com

Segreti di Bellezza. Italienische Naturkosmetik, wunderbar präsentiert. Campo San Zaccaria, Castello 4695, Tel. 041/522 62 67, www.segretidibellezza.info

Der kleine Laden von Bevilaqua am Campo del Giglio sieht selber wie ein Schmuckstück aus.

20 Campo Santa Maria Formosa

Der schönste Platz der Stadt

Am wunderschönen Campo Santa Maria Formosa ist von Touristen meist wenig zu sehen. Höchstens während des Antiquitätenmarkts am ersten Septemberwochenende. Da kommt der unregelmäßige, großflächige Platz so richtig zur Geltung, ebenso wie bei den von der Stadt im selben Monat veranstalteten Spielen für Jung und Alt unter dem Motto »Lasst uns spielen auf dem Campo«.

Die große Kirche des Klosters Santa Maria Formosa, 639 von San Magno, dem rührigen Bischof Magnus von Oderzo gegründet, gilt als die Kirche der Zünfte, hatten doch mehrere *scuole* (Bruderschaften) hier ihre Stammkapellen. Dass es zu deren Gründung kam, ist der Kirchenchronik nach einer Erscheinung, die der Bischof an eben dieser Stelle hatte, zu verdanken, einer dicklichen – auf Venezianisch *formosa* – Mariengestalt. An Maria Lichtmess, also am 2. Februar, pflegten sich früher Doge und Signoria in einer feierlichen Bootspro-

Oben: Der Campo Santa Maria Formosa gilt als einer der schönsten Venedigs und wird wenig von Fremden besucht.
Unten: Deckenfresko im Palazzo Grimani

MAL EHRLICH

LIEBER VERPACHTEN ALS VERKAUFEN

In den letzten Jahren kann man in Venedig schmerzlich beobachten, wie Bausubstanz, statt sie herzurichten und klug zu vermarkten, auf Nimmerwiedersehen verschleudert wird. Der Palazzo Querini-Stampalia beziehungsweise dessen Nutzung durch die Stadt ist jedoch ein gutes Beispiel dafür, wie man Kulturerbe bewahren kann, statt es auf die Schnelle zu Geld zu machen.

Riccis »Allegorie des Mittags« war ein Deckengemälde im Palazzo Querini-Stampalia.

zession zur Kirche zu begeben, um an den Raub der zwölf venezianischen Mädchen durch istrische Piraten im Jahre 944 zu erinnern, die von den Handwerkern der Kistenmacher mit Sitz in Santa Maria Formosa befreit werden konnten.

Santa Maria Formosa

Die mittelalterliche Kirche, die fast so groß wie San Marco war, durchlebte mehrere Umbauten, Erdbeben und anderes Ungemach, so dass man beschloss, sie 1492 bis 1504 völlig neu zu errichten. Den Auftrag dazu erhielt derselbe Mauro Codussi, der die Fassade von San Zaccaria schuf. Codussi gilt in der Kunstgeschichte als der Wegbereiter der venezianischen Renaissance, er war einer der ersten, der die Dekorationselemente in die Architektur mit einbezog. Die Hauptfassade konnte er nicht mehr vollenden, weil er vorher verstarb. Die Weiterführung übernahm ein unbekannt gebliebener Architekt 1542 im Auftrag der Familie des *Capitano del Mare* Vincenzo Cappello, dessen Statue den Giebel schmückt. Die größten Schätze im Inneren der vom Licht durchfluteten Kirche dürften die Bilder der beiden Palma – il Vecchio (1480–1528) und il Giovane (1548–1628) - sein: Das Polyptychon *Heilige Barbara mit Pietà und Heiligen* und die *Madonna mit dem Heiligen Franz von Assisi.*

AUTORENTIPP!

HIER WOHNT DIE UNESCO – PALAZZO ZORZI

Geht man die Ruga Giuffa ein Stück des Weges zurück Richtung Bacino, passiert man als vierte oder fünfte Seitengasse, je nachdem, ob man auch den Zugang zum Palazzo Grimani mitzählt, die Salizada Zorzi, die in wenigen Schritten zum Palazzo Zorzi führt. Vielleicht erkennt jemand gleich die Handschrift des Architekten Codussi, zumindest an einer der Fassaden des aus dem Mittelalter stammenden Palasts mit seinem gotischen Gesicht zum Rio di San Severo hin. Kein Wunder, dass sich die UNESCO hier gerne eingerichtet hat. Zwischendurch werden die Hüter des Weltkulturerbes und ähnlichem durch Ausstellungen wie zur Zeit der Architektur-Biennale gestört. Von besonderem Zauber ist der Renaissance-Innenhof mit seinen klaren Rundbögen.

Palazzo Zorzi. Bei Ausstellungen Di–So 10–18 Uhr, Salizada Zorzi, Castello 4930, Tel. 041/260 15 11.

Oben: Wie ein Stück Rom mitten in Venedig wirkt der Palazzo Grimani, außen …
Unten: .. wie innen, wo ein Raum edler ausgestattet scheint als der andere; darin mit Bedacht nur wenige Kunstwerke effektvoll inszeniert.

Palazzo Querini-Stampalia

Am kleinen Campiello Querini südlich von Santa Maria Formosa und über zwei eigene Brücken zugänglich breitet sich der Palazzo Querini-Stampalia mit seinen beiden *piani nobili* (Repräsentationsetagen) und dem Doppelportal aus, der einer Familienschenkung an die Stadt zu verdanken ist. Vieles wurde so belassen, wie es zu Lebzeiten der Patrizierfamilie war, der untere Bereich wurde vom Architekten Carlo Scarpa (1906–1978) umgestaltet.

Die originale Innenausstattung ist bemerkenswert, angefangen bei der Ausmalung von 1790 anlässlich der Hochzeit von Alvise Querini (Botschafter Venedigs in Paris) und Maria Lippomano, die einer gelehrten jüdischen Familie aus Negroponte im heutigen Griechenland entstammte. Hinzu kommt eine Sammlung von Gemälden von Giambattista Tiepolo (1696–1770) und Giovanni Bellini (1430–1516), also der venezianischen Malerei. Nicht zu vergessen: die umfangreiche Bibliothek. Wer sich erholen will, kann es hier wunderbar in den von Scarpa umgestalteten Räumen tun, in der *caffetteria*, im anregenden Shop sowie im Garten.

Palazzo Grimani

Nur wenige Minuten nordöstlich der Piazza San Marco, besitzt das Archäologische Museum eine Dependance – das Museo di Palazzo Grimani. Die private Sammlung ist ein Geschenk der Dogenfamilie Grimani an die Öffentlichkeit. Der auftraggebende Doge hieß Antonio Grimani (1434–1523), der aktuelle Palast entstand nach Umbauten 1532 bis 1569 unter der Regie seiner Nachfahren Vittore, Prokurator von San Marco, und Giovanni, Patriarch in Aquileia. Es scheint, als wäre der Palast ein Stück Rom inmitten der Lagunenstadt. Untypisch für Venedig, aber aus der Familiengeschichte heraus verständlich.

Infos und Adressen

SEHENSWÜRDIGKEITEN

Museo di Palazzo Grimani. Mo 8.15–14 Uhr, Di–So bis 19.15 Uhr, Ramo Grimani, Castello 4858, Tel. 041/241 15 07.
Palazzo Querini-Stampalia. Mo 8.15–14 Uhr, Di–So bis 19.15 Uhr, Campiello Querini, Castello 5252, Tel. 041/271 14 11, www.querinistampalia.it
Santa Maria Formosa. Mo–Sa 10–17 Uhr, Campo Santa Maria Formosa, Castello 5236, Tel. 041/275 04 62.

ESSEN UND TRINKEN

Al Mascaron. Fisch und Gemüse als Spezialitäten, je nachdem, was der Markt frisch bietet. Mo–Sa 12–15 und 19–23 Uhr, Calle Lunga Santa Maria Formosa, Castello 5225, Tel. 041/522 59 95, www.osteriamascaron.it
Mascareta. Große Weinauswahl, originelle *cicheti* und traditionelle Küche, zahlreiche Events. Di–So 19–2 Uhr, Calle Lunga Santa Maria Formosa, Castello 5183, Tel. 041/523 07 44, www.ostemaurolorenzon.it
Querinicaffè. Erholung pur. Von Irina Freguia betrieben, der Wirtin des beliebten Lokals Vecio Fritolin. Di–So 10–18 Uhr, Palazzo Querini-Stampalia, Castello 5252, Tel. 041/522 06 86, caffetteria@querinistampalia.org

Gute Laune macht die Osteria Al Mascaron.

ÜBERNACHTEN

Palazzo Vittori. Gemütliches Hotel im *piano nobile* eines venezianisch-gotischen Palasts. Campo Santa Maria Formosa, Castello 5246, Tel. 041/241 08 56, www.hotelpalazzovitturi.com

EINKAUFEN

Qshop. Publikationen zur Geschichte des Palasts und zu Ausstellungen darin, aber auch Zeitgenössisches wird angeboten, in Buchform wie als Kunstgegenstand. Palazzo Querini-Stampalia, Castello 5252, Tel. 041/523 44 11, qshop@codesscultura.it

Im Hotel Palazzo Vitturi kann man sich schnell wohl fühlen.

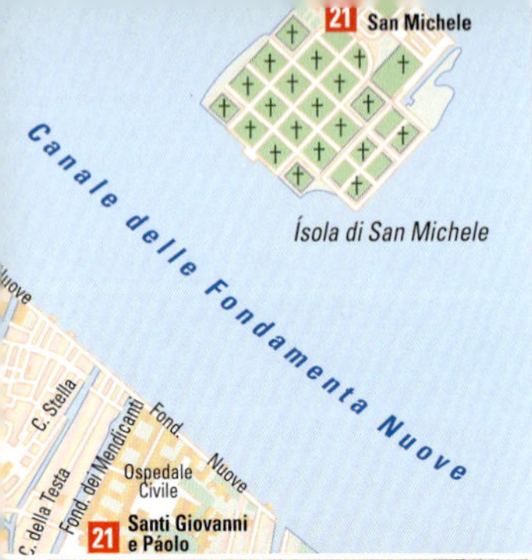

21 San Zanipolo und San Michele

Sakrale und militärische Machtdemonstration

Die gotische Kirche der Heiligen Johannes und Paul, über Eck die frühere Scuola Grande di San Marco mit ihren klaren Renaissancestrukturen und das Reiterdenkmal für den Condottiere Bartolome Colleoni bestimmen das Bild des Platzes zwischen dem Rio dei Mendicanti und der Salizada Santi Giovanni e Paolo.

San Zanipolo nennen die Venezianer die gotische Kirche, die eigentlich den beiden heiligen Johannes und Paul, also Giovanni e Paolo geweiht ist. Wie ein gestrandetes Schiff breitet sich die backsteinerne Kirche mit ihrer unvollendeten Fassade auf dem Platz aus, in ihrem östlichen Bereich von Chor und Kapellen architektonisch hübsch aufgelöst. Der Bau dieser Dominikanerkirche dauerte an die 200 Jahre und es wurde das größte Gotteshaus Venedigs mit den Gardemaßen von knapp 102 Metern Länge, 28 Metern Breite und 35 Metern Höhe.

MAL EHRLICH

KEIN GELD FÜR DIE TOTEN?

Die Toteninsel San Michele wird gerne besucht. Beim Spaziergang über den Friedhof stolpert man über viele zusammengefallene, verwahrloste Grabstätten. Es heißt, die Gemeinde habe kein Geld für die Restaurierung. Das ist einerseits schade, andererseits tragen die verfallenen Gräber auch zur mystischen Stimmung der Insel bei. Der Pförtner des Friedhofs hält Kopien des Friedhofsplans bereit, auf dem die am liebsten aufgesuchten Gräber verzeichnet sind.

Oben: Der Innenraum von San Zanipolo, der beliebtesten Grablege der venezianischen Dogen, überrascht mit großer Weite und Helligkeit.
Unten: Der Hauptaltar in San Zanipolo behielt seinen Originalrahmen.

Ein schönes Ensemble: rechts San Zanipolo, links die einstige Scuola Grande di San Marco

Für die Geschichte der Serenissima bedeutend sind die Grabmäler der Dogen, die teils in bestem gotischen, teils im Renaissancestil geschaffen wurden. Man muss sie überall im Kirchraum suchen. Bereits den Übergang von der Renaissance zum Barock präsentieren die drei Grabmäler der Dogen aus der Mocenigo-Dynastie: von Pietro, Giovanni und Alvise über dem Hauptportal innen. Sozusagen einen Schritt zurück ging man bei der Gestaltung des Grabmals des Dogen Tommaso Mocenigo im linken Seitenschiff, das stilistisch in die Übergangszeit von der Gotik zur Renaissance gehört. Kunsthistorisch interessant ist die hier erstmalige Verwendung eines Stoffbaldachins.

Scuola Grande di San Marco

Die Scuola Grande di San Marco über Eck links der Kirche gehörte einst den Schmieden und Seidenhändlern, war also seit ihrer Gründung 1260 bestimmt reich ausgestattet. Ihre aufwendig im typisch venezianischen Frührenaissancestil gebaute Fassade konzipierte 1485 Pietro Lombardo. Das Besondere daran sind die Reliefs mit ihren illusionistischen Bildern, die in typischer Renaissancemanier einen großen Tiefeneindruck vermitteln. Nur die Fassade kann man heute bewundern, denn nach innen findet nur Einlass, wer ins Städtische Kran-

AUTORENTIPP!

KLEIN ABER OHO – SANTA MARIA DEI MIRACOLI

Santa Maria dei Miracoli, das Juwel der venezianischen Frührenaissance und eine der beliebtesten Hochzeitskirchen der Venezianer, besitzt außen Marmorinkrustation sowie reich verzierte Bogenfenster und ist innen reich mit Skulpturen ausgestattet. Eben ein Gesamtkunstwerk (1481–1489) von Pietro Lombardo und seinen ebenfalls kunstbegabten Söhnen Tullio und Antonio, geschaffen für ein Marienbildnis aus dem Haus des lombardischen Kaufmanns Angelo Amadi. Es ist die einzige Kirche Venedigs, die nur eine einzige Handschrift trägt! Innen in Marmor-Kassetten in weiß, rosa und anthrazit eingeteilt, wird der Blick des Eintretenden von der hohen Treppe angezogen, die zum Hochaltar führt. Flankiert wird sie von zwei Kanzeln, auch sie aus vielfarbigem Marmor und wie für eine Hochzeitszeremonie geschaffen. 1997 wurde die Kirche sehr gut restauriert, so dass sie jetzt zu einer – noch immer wenig bekannten – Attraktion für Kenner wurde.

Santa Maria dei Miracoli. Mo–Sa 10–17 Uhr, Campiello dei Miracoli, Cannarégio 6075, Tel. 041/275 04 62 und 041/275 04 94.

Oben: Die Kirche der Friedhofsinsel San Michele im Norden der Lagunenstadt erhielt ihre Fassade in der Renaissance.
Unten: Nicht alle Teile des Monumentalfriedhofs auf San Michele sind so gepflegt.

kenhaus muss oder sich in einer Gruppe anmeldet. Auf der Rückseite des Krankenhauses markieren die Fondamenta Nuove (oder Nove) das nördliche Ende des *centro storico*. Hier findet man auch die Anlegestelle zu den vorgelagerten Inseln, vorbei an Venedigs Friedhofsinsel San Michele.

Die Toteninsel San Michele

Nur 460 Meter lang und 390 Meter breit, also fast quadratisch, ist die Friedhofsinsel vor dem Nordosten Venedigs auf dem Weg nach Murano, die somit noch zum Sestiere Castello gehört. Diese erhebt sich höchstens einen Meter über dem Meeresspiegel, daher ist San Michele ringsum ummauert. Während die Überreste normaler Bürger nur befristet auf dem Friedhof bleiben dürfen, werden die Gräber von Berühmtheiten, genau wie anderswo, zu Attraktionen. Zu ihnen zählen u. a. der amerikanische Dichter Ezra Pound (1885–1972) und der russische Komponist Igor Stravinsky (1882–1971) und auch ein venezianischer Künstler Emilio Vedova (1919–2006), dessen Atelier und Stiftung sich in Dorsoduro (s. S. 196) befinden. Aber auch eine argentinisch-französische Fußballgröße hat hier Platz gefunden und diese wird nicht weniger besucht als die der verstorbenen Kunstschaffenden: Helenio Herrera (1910–1997).

Im Kloster von San Michele lebt heute nur noch ein knappes Dutzend Mönche. Seit dem 13. Jahrhundert von großen Künstlern geschaffen war es früher ein bedeutendes Kamaldulenserkloster, davon erhalten ist noch der Kreuzgang. Ab 1469 baute Mauro Codussi die Kirche San Michele in Isola im Renaissancestil, die sechseckige Cappella Emiliani errichtete Guglielmo Bergamasco 1530. Ein berühmt gewordener Mönch des Klosters, Fra Mauro, zeichnete zwischen 1457 und 1459 hier seine kreisrunde Weltkarte (s. S. 54).

Infos und Adressen

SEHENSWÜRDIGKEITEN

Cimitero San Michele in Isola. Im Sommer 7.30–18 Uhr, im Winter bis 16.30 Uhr, Weihnachten/Neujahr/Ostern bis 12 Uhr, Isola di Michele.
San Zanipolo. Mo–Sa 9–18 Uhr, So/Feiertag 12–18 Uhr, Campo San Zanipolo, Castello 6363, Tel. 041/523 59 13, www.basilicasantigiovanniepaolo.it
Scuola Grande di San Marco. Bibliothek, historisches Archiv und Sammlung historischer chirurgischer Instrumente. Mo–Fr 8.30–14 Uhr, Rio dei Mendicanti, Castello 6776, Tel. 041/529 41 11.

ESSEN UND TRINKEN

Al Portego. Kleine charakteristische Osteria mit *cicheti*, aber auch ein paar Tellergerichten wie ausgebackener Fisch, Fischrisotto und Leber venezianischer Art. Mo-Sa 12–15 und 18–22 Uhr, So nur 18–22 Uhr, Calle Carminati, Castello 6015, Tel. 041/522 90 38.
Osteria da Alberto. Feine Häppchen an der Theke, gemütliches echt venezianisches Lokal. Mo–Sa 10–23 Uhr, Calle Larga Giacinto Gallina, Cannaregio 5401, Tel. 041/523 81 53, www.osteriadaalberto.it

ÜBERNACHTEN

Acqua Palace. Nicht so venezianisch-überladen wie sonst, etwas geradliniger eingerichtetes Hotel im Palazzo Scalfarotto westlich von Santa Maria Formosa. Calle della Malvasia, Castello 5492, Tel. 041/296 04 42, www.aquapalace.it
Palazzo Ruzzini. Teils im venezianischen Stil, teils modern eingerichtete luxuriöse Zimmer und Suiten sowie angenehme Salons und eine stylische Bar. Campo Santa Maria Formosa, Castello 5866, Tel. 041/241 04 47, www.ruzzinipalace.com
Santa Marina. Freundliches Hotel in venezianischem Stil auf den Mauern eines alten Klosters (zum Hotel gehört die Casa Santa Marina, z.T. modern eingerichtet). Campo Santa Marina, Castello 6068, Tel. 041/523 92 02, www.hotelsantamarina.it

Vom Norden her schaut man durch die Einfahrt des Arsenale ins Herz Venedigs.

CANNARÉGIO UND DAS GHETTO

Canale delle Sacche
Sacca di San Giròlamo
Sacca di Sant'Alvise
Fond. di Sacca S. Giròlamo
C. larga delle Penitenti
C.llo del Cantier
Fondamenta Case Nuove
F. Carlo Coletti
Fondamenta
Calle Nuova
Calle Rizzo
C. delle Cappuccine
Rio della Sensa
Rio dei Riformati
Fondamenta dei Riformati
Parco Groggia
C.llo de la Fornasa Vecia
Contarini
Pal. Michièl
C.te Pisciutta
Fondamenta della Sensa
Rio di San Giròlamo
Fond. delle Cappuccine
Fondamenta San Giròlamo
Fondamenta del Battello
Rio del Battello
C.llo del Battello
Canale di Cannarégio
Fondamenta di Cannarégio
Al Bacco
Cannarégio
Antica Mola
Fondamenta degli Ormesini
Campo Ghetto Nuovo
John Francis Phillimore
Locanda del Ghetto
Ikona Venecia
Giardino dei Melograni
Le-Balthazar
Panificio Volpe
Museo Ebraico e Sin
Antichità al Ghetto
Majer
Diego Baruch Fusetti
Ca' Dogaressa
Gam Gam
Campo S. Giobbe
S. Giobbe
Rio di San Giobbe
Rio della Crea
Campo Busello
Fondamenta Savorgnàn
Pal. Testa
Parco Savorgnàn
Calle Riello
Ponte delle Gùglie
Rio terrà San Leonardo
Alla Palazzina
Cicchetteria Venexiana da Luca e Fred
Balducci
C.po S. Leonardo
Campo S. Geremia
Palazzo Zeno
Osteria Nova
Bar Cicheto
Amadeus
Belle Époque
Lista di Spagna
San Geremia e Santa Lucia
Riva di Biàsio
Locanda Ca' San Marcuola
Pal. Emo
IAT
Santa Maria di Nazareth degli Scalzi
Stazione Ferroviaria S. Lucia
Canàl Grande
Pal. Fóscari
Ferrovia degli Scalzi
Campo S. Simeòn Profeta
Fondamenta Santa Lucia
Stazione Ferroviaria Merci
Ferrovia Santa Lucia
Fond. San Simeòn Piccolo
Campo Morto
Campo S. Giàcomo dell' Orio
Giardino Papadópoli
Stazione Autobus
Santa Croce
Bacareto Da Lela
C.te Tagliapietra
Rio di San Zuane
S. Giovanni Evangelista
Campo S. Stin
R. di San Stin
Rio terrà S. Tomà
Istituto Universitàrio di Architettura

Sehenswürdigkeit, Denkmal
Aktivität, Ausgang, Theater
Museum, Galerie
Shopping
Restaurant, Bar, Café
Übernachtungsmöglichkeit
Kirche, Synagoge
0
200 m
N
Madonna dell' Orto
Ospedale Fatebenefratelli
Quartiere Grimani
Madonna dell' Orto
Ai Mori d' Oriente
Casa del Tintoretto
L' Orto dei Mori
Pal. Contarini dal Zaffo
Sacca della Misericórdia
Paradiso Perduto
Museo di Fisica "Anton Maria Traversi"
S. Maria Assunta dei Gesuiti
Fondamenta Nuove
Al Giubagiò
Museo Richard Wagner
James Cook
Palazzo Abadessa
La Bottega - ai Promessi Sposi
Cinema Giorgione Movie d' Essai
Grom
Ca' d' Oro
Alla Vedova Ca' d' Oro
Pesaro Palace
McDonald's
San Stae
Canàl Grande
Gall. Moderne Mus. d' Arte Orient.
Ca' d' Oro
Dolceria delle Maschere
Antico Doge
Sbrlerlefo
S. Maria dei Miràcoli
Al Remer
Il Milion
Teatro Málibran
Coin
Mercato di Rialto
Fóndaco d. Tedeschi
Ponte di Rialto
Rio della Misericordia
Rio della Sensa
Rio di S. Felice
Rio della Racchetta
Rio di Santa Caterina
Rio dei Gesuiti
Rio dei Santi Apostoli
Rio di San Marina
Rio della Panada
Fondamenta della Misericordia
Fondamenta dei Mori
Strada Nova
Campo S. Maria Nova
Campo Beccarie
Pescheria
Corte Albrizzi

S. 126/127: Cannarégio besitzt eine ganz besondere Atmosphäre mit einfacheren Wohnpalästen.
Oben: Die Ca` d'Oro zählt zu den schönsten Palästen der Stadt, auch wenn sie ihren »Goldschmuck«, der ihr den Namen gab, verloren hat.
Unten: Straßenmaler in der Strada Nova

22 Ca' d'Oro und Marco Polo

Venedigs schönster Palazzo

Aus allen Palästen nördlich der Rialto-Brücke sticht die Ca' d'Oro mit ihrer Schauseite zum Canal Grande heraus, ein graziler gotischer Palast mit filigranem Maßwerk und zierlichen offenen Loggien in den oberen Stockwerken. Das Gold der Fassade allerdings, das dem Palast den Namen gab, fehlt inzwischen gänzlich. Dafür birgt er die Galleria Franchetti mit zahlreichen Kunstwerken des 15. bis 18. Jahrhunderts.

Jenseits des Rio dei Mendicanti beginnt das nächste Stadtsechstel Venedigs, das geradezu volkstümliche Cannarégio, vor allem bekannt für das erste jüdische Ghetto der Geschichte. Doch gleich am Canal Grande und südlich der Strada Nova (oder Nuova) erhebt sich der vielleicht schönste Palast Venedigs, die Ca' d'Oro aus dem 15. Jahrhundert. Der damalige Prokurator von San Marco, Marino Contarini hat die Ca' in Auftrag gegeben, errichtet wurde sie von Marco Raverti 1421 bis 1440, der sich seine Sporen am Mailänder Dom verdient hatte und von dort einige lombardische Steinmetze mitbrachte.

Die Fassade der Ca' d'Oro

Wer eine Schaufassade am Canal Grande genauer betrachten möchte, muss sich auf die andere südliche Seite der Wasserstraße begeben. Was ganz gut geht, weil es hier eine Traghetto-Gondola gibt, zwischen dem nahen Palazzo Foscari und der Pescaria. Von der Fischhalle geht man ein paar Schritte die Riva dell'Olio nach Westen und schon steht man fast vis-à-vis mit dem »Goldenen Haus«.

Erstaunlich ist das Sockelgeschoss, das aus einer offenen fünfteiligen Loggia besteht. Ziemlich hoch gestelzt wirkt das, als wolle man keine nassen Füße bekommen. Darüber erheben sich zwei *piani nobili* (Beletage), der erste höher als der zweite, beide mit reichem gotischem Maßwerk und farbigen Marmor-Einlegearbeiten im oberen Teil der raumhohen Fensterbögen verziert. Auf jeder Seite befindet sich nochmals eine etwas breitere Fenstertür mit Balkon. Auffällig ist die Asymmetrie des Palasts, dessen Schönheit das aber keinen Abbruch tut, denn der rechte Teil, vom Wasser betrachtet, gleicht einer nur durch wenige Fenster erhellten Festung. Es ist das festungsartige Turmhaus, genannt *torresello*. Nur das Giebelfeld des Dachgeschosses fasst alles zusammen.

Wechselnde Besitzer des Palazzos

Wie so manch anderer Palast Venedigs hat auch dieser viele Besitzer erlebt, zuletzt 1896 den Baron Giorgio Franchetti aus Turin, der Venedig innig liebte und ein großer Kunstsammler und Mäzen war. Er renovierte den sehr heruntergekommenen Palast, brachte darin seine Sammlungen zur venezianischen Kunst ab dem 13. Jahrhundert unter und schenkte das Ganze 1915 anschließend dem italienischen Staat.

Weil der Palast lange Zeit so vernachlässigt wurde, hat er wichtige Teile seiner Innenausstattung verloren und wurde daher u.a. mit abgenommenen Deckenfresken aus anderen Palästen dekoriert. Dennoch bekommt man wegen des venezianischen Mobiliars einen guten Eindruck von der Wohnkultur in der Lagunenstadt.

AUTORENTIPP!

VENEDIGS SHOPPING-MEILE

Nördlich des Rio dei Santi Apostoli, über ein Brückchen erreichbar, steht die namengebende Apostelkirche am ebenfalls gleichnamigen Campo und markiert den Beginn der Strada Nova (oder Nuova), der wichtigen und sehr beliebten Einkaufsstraße. Sie zieht sich lange parallel zum Canal Grande durch Cannarégio und kommt wegen ihrer Fortsetzung mit diversen Namen praktisch auf die doppelte Länge. Für venezianische Verhältnisse eine Riesenstrecke, am Ghetto (s. S. 142) vorbei bis zum Ponte delle Guglie. So eine lange Straße erstaunt in Venedig und tatsächlich ist sie nicht eine gewachsene, sondern eine von Napoleon begonnene, der zahlreiche Kirchen und Gebäude weichen musste. Dabei entstand eine an die zehn Meter breite Einkaufspromenade, unterbrochen von früheren *campi*, flankiert von etlichen Palästen. Darin heute Läden, Restaurants, Vinotheken, Eisdielen, Banken – und ein McDonald's.

Oben: Wie durch einen Scherenschnitt blickt man von der Terrasse zum Canal Grande.
Mitte: Abendstimmung am Canal Grande
Unten: Mittagsause im kleinen Corte Prima del Milione
S. 133: Am Campo dei Santi Apostoli

Sammlung Franchetti

Einer der optischen Höhepunkte der Sammlung, zu der auch einige Kunstwerke aus der Accadémia gehören, ist der *Heilige Sebastian* in der kleinen Palastkapelle im ersten Obergeschoss, ein Werk von Andrea Mantegna (1431–1506), eine bedrückende ausdrucksstarke Darstellung des von Pfeilen durchbohrten Märtyrers. Im zweiten Obergeschoss ist Vittorio Carpaccio mit einer *Verkündigung* vertreten, Biagio d'Antonio Tucci (1446–1516) mit der *Geschichte der Lukrezia*, Tintoretto mit dem *Bildnis des Prokurators Nicolò Priuli* und Tizian mit der etwas beschädigten *Venus im Spiegel*. Außerdem gehören wunderbare flämische Wandteppiche zur Sammlung und einige verblasste Freskenreste von der Fassade des Fondaco dei Tedeschi, die Tizian und Giorgione geschaffen hatten. Nicht verpassen: die Terrasse zum Canal Grande kann ganz problemlos betreten werden, dort trifft man sicher auf ein paar Kunststudenten mit Zeichenblock. Und der Innenhof, oft unter Wasser stehend, besitzt einen großartigen Fußboden aus verschiedenfarbigen kostbaren Steinen, die Franchetti selbst konzipiert haben soll.

Der belächelte Marco Polo

Die Brüder Niccolò und Matteo Polo treten im Jahr 1271 bereits ihre zweite Asienreise an, doch diesmal ist Niccolòs 17-jähriger Sohn Marco mit von der Partie – der Marco Polo, der mit seinen Beschreibungen Weltruhm erringen sollte. Nach vier Jahren über Land erreichen sie den Hof des mächtigen Kublai Khan in China. Der Großkhan ist begeistert von dem gelehrigen jungen Mann und nimmt Marco Polo in seine Dienste auf. Jahrelang kann Marco Polo im Auftrag des Kublai Khan die Provinzen des Reiches bereisen und erst 17 Jahre später durften die Polos das Land verlassen, so

AUTORENTIPP!

GONDELFÄHRE SANTA SOFIA
Schlaue Reisende machen es den Einheimischen nach und benutzen gerade hier die Gondelfähre, um über den Canal Grande zu gelangen: zwischen dem meist ruhigen volkstümlichen Campo Santa Sofia, der von seiner natürlich gleichnamigen Kirche durch die Strada Nova abgetrennt wurde, und der Pescaria im Marktviertel westlich der Rialto-Brücke. Bequemer geht es nicht, vor allem wenn man sich eine Ferienwohnung gemietet hat und auf dem Fisch- und Gemüsemarkt für ein leckeres Abendessen einkaufen will. Übrigens soll es sich hierbei um die älteste Verbindung über den Canal Grande handeln.

Traghetto Gondola. Abfahrt Campo Santa Sofia beziehungsweise Pescaria, je Überfahrt 2 €.

dass sie erst 1295 wieder in ihrer Heimatstadt Venedig eintrafen. Im Gepäck die Erinnerungen Marco Polos, die er selber nicht zu Papier bringen wird. Denn Venedig stritt grade mit Genua um die Vormachtstellung im Mittelmeer und so wird Marco Polo bei einer Seeschlacht gefangen genommen und in Genua ins Gefängnis geworfen. Dort zeichnet ein gewisser Rustichello da Pisa Marco Polos Reiseerlebnisse auf: *Il Milione. Die Wunder der Welt.*

Es sind Berichte über die abenteuerlichsten Begegnungen und Ereignisse in den fernen Ländern Asiens, über Handelsrouten und Waren und deren Preise. Auch über den Aufstieg der Mongolen und ihre Schlachten berichtet das Buch und über den unermesslichen Prunk am Hofe des Kublai Khan. Außerdem überraschen geografische und ethnografische Fakten die Lesenden, wie etwa über das Papiergeld, mit dem damals in China bereits gezahlt wurde. Interessant ist, dass von der damaligen Niederschrift (immerhin vor mehr als 700 Jahren) rund 150 Fassungen bekannt sind, die zum Teil stark voneinander abweichen. Später ließ sich Christoph Kolumbus von Marco Polos Erzählungen beflügeln, um sich auf dem Seeweg auf die Suche nach den Reichtümern Indiens, Chinas und Japans zu machen.

Die Venezianer glaubten so wenig den Geschichten seiner chinesischen Abenteuer, dass sie Marco Polo nach seinem Buch »Il Milione« (oder »Milion«) nannten, allerdings auch wegen der enormen Reichtümer, die er dabei angehäuft haben soll. Die beiden Innenhöfe, in denen die Häuser seiner Familie standen, tragen daher die Namen »Corte Prima del Milion« und »Corte Seconda del Milion«. Im ersten Hof versteckt sich ein Restaurant mit traditioneller Küche, das »Il Milion«, das seine Menüs bei gutem Wetter unter einer Weinpergola auftischt.

Infos und Adressen

SEHENSWÜRDIGKEITEN

Ca' d'Oro. Mo 8.15–14 Uhr, Di–So 8.15–9.15 Uhr, Calle Ca' d'Oro, Cannarégio 3932, Tel. 041/522 23 49.

ESSEN UND TRINKEN

Alla Vedova Ca' d'Oro. Frisch zubereitete echt venezianische Gerichte wie köstliche *polpette* (Frikadellen). Fr–Mi 12.30–14.30 und 19–22.30 Uhr, So nur 19–22.30 Uhr, Ramo Ca' d'Oro/Strada Nuova, Cannarégio 3912, Tel. 041/528 53 24.

Al Remer. Urige Taverne in uraltem Gemäuer auf einem kleinen Platz am Canal Grande gegenüber der Pescaria. Do–Di 12–22 Uhr, Campiello del Remer, Cannarégio 5701, Tel. 041/522 87 89, www.alremer.com

Il Milion. Nettes Restaurant in heimeliger Lage im ersten Innenhof der Marco-Polo-Familien. Do–Di 12–14.30 und 19–22.30 Uhr, Corte Prima del Milion, Calle San Giovanni Crisostomo, Cannarégio 5841, Tel. 041/522 93 02, http://ilmilion.com

La Bottega ai Promessi Sposi. Hausgemachte Pasta, bestes Rindfleisch aus dem Piemont in bescheidenen Räumen, guter Hauswein. Di/Do–So 11.30–23 Uhr, Mo/Mi 18–23 Uhr, Calle dell'Oca, Cannarégio 4367, Tel. 041/241 27 47, aipromessisposi@alice.it

ÜBERNACHTEN

Antico Doge. Hotel im früheren Familienpalast der Dogenfamilie Falier, rühmt sich der Einrichtung mit Seide, Brokat und vergoldeten Spiegelrahmen. Rio Santi Apostoli, Cannarégio 5643, Tel. 041/241 15 70, www.anticodoge.com

Foscari Palace. Wunderschönes Hotel mit Freisitz am Canal Grande bei der Ca' d'Oro. Campo Santa Sofia, Cannarégio 4200, Tel. 041/529 76 11, www.hotelfoscaripalace.com

EINKAUFEN

Balducci. Handgearbeitete Ledertaschen (seit 1974). Rio Terà San Leonardo, Cannarégio 1593, Tel. 041/524 62 33.

Coin. Elegantes Kaufhaus in einem gotisch-venezianischen Palazzo. Mo–Sa 9.30–19.30 Uhr, So 11–19.30 Uhr, Calle San Giovanni Crisostomo, Cannarégio 5787, www.coin.it

Abends trifft man sich noch gemütlich im Restaurant oder einer Bar.

Oben: In Cannarégio genießt man den Drink auch schon mal in einem Boot vor dem Lokal.
Unten: Einfache, ineinander verschachtelte Innenhöfe sind hier typisch.

23 Tintoretto am Campo dei Mori

Von Mohren und anderen Fremden

Im Stadtsechstel Cannarégio soll heute wieder fast ein Drittel der venezianischen Einheimischen zu Hause sein. Hier sieht man Wäsche unter den Fenstern in mehreren Reihen aufgehängt im Wind flattern, hierher wurden die Juden im Mittelalter zwangsumgesiedelt und hier lebte der begnadete Maler Jacopo Tintoretto rund 20 Jahre lang mit seiner Familie und arbeitete inmitten seiner eigenen Kunstsammlung.

Im Rio della Sensa spiegelt sich das Haus, das sich Tintoretto für Frau, Kinder und sein Atelier gemütlich eingerichtet und wohl bis zu seinem letzten Atemzug 1594 bewohnt hatte. Jacopo Robusti, weltberühmt geworden als Tintoretto, kam 1518 im typisch gotischen Haus des 15. Jahrhunderts zur Welt, es war jedoch nicht im Besitz der Familie. Erst Tintorettos Schwiegervater Marco Vescovi hatte es dem Maler 1574 geschenkt. Die Fassade zum Kanal zeigt im *piano nobile* eine spitzbogige Triphorie, das ist ein gotischer Dreipass, gleich rechts davon ein Einzelfenster, alle vier durch zarte Kordelreliefs zusammengehalten. Das niedrige Mezzaningeschoss, das später aufgesetzt wurde, stört den Gesamteindruck kaum.

Jugend und frühe Arbeiten des Künstlers

Tintoretto, der als letzter großer Maler der italienischen Renaissance gilt, leitete seinen Künstlernamen vom Beruf seines Vaters Giovanni Battista ab, der Färber (speziell für Seidenstoffe) war, italienisch *tintore*. Der Sohn ist eben der kleine Färber, *tintoretto*. Obwohl der Vater kein Patrizier war, genoss er bestimmte Privilegien und konnte vor allem auch frei reisen. Sohn Tintoretto blieb zwar meist in Venedig, doch kannte er Giulio Romanos und Raffaels sowie Michelangelos Werke durch Drucke, die damals schnell in Europa gestreut worden waren. Nur die Fresken Giulio Romanos im Mantovaner Palazzo Tè soll er tatsächlich vor Ort bewundert haben.

Es wird kolportiert, Vater Robusti habe für Tintoretto 1530 einen Ausbildungsplatz bei Tizian organisiert, doch als der große Maler das Talent des Jungen erkannte, wurde er zu eifersüchtig, um ihn weiter auszubilden. Er befürchtete schlicht die heranwachsende Konkurrenz… Mit 23 Jahren erhielt Tintoretto seinen ersten und gleich einen wunderbaren Auftrag von einem gewissen Vettor Pisani, ein Verwandter des Patriziers Andrea Gritti. Anlässlich seiner Hochzeit bestellte er 16 Tafelbilder für die Decken seines Palasts zum Thema »die Metamorphosen des Ovid«.

Lieber Dekorateure als Tintoretto

Wenig Glück hatte Tintoretto 1542 bei seiner Bewerbung an der Scuola Grande di San Marco um die Innenausstattung des Kapitelsaals. Grund: Man zog Dekorateure vor, weil sie weniger Zeit für die Fertigstellung ihrer Arbeit benötigten. 1547 zog Tintoretto in das Stadtgebiet der Pfarrei Santa Maria dell'Orto um, wo eine fruchtbare Zusammenarbeit mit den Kanonikern von San Giorgio in Alga begann, die sich um die Renovierung der Kirche kümmern sollten. Da fielen die unterschiedlichsten Arbeiten an, wie Dekoration der Orgel, die Ausmalung der Cappella Contarini, de-

AUTORENTIPP!

REZEPTE EINER OSTERIA

Relativ neu eröffnete Osteria in alten Mauern, von außen noch richtig urig, innen geradlinig-modern in Grautönen eingerichtet; im Sommer kann man auch auf den Fondamenta oder auf dem *campo* vor der Kirche sitzen. Die Küche ist des Chefs wegen sizilianisch mit venezianischen Anleihen, alles dekorativ angerichtet – das Auge isst mit! Wie es sich für eine Osteria gehört, gibt es eine große Weinauswahl, hauptsächlich italienischer. Großartig ist allein schon die Homepage, auf der man sogar Rezepte findet.

Osteria L'orto dei Mori.
Mi–Mo 12.30–15.30, 19–24 Uhr,
Campo dei Mori, Cannarégio 3386,
Tel. 041 524 36 77,
www.osteriaortodeimori.com

In diesem Haus wohnte Tintoretto.

Oben: Blick in den Altarraum der Chiesa Madonna dell'Orto
Mitte: Ein letzter Gruß an Tintoretto – seine Grabplatte in der Chiesa Madonna dell'Orto
Unten: Kurze Mittagspause beim Spaziergang durch Cannarégio

ren Bilder zum Alten Testament sich an Michelangelos in der Sixtinischen Kapelle des Vatikans anlehnen. Leider ist bei einer späteren Restaurierung der Kirche im 19. Jahrhundert im neugotischen Stil der größte Teil von Tintorettos Werk verloren gegangen. Dabei hat der Maler damals zu einem Hungerlohn daran gearbeitet, der gerade mal die Anschaffungskosten für die Farben deckte.

Es hatte lange gedauert, aber schließlich wurde Tintoretto 1565 mit 85 zu 19 Stimmen in die Scuola Grande di San Rocco aufgenommen.

Madonna dell'Orto

Von Tintorettos Haus geht es vom schmalen Campo dei Mori über den Rio Madonna dell'Orto direkt auf die gleichnamige Kirche zu, Tintorettos Lieblings- und Grabkirche. Hinter ihrer Backsteinfassade befindet sich außer seinen Bildern auch sein Grabmal, das er noch zu Lebzeiten selber geschaffen hatte. Allein die Fassade verlangt eine besondere Betrachtung. Sie ist in einer Stilmischung aus Gotik und Renaissance gehalten.

Bereits 1350 dem Heiligen Christophorus geweiht, doch schon 1377 bis 1400 im gotischen Stil umgestaltet, als in einem nahen Garten (italienisch *orto*) eine wundertätige Madonna entdeckt wurde und für sie eine neue Kirche gebraucht wurde. Nur die dreiteilige Fassade wurde erst 1460 bis 1464 fertiggestellt, zu einer Zeit also, als die Renaissance auch im Sakralbau der Serenissima Fuß zu fassen begann.

Auf dem Korbbogen erhebt sich eine Statue des Heiligen Christophorus, dem die Kirche ja zuerst geweiht und der Schutzpatron der Händler war – deren Sitz war direkt nebenan in der Scuola dei Mercanti. Die schlanken Säulen rechts und links vom Portal tragen je eine Marienfigur, eine Hinzufügung von 1481. Über den Seitenschiffen stehen in Einzelnischen die Zwölf Apostel, sechs auf jeder Seite. Ein Blick um die Ecke zeigt die um 1440 entstandenen reichen Maßwerkfenster zum Campo hin.

Der freistehende Glockenturm der Kirche erlebte seit 1332 mehrere Umbauten, sein Glockengeschoss stammt aus dem Jahr 1503, wurde jedoch nach einem Sturm 1818 wieder neu aufgebaut. Die flach gedeckte dreischiffige und sechsjochige Kirche besitzt an der linken Seite vier Familienkapellen, u.a. die der Patrizierfamilie Contarini, für die Tintoretto auch arbeitete. Rechts vom Hauptaltar verharren Tintoretto-Fans vor seinem und dem Grab seines vor ihm verstorbenen Sohnes Domenico. Den Chor nehmen zwei Kolossalbilder Tintorettos ein: *Vorstellung der Jungfrau im Tempel* (um 1522) sowie sein *Jüngstes Gericht* (1562–1563).

Palazzo Mastelli

Auf der Rückseite des Wohnhauses von Tintoretto erhebt sich, die Fassade nach Norden auf den Rio Madonna dell'Orto zugewandt, der graue Palazzo Mastelli aus dem 14. Jahrhundert (nur von außen zu bewundern), den die Venezianer gerne als Palazzo del Cammello (venezianisch *la caxa del camélo*), also als »Palast des Kamels« bezeichnen. Hier lebte seit 1112 die Kaufmannsfamilie Mastelli, die aus Griechenland, genauer dem Peloponnes stammte und regen Zucker- und Gewürzhandel mit dem Orient, also den Mauren führte. Sie besaß sogar einen eigenen Gewürzladen. Kein Wunder, dass das hübsche und für Venedig außergewöhnliche Basrelief an der Wasserfront rechts einen Kaufmann mit Turban darstellt, der ein Kamel führt.

AUTORENTIPP!

VENEDIGS ERSTE MUSIK-OSTERIA

Ausgerechnet »Verlorenes Paradies« nennt sich diese sympathische Osteria, die außer hausgemachter Pasta, ausgebackenem Fisch von garantiert frischem Fang (und nicht aus der Zucht) auch Konzerte aller Art bietet. Die Wahl des Platzes ist ideal, denn die lange Reihe der Fondamenta nördlich des Rio della Misericordia entwickelt sich schon seit einigen Jahren zum Treff für Leute, die genüsslich flanieren, einkehren und sich in Ruhe auch kulinarisch verwöhnen lassen wollen, ohne dafür allzu tief in die Tasche greifen zu müssen.

Paradiso Perduto. Fr–So 11–24 Uhr, Mo/Do 19–23 Uhr. Fondamenta Misericordia, Cannarégio 2540, Tel. 041/72 05 81, paradisoperduto@yahoo.it

Oben: Flanieren am Canale di Cannarégio ohne zu viel Touristenkontakt ist ein Genuss.
Mitte: Auch am Campo dei Mori ist meistens angenehm wenig los.
Unten: Der Orientale an dieser Ecke verlor schon im 19. Jahrhundert seine marmorne Nase.

Campo dei Mori und Sior Antonio Rioba

Um die Ecke befindet sich der Campo dei Mori, schon im Namen eine Verbeugung vor dem Orient, dem Venedig den immensen Reichtum verdankte. Auch hier turbantragende Mohren, sozusagen das Pendant zur stolzen Herberge und Handelsbörse am Canal Grande, dem Fondaco dei Turchi (s. S. 65). Der Campo liegt tiefer als seine Umgebung und wird bei Unwetter häufig überflutet.

An den Fondamenta dei Mori (Cannarégio 3398) steht wie ein Säulenheiliger in einer Nische ein Orientale mit einem riesigen Turban, der ihn zu erdrücken scheint. Früher war die Gestalt farbig gefasst und diente 1848 als Titelfigur der politisch-satirischen Zeitschrift, die seinen Namen trug: *L'ombra de Sior Antonio Rioba*, »Der Schatten des Herrn Antonio Rioba«.

Im 19. Jahrhundert ging die marmorne Nase des dargestellten Rioba verloren, also ersetzte man sie durch eine eiserne. Venezianer meinen, die Berührung dieser bringe Glück. Großes Entsetzen jedoch am 1. Mai 2010: In der Nacht wurde Sior Rioba enthauptet. Doch schon am 3. Mai wurde der marmorne Kopf mit der Eisennase nach intensiver Suche wiedergefunden und die Figur neu zusammengesetzt.

Infos und Adressen

SEHENSWÜRDIGKEITEN

Casa del Tintoretto. Das authentische Wohnhaus des Malers. Rio della Sensa, Cannarégio 3399 (nur von außen zu bewundern, aber es lohnt sich!).
Madonna dell'Orto. Mo–Sa 10–17 Uhr, Campo Madonna dell'Orto, Cannarégio 3512, Tel. 041 71 99 33, www.madonnadellorto.org

ESSEN UND TRINKEN

Ai 40 Ladroni. Volkstümliches Lokal seit 1930 mit reicher Auswahl an *cicheti*, Antipasti, Risotti sowie Lagunenfisch und Gemüse von der Insel Sant'Erasmo. Dunkles Holz und bunte Stühle. Di–So 12–15 und 18.30–23 Uhr, Fondamenta della Sensa, Cannarégio 3253, Tel. 041/71 57 36.

Al Giubagiò. Modernes gepflegtes Lokal in klaren Linien an der Vaporetto-Station. Vinothek und Restaurant zugleich, mit Tischen im Freien, abends bei Kerzenlicht besonders romantisch. Mi–Mo 7.30–24 Uhr, Fondamenta Nove, Cannarégio 5039, Tel. 041/523 60 84, www.algiubagio.net

All'Antica Mola. Seit 1920 serviert man hier echte venezianische Kost wie schwarzen Reis, Kalbsleber venezianischer Art, Sepia mit Polenta etc. Do–Di 8.15–16 und 18.30–22 Uhr, Fondamenta dei Ormesini, Cannarégio 2800, Tel. 041/71 07 68.

ÜBERNACHTEN

Ai Mori d'Oriente. Der Hotelname ist Programm, also ist es sehr orientalisch angehaucht. Fondamenta della Sensa, Cannarégio 3319, Tel. 041/71 10 01, www.morihotel.com

Palazzo Abadessa. Zauberhafte historische Residenz mit nur 13 Zimmern, Antiquitätenmöbeln, mit Fresken verzierte Decken, großen Lüstern und blühendem Garten. Calle Priuli, Cannarégio 4011, Tel. 041/241 37 84, www.abadessa.com

EINKAUFEN

Dolceria delle Maschere. Gebäck, Bonbons und andere Süßigkeiten in allen Farben und Geschmacksrichtungen. Strada Nova/Campo Santi Apostoli, Cannarégio 4383, Tel. 041/520 13 25, www.dolceriadellemaschere.com

Leckere Antipasti und ein freundlicher Kellner – was will man mehr ...

Oben: Einer der Zugänge zum Ghetto Nuovo …
Unten: .. wo sich die gläubigen Juden gar nicht rückschrittlich zeigen.

24 Ghetto

Sperrstunde zum eigenen Schutz?

Fast drei Jahrhunderte (1516–1797) lang waren die Juden Venedigs in ihrem Ghetto zumindest nach Einbruch der Dunkelheit bis zum frühen Morgen eingesperrt. Doch es entwickelte sich dort auch eine rege kulturelle Aktivität, vor allem was Literatur und Buchdruck im Austausch mit dem Rest Europas anging. Als das erste Ghetto zu klein wurde, bekamen die Juden ein zweites Ghetto nebenan zugewiesen und dann ein drittes.

Von den Fondamenta degli Ormesini führt eine Brücke direkt in den Campo Ghetto Nuovo hinein. Wieso der Name das »Neue Ghetto« (1516–1797), wo das »Alte Ghetto« erst 1541 geschaffen wurde (und weiter südlich liegt)? Ganz einfach: Weil das Ghetto seinen Namen von den Erzgießern erhielt, die hier arbeiteten, erst im Ghetto Vecchio, dann im Ghetto Nuovo.

Hier ist man jedenfalls im Ghetto, dem ersten Venedigs und dem ersten mit einer solchen Bezeichnung überhaupt. Denn *ghetto* kommt von Venezianisch *geto* (später *gheto oder ghetto*) für Gießerei und wurde daraufhin übertragen auf alle anderen jüdischen Viertel.

Giudecca, Mestre und die Insel der Gießereien

1090 kam eine erste jüdische Auswanderergruppe nach Venedig und siedelte auf der vorgelagerten großen Insel Spinalonga (»lange Gräte«). Als die Gemeinde im 13. Jahrhundert durch weitere Emigranten stark angewachsen war, bekam die Insel den Namen La Giudecca, »die Jüdische«. Man liebte die Neubürger nicht gerade, aber man ließ sie in Ruhe. Und 1298 brauchte man sie sogar sehr: Die Kirche verbot ihren Mitgliedern jegliche Geldgeschäfte, was ins Gegenteil kippte, nämlich in unsäglichen Wucher. Weder die christlichen Bürger noch die Gemeinden selber kamen aus dem finanziellen Dilemma heraus. Da passte es, dass man die Juden so nahe bei sich hatte. Sie mussten das Geldgeschäft übernehmen und waren dabei so erfolgreich, dass man es ihnen missgönnte. Sie blieben Menschen zweiter Klasse, bekamen keine Bürgerrechte und hatten Sondersteuern zu entrichten.

Ihre 1366 zugelassenen Banken in der Lagunenstadt mussten sie schon 1395 aufs Festland verlegen, nach Mestre. Wer nichts mit Geldgeschäften zu tun hatte, durfte in Venedig bleiben, aber nicht ohne erkennbar zu sein: Durch eine spezielle Kopfbedeckung, erst gelb, dann rot und anfänglich sogar durch ein Kennzeichen an ihrer Kleidung. 1509 wurde Mestre zerstört, die Juden durften nach Venedig zurück, doch ab 1516 eben ins Ghetto. Erst Napoleon gab ihnen 1797 mit dem Ende der Republik Venedig ihre Freiheit wieder.

Ideale Insellage

Das Neue Ghetto (105 Meter lang und bis zu 93 Meter breit) wird vom Rio del Ghetto Nuovo umflossen, der ihm eine Insellage verpasst, nur über zwei Brücken zugänglich. Und das war genauso gewollt. Eisenschmieden und Gießereien sind bekanntlich ganz schön feuergefährdet, weshalb sie in Venedig zum Beispiel auf eine eigene Insel im Norden der Stadt verbannt wurden. Die Kanäle ringsum garantierten Löschwasser und bedeuteten daher Sicherheit. Solche Insellage eignete sich aber auch hervorragend dafür, die venezianischen

AUTORENTIPP!

KULINARISCHES IM UND AM GHETTO

Mittagstisch im koscheren »Gam Gam«: Und am Abend? Tisch reservieren im raffinierten »Le-Balthazar« auf dem Campo zwischen dem Altersheim und dem Holocaust-Gedenkmal. Aber nicht wundern, wenn es zum *caffè macchiato* hinterher nur Sojamilch gibt – sonst wäre das koschere Essen verdorben… Ohne religiöse Regularien geht es ein Stück weiter nördlich des Ghettos an den Fondamenta degli Ormesini zu, wo man Pubs und Vinotheken sowie andere kleine Lokale findet, die kommen und gehen oder sich auch länger etabliert haben. Und so gar nichts vom Ghetto-Ambiente haben.

Gam Gam. So–Do 12–22 Uhr, Fr 12 bis zwei Stunden vor, Sa ab zwei Stunden nach Shabbat. Sotoportego del Ghetto/Ecke Canale di Cannarégio, Ghetto Vecchio, Cannarégio 1122, Tel. 01/523 14 95 oder 041/71 52 84, www.jewishvenice.org.
Le-Balthazar. So–Do 12–22 Uhr, Fr 12 bis zwei Stunden vor, Sa ab zwei Stunden nach Shabbat. Campo del Ghetto Nuovo, Cannarégio 2873c, Tel. 041/244 01 25, Handy 346/039 11 83.

Oben: Es verschlägt nicht viele Touristen ins Ghetto …
Mitte: … die wenigen aber füllen bald die guten Lokale,
Unten: … in denen nur koschere Kost geboten wird – eine schön orientalische.

Juden einzusperren. Grund: Sie wurden als tüchtige Kaufleute eine echte Konkurrenz für die venezianischen Händler. Dabei hatte man sie zuvor gezwungen, keine anderen Berufe als die des Arztes oder des Händlers und schließlich des Bankiers auszuüben. Aber sie wurden in gewissem Sinne auch durch die Serenissima (u.a. vor der Inquisition) beschützt und Übergriffe seitens der christlichen Mitbewohner wurden geahndet. Eine Sonderstellung war das, die Venedigs Juden also genossen. Schließlich waren sie sowohl als Geldgeber als auch als Ärzte wichtig für die Republik.

Platz im Ghetto Nuovo

Den großen offenen Platz im Ghetto Nuovo umstehen so hohe Wohnhäuser, wie es sie in Venedigs Zentrum sonst kaum gibt – die Juden litten wegen starken Zuzugs so sehr unter Platznot, dass sie immer höher bauen mussten – so hoch, wie es die Fundamente erlaubten. Die Rückseite der Häuser bildete sozusagen die Mauer zum umlaufenden Kanal. Und da es nur zwei Zugangsbrücken gab, war es einfach, diese für die Nacht abzuschließen. Die Zugänge wurden zudem in der Nacht bewacht, die Kosten dafür mussten natürlich die Juden selbst tragen. Nur ihre angesehenen Ärzte, die auch gerne von Christen herbeigerufen wurden, durften dann in Notfällen unter Angabe des Patientennamens das Ghetto verlassen. Übrigens waren damals solche nächtlichen Kontrollen auch anderen Fremden gegenüber durchaus üblich wie etwa am Fondaco dei Tedeschi. Auch die deutschen Händler, die in Venedig weilten, durften nur dort wohnen und wurden für die Nacht immer weggesperrt.

Dreimal Ghetto

Als es im Zuge der Judenverfolgung auf dem europäischen Festland für diese immer brenzliger wurde, suchten immer mehr Menschen Zuflucht im Ghetto inmitten des schutzbietenden Venedig. So wurde es trotz der hohen Häuser eng im Ghetto Nuovo, so dass die Republik für sie 1541 ein Areal südlich davon beanspruchte. Geboren war das Ghetto Vecchio.

1848 erhielten Juden auch die vollen Bürgerrechte. Das genossen aber nicht mehr viele: Die meisten hatten Venedig den Rücken gekehrt, geblieben waren nur die Armen. Und diese konnten ihre Häuser nicht pflegen. Ein Hausabriss folgte bald dem anderen, das Ghetto veränderte sein Gesicht – der freie Platz in seiner Mitte begann sich immer mehr auszuweiten.

Scola Spagnola

Um nicht weiter aufzufallen, wurden im 16. Jahrhundert die Synagogen der einzelnen nationalen Gruppen in die Wohnhäuser integriert. Da es ständige und immer wiederholte Zuzüge von Juden aus allen europäischen und orientalischen Ländern gab, entstanden viele verschiedene *Scole* (Scola Grande Tedesca, Scola Italiana, Scola Spagnola, Vendigs größte Synagoge und ein barockes Gesamtkunstwerk, etc.). Außer ihrer Religion hatten sie meist wenig gemeinsam. Sie sprachen verschiedene Sprachen und unterschieden sich in ihrer Kleidung.

Kinder vor der Scola Grande Tedesca

AUTORENTIPP!

ISRAELIS HEIRATEN IN VENEDIG

Auffallend viele junge israelische Pärchen begegnen einem im Ghetto. Es gilt nämlich als absolut romantisch, in einer venezianischen Synagoge zu heiraten. Man hat für sie sogar eine spezielle Internetseite aufgebaut. Anregend auch für andere Romantiker! Denn die Tipps darin beziehen sich nicht nur auf das enge Ghetto-Gebiet, sondern erfassen die ganze Lagunenstadt und auch noch ihre Umgebung. Speziell unter den englischen Rubriken *Location, Entertainment, Travels, Flowers, Photographers, Stylist* und allem sonst, was man sich um eine Hochzeit oder einfach um einen romantischen Aufenthalt in Venedig vorstellen mag. Hier gibt es gute Tipps und dazu gleich passende Buchungsadressen.

Infos und weitere Tipps. unter www.kiddushinvenice.com

AUTORENTIPP!

JÜDISCHE KUNST DIREKT VOM GOLDSCHMIED

Der niedrige Laden mit der einladenden Auslage bietet nur Gegenstände, die der Besitzer, wie schon sein Vater, als Goldschmied selber geschaffen hat oder solche, die er von Kollegen direkt aus Israel importiert. Da geht es nicht nur um liturgische Gegenstände für den jüdischen Alltag oder für die Festtage, sondern auch um traditionell gearbeiteten Schmuck und Dekoration. Was Diego Baruch Fusetti, wie der Goldschmied heißt, schafft, hat auch mit der venezianischen Tradition zu tun, so verwendet er gerne auch Murano-Glas und die Metallarbeiten wie Silber und Bronze bearbeitet er selber in einer befreundeten Gießerei, die noch nach alten Methoden arbeitet.

Diego Baruch Fusetti. Eigene Produktion an Silberwaren, Glas aus Murano nach den Ideen des jüdischen Designers. Ghetto Vecchio, Cannarégio 1218–1219, Tel. 041/72 00 92, www.shalomvenice.com

Drei Haupt-Bevölkerungsgruppen hatten sich herausgebildet, fast streng nach den drei Ghetto-Teilen unterschieden: das Ghetto Vecchio war den Händlern vorbehalten; im Ghetto Nuovo lebten die ärmeren Juden, die sich als Pfandleiher betätigten, und auch Handwerker; im Ghetto Novissimo schließlich wohnte, wer es sich leisten konnte, ungestört von Handel und Werkstätten.

Dennoch nannte sich die zusammengewürfelte Gemeinschaft aller Juden Venedigs selbstbewusst Università. Sie durfte mit Erlaubnis der Serenissima recht autonom handeln und vor allem in sozialen Fragen sowie über die Hygiene im Viertel und die koschere Schlachtung bestimmen, aber auch über steuerliche Fragen und die Gerichtsbarkeit.

Venedigs Ghetto heute

Der Faschismus sorgte dafür, dass ab 1943 die meisten der noch im Ghetto lebenden Juden von den Nazis deportiert und ermordet wurden. Arbit Blatas, der litauische Bildhauer, erinnert mit seinen Reliefs rund um den Campo Ghetto Nuovo an diese jüdischen Opfer. Heute leben noch vielleicht 500 Juden in Venedig, meist Nachkommen derer, die rechtzeitig fliehen konnten oder das Konzentrationslager überlebten. Sie haben sich ihre kleine Welt wieder aufgebaut mit zwei noch aktiven Synagogen – eine für die spanischen, eine für die orientalischen Juden, mit Altersheim, Museen, koscherer Metzgerei und einem *Matze*-Ofen (unentbehrlich zur Herstellung des ungesäuerten Brotes zum Passah-Fest) in der Spezialbäckerei. Auch wird hier noch ein jüdischer Rhythmus gelebt. Die Restaurants beispielsweise bleiben an Samstagen, dem Shabbat, geschlossen, man geht in die Synagoge und betet, knipst kein Licht an und gibt kein Geld aus. - Leider passiert dies alles unter ständiger Bewachung durch die Polizei. Zum Schutz.

Das Ghetto im Herzen Cannarégios

Der Weg durch das Ghetto führt den Besucher ins Herz von Cannarégios.

Ⓐ **Museo Ebraico di Venezia** – 1954 im Ghetto Novo im Gebäude mit der ältesten venezianischen Synagoge gegründet. Es besitzt eine kleine, aber reiche Sammlung kostbarer Goldschmiedearbeiten und Stickereien aus dem 16. bis 19. Jahrhundert, die dem Kult dienten, auch historische Bücher und Manuskripte sowie Gegenstände, die zum jüdischen Alltag gehören. In einem gesonderten Teil dokumentiert das Museum das Leben der Juden in Bildern und Objekten. Direkt angebunden und bei der offiziellen Tour auf dem Besichtigungsprogramm ist die kleine feine Synagoge der südfranzösischen Juden.

Ⓑ **Locanda del Ghetto** – Eine angenehme Unterkunft mitten im Ghetto

Ⓒ **John Francis Phillimore** – Buchhandlung und Antiquariat, speziell mit Büchern aus der »Alten Welt«, wie es der aus London stammende Büchernarr nennt, der hier auch Dichterlesungen organisiert.

Ein frommer Jude im Gebet auf dem Campo del Ghetto Nuovo

Ⓓ **Kosher Tevà** – Koschere Metzgerei; Juden dürfen nur nach bestimmten Riten geschlachtetes Fleisch verzehren.

Ⓔ **Panificio Volpe** – Spezialbäckerei mit *Matze*-Ofen, die auf die koscheren Gesetze achtet

Ⓕ **Gam Gam** – Bekanntes gutes koscheres Restaurant, dessen Gerichte bestimmt jedem Gast schmecken, speziell Vegetarier finden hier eine reiche Auswahl an orientalischen Spezialitäten.

Ⓖ **Kosher House Giardino dei Melograni** – Das Restaurant arbeitet nach streng religiösen Richtlinien, bietet also garantiert koschere Kost.

Ⓗ **Scola Spagnola** – Die Spanische Synagoge im Ghetto Vecchio wurde 1635 nach Plänen von Baldassare Longhena zu einem barocken Gesamtkunstwerk prunkvoll gestaltet.

Ⓘ **Ponte delle Guglie** – Venedigs einzige Brücke, deren Enden von je einer Kugel auf schlanken Obelisken bekrönt werden, der südliche Eingang ins Ghetto.

Infos und Adressen

SEHENSWÜRDIGKEITEN

Ikona Venezia. Bei Ausstellungen geöffnete winzige Galerie. So–Fr 11–19 Uhr. Campo Ghetto Nuovo, Cannarégio 2909, Tel. 041/528 93 87, www.ikonavenezia.com

Museo Ebraico e Sinagoghe. Durch das Ghetto gibt es interessante Führungen (auf Deutsch nur nach Voranmeldung) stündlich ab 10.30 Uhr; außer an jüdischen Feiertagen, 1. Mai, 25. Dez., So–Fr Juni–Sept. 10–19 Uhr, Okt.–Mai 10–18 Uhr. Campo Gheto Novo, Cannarégio 2902/B, Tel. 041/71 53 59, www.museoebraico.it

ESSEN UND TRINKEN

Al Bacco. Osteria mit wunderbar authentischen Fischgerichten. Di–So 12–14.30, 19–23 Uhr. Fondamenta Capuzine (Verlängerung der Fondamenta degli Ormesini nach Westen), Cannarégio Cannaregio 3054, Tel. 041/71 74 93.

Majer. Die Kaffeerösterei der bekannt-guten venezianischen Majer-Kette mit Brot und anderen Backwaren, Sandwiches sowie ein paar Tischen für einen Imbiss mit Salaten oder Primi. Je nach Saison 7/7.30–21/22 Uhr. Ghetto Vecchio, Cannarégio, Tel. 041/523 08 20.

ÜBERNACHTEN

Kosher House Giardino dei Melograni. 14 einfache Zimmer im einzigen Koscher-Hotel Venedigs. Garantiert koshere Küche im Neuen Ghetto gegenüber dem Museum. So–Do 12–22 Uhr, Fr 12 bis zwei Stunden vor, Sa ab zwei Stunden nach Shabbat. Campo Ghetto Nuovo, Cannarégio 2873/c, Tel. 041/822 61 31, www.pardesrimonim.net

Locanda del Ghetto. Nur 6 Zimmer kleine Unterkunft in einem Gebäude aus dem 15. Jahrhundert, schön komfortabel. Campo del Ghetto Nuovo, Cannarégio 2892–2893, Tel. 041/275 92 92, www.locandadelghetto.net

Ca' Pozzo. 16 komfortable Designer-Zimmer zu erschwinglichen Preisen in ruhiger, aber für Stadterkundungen idealer Lage. 1279 Sotoportego

In manchen Hotelzimmern kann man auch abends noch Kunst genießen.

Ca' Pozza, Cannaregio, Tel. 041/524 05 04, www.capozzavenice.com.

AUSGEHEN

Cinema Giorgione Movie d' Essai. Eines der wenigen Kinos im historischen Zentrum Venedigs, mit zwei Sälen. Rio Terrà di Franceschi, Cannarégio 4612, Tel. 041/522 62 98 (Info).

EINKAUFEN

Antichità al Ghetto. Nettes kleines Antiquitätengeschäft mit schönen Stücken, die nicht unbedingt etwas mit dem Judentum zu tun haben. Corte Scala Mata, Ghetto Vecchio, Cannarégio 1133/1134, Tel. 041/524 45 92.

Panificio Volpe. Kosher-Bäckerei mit *Matze*-Ofen. So 9–13.30 Uhr, Mo–Fr 7.30–13.30 Uhr, 17–19.30 Uhr. Calle del Ghetto Vecchio, Cannaregio 1143, Tel. 041/71 51 78.

Kosher Tevà. Mo–Fr, So 10–18.30 Uhr, Campo del Ghetto Vecchio, Cannarégio 1242, Tel. 041 524 44 86.

INFORMATION

Jüdische Feiertage.

Rosh Ha Shana (Neujahr) – Ende Sept./Anfang Okt. mit dem eine Zeit der Reue und Umkehr eingeleitet wird, die im *Yom Kippur* endet, dem Tag der Versöhnung. Beide sind die einzigen rein religiösen Feste der jüdischen Tradition.

Yom Kippur (Tag der Versöhnung) – Ca. 10 Tage später, der höchste religiöse Feiertag, an dem vom Vorabend an 25 Std. lang streng gefastet und den ganzen Tag gebetet wird.

Sukkot (Laubhüttenfest) – Eigentlich eine ganze Woche ca. Anfang Okt., aber streng gefeiert wird nur am ersten und zweiten sowie am achten Tag.

Simchat Thora gleich am Tag nach *Sukkot* – Das Fest der Bibel, das bei Kindern besonders beliebt ist, weil sie dann mit Süßigkeiten beschenkt werden.

Pessach – Fällt in etwa zusammen mit Ostern, normalerweise ca. Mitte April, das Museum bleibt dann am ersten und am letzten Feiertag der Festwoche geschlossen.

Im Ghetto gibt´s kostbare Souvenirs aus Kristall …

Yom Ha Shoa (Holocaust-Gedächtnistag) – Am 17. April

Shavuot (Wochenfest) – Ca. Ende Mai, sieben Wochen nach dem Pessachfest, zur Erinnerung an die Offenbarung der Zehn Gebote, nach Vorbild des christlichen Pfingstfestes, das ja 50 Tage nach Ostern begangen wird; eines der drei jüdischen Wallfahrtsfeste, an denen man früher zum Tempel nach Jerusalem pilgerte.

… und duftendes, stets frisch gebackenes Naschwerk nach kosherer Tradition.

Oben: In der Gegend um den Ponte delle Guglie herrscht reges Treiben. **Unten:** Das Richard-Wagner-Museum im Casino. Hier verbrachte der Komponist seinen letzten Winter.

25 Zwischen Ghetto und Canal Grande

Ein paar Highlights und ein herrlicher Garten

Nach dem charaktervollen Ghetto kommt man jenseits des Canale di Cannarégio in ein recht schlichtes Viertel, in dem jedoch ein paar historische Highlights erhalten geblieben sind. Am Campo San Geremia sind es die gleichnamige Kirche sowie der mächtige Palazzo Labia und am Ende der beliebten Bummelmeile Lista di Spagna Richtung Bahnhof die kleine Karmeliter-Kirche Gli Scalzi, schon am Bahnhofsplatz.

Die Südseite des Ghettos wird vom Rio Terà San Leonardo markiert, wie der Name verrät, ein aufgeschütteter Kanal. Es ist eine Schlenderstraße, während der Saison von den Anreisenden per Bahn benutzt, die – fast brückenlos, aber nur fast – ins Cannarégio-Sechstel laufen. Es gibt Marktstände und im Sommer Eisdielen. Die Verlängerung dieser Bummel- ist die Einkaufsmeile der Strada Nova, die weiter ins Sestiere di Castello führt.

MAL EHRLICH

MUSS NÜTZLICHES SO UNATTRAKTIV SEIN?

Venedigs Bahnhof Santa Lucia ist einer der unattraktivsten Italiens. Noch weniger attraktiv, aber ebenso nützlich ist der Piazzale Roma mit dem Busbahnhof und den drei Parkhäusern (Garage Comunale, Garage San Marco und Garage Sant'Andrea). Alle drei sind fast gleich teuer und damit die teuersten weit und breit, aber eben auch die bequemsten! Keine Frage, dass hier ein unglaubliches Gewusel herrscht, ein Kommen und Gehen von Menschen, Autos und Bussen.

Palazzo Vendramin-Calergi

Südlich des Rio Terà San Leonardo ist der Canal Grande nur einen kleinen Sprung entfernt, drei Gassen führen direkt zu ihm beziehungsweise zum sehenswerten Palazzo Vendramin-Calergi, zu einem der schönsten Paläste Venedigs aus der Frührenaissance. Heute beherbergt es das Casinó, das so genannte Winterkasino der Stadt (das aber ganzjährig geöffnet ist), und 1883 Sterbeort des Komponisten Richard Wagner. Dieser verbrachte seinen letzten Winter (September 1882 bis Februar 1883) mit der Familie im angemieteten Mezzanin des Palazzo. Nach jahrelangen Querelen wurden die Räume 2003 endlich von der Kasinogesellschaft für ein Richard-Wagner-Museum freigegeben, ein Museum, das auch als Zentrum für Musikkurse, Talentförderung und Tagungen in Zusammenarbeit mit der Wagner-Gesellschaft und der Stiftung La Fenice, Venedigs glamourösem Opernhaus, fungiert. Angegliedert ist die Sammlung Josef Lienhart mit Partituren, Briefen und vielen anderen seltenen Dokumenten. Es handelt sich um eine der größten Sammlungen zum Thema Richard Wagner. Und im Festsaal des Casinôs werden gut besuchte Wagner-Konzerte organisiert.

Mauro Codussi zeichnete für den Palazzo Vendramin-Calergi verantwortlich, den er 1481 bis 1509 errichtete. Dabei gab er sich große Mühe, den Charakter der damals noch üblichen Fassaden zum Canal Grande den Neuerungen seiner Zeit anzugleichen, und das war die Renaissance. Daher das Spiel von herkömmlichen Säulen-Bogen-Reihen mit rechtwinkligen Kolonnaden. Die Verbindung zwischen beiden Elementen gelang dem Architekten so gut, dass sie in Venedig zu Codussi-Fenstern wurden: eine rundbogige Biphorie mit einem Rundfenster darüber, eingerahmt von einem Rundbogen, der wiederum in eine betont waagrechte Kolonnadenreihe gesetzt ist.

Die Lista di Spagna führt schnell vom Bahnhof ins Zentrum.

AUTORENTIPP!

ZENTRAL IM JUGENDSTIL-HOTEL

Zugegeben, die Lista di Spagna ist nicht gerade eine ruhige Straße, auch wenn sie, wie in Venedig üblich, nur den Fußgängern vorbehalten ist. Aber es ist die Hauptstraße zum und vom Bahnhof. Das Hotel »Belle Epoque«, das mit seiner Ausstattung dem Namen gerecht wird, also aus dem 19. Jahrhundert stammt, bietet Zimmer und Suiten mit schallgeschützten Fenstern und einen Komfort, der höher liegt als die zugestandenen drei Sterne des Hauses. Ringsum zahlreiche Cafès und Restaurants aller Geschmacksrichtungen. Auf jeden Fall ideal für kurze Aufenthalte in der Lagunenstadt.

Belle Epoque. Lista Di Spagna, Canarégio 127/128, Tel. 041/244 00 04, www.belleepoquehotelvenice.com

Oben: Der Palazzo Lábia gehörte einst einer reichen Emporkömmlingsfamilie.
Mitte: Eine nette Ecke für eine Kaffeepause findet sich überall.
Unten: Der Ponte delle Guglie hat seinen Namen von den markanten Obelisken.

Zwei besondere Brücken

Schlendert man vom Ghetto Vecchio aus nach Südwesten, kommt man gleich über die hübsche Ponte Guglie zum Canale di Cannarégio. Die erste Brücke an dieser wichtigen Stelle wurde 1285 in Holzkonstruktion errichtet, erst 1580 ersetzte man sie durch diese steinerne (siehe Inschrift). Nach mehreren Umbauten erhielt sie erst 1823 die heutige Form mit den damals hinzugefügten Obelisken.

Auch die zweite Brücke über den Canale del Cannarégio ist eine Besonderheit: die einzige Venedigs, die von drei Bögen getragen wird. Nebenan erhebt sich der Palazzo Surian, in dem der Aufklärer und Philosoph Jean-Jacques Rousseau (1712–1778) 1743 eine ziemlich große, aber nur kurze Rolle als Sekretär des französischen Botschafters spielte. Der Palast aus dem 17. Jahrhundert ist mit seiner asymmetrischen Fassade mit auffallenden Balustraden und großen Masken einer der imposantesten am Cannarégio-Kanal. Allerdings nur von außen zu bewundern, denn er ist in Privatbesitz (in Apartments aufgeteilt).

Palazzo Labia

Doch bleiben wir bei der Ponte delle Guglie. Auf der westlichen Seite des Canale di Cannarégio angekommen stolpert man mit der Salizada San Geremia auf den gleichnamigen Campo mit der gleichnamigen Kirche, wie so oft sehr praktisch in Venedig, wo man sich sonst ja fast nur nach Nummern orientieren kann. Linker Hand erhebt sich der Palazzo Labia zwischen den nach ihm benannten Fondamenta und dem Campo kurz vor dem Canal Grande. Hier hat Giambattista Tiepolo (1696–1770) den Ballsaal mit einem großartigen Fresko ausgemalt: das Gastmahl der Cleopatra, für das ihm die schöne Hausherrin Maria Labia als Kleopatra Modell gestanden haben soll (1676–

1770). Es ranken sich so einige teils herablassende Geschichten um die Labia, die sich, aus Katalonien nach Venedig kommend, als erste fremde Familie in den venezianischen Adel richtiggehend einkaufen durfte. Hunderttausend Dukaten sollen die Labia dafür bezahlt haben. Gleich darauf begannen sie mit dem Bau ihres Palasts, der ihren ganzen Reichtum widerspiegeln sollte.

So wundert es nicht, dass Tiepolos Ausmalung des Ballsaals als einer der Höhepunkte in der Kunstgeschichte der Lagunenstadt gilt. Seine Auftraggeber mussten nicht sparen und er ebensowenig. Doch leider weiß man nicht, ob das Gebäude jemals wieder der Öffentlichkeit zugänglich sein wird. Seine jetzige Besitzerin, die staatliche italienische Fernsehgesellschaft RAI, hat den Palast immer wieder zum Verkauf angeboten, nun möchte sie bleiben. Früher durfte man wenigstens auf Anmeldung hinein, im Augenblick leider nicht.

Der mächtige Barock-Palazzo mit gleich drei ausgebildeten Fassaden (je eine zum Canal Grande, Canale di Cannarégio und zum Campo San Geremia) steht zu den beiden Kanälen hin auf einem Sockel aus markantem Rustika-Mauerwerk, darüber ein Geschoss mit dorischen, das nächste mit korinthischen Säulen zwischen den Fenstern. Als Hauptdekoration außer den Skulpturen sind die gekrönten Adler zwischen den ovalen Fenstern des Mezzanins unter dem Kranzgesims auffällig, das Wappen der Labia. Die Fassade am Campo San Geremia wurde im 18. Jahrhundert asymmetrisch erweitert und wirkt, als gehöre sie gar nicht zum Palast.

Familiengeschichte der Labia

Eine Geschichte über die Labia, die sich bekanntlich in den venezianischen Adel eingekauft hatten, sei noch erzählt. Man nimmt an, dass der aus der

AUTORENTIPP!

ERHOLUNG NEBEN KINDER-RUTSCHEN

Hinter dem im 17. Jahrhundert von Giuseppe Sardi errichteten Palazzo Savorgnan (heute staatliches Tourismusinstitut) öffnet sich überraschend eine für venezianische Verhältnisse geradezu großzügige grüne Oase, der Parco Savorgnan. Einer der wenigen öffentlichen der Serenissima, die sonst nur noch die Ex Giardini Reali in San Marco und den Parco Papadopoli nahe dem Piazzale Roma zu bieten hat – außer den Giardini Pùbblici beim Biennale-Areal natürlich. Mit Kinderspielplatz ausgestattet und genügend Bänken ist der Park auch für diejenigen ideal, die sich in der Stadt die Füße müde gelaufen haben.

Oben: Dem Bahnhof ganz nahe ist die schöne Chiesa dei Scalzi.
Mitte: im Bahnhofsviertel von Santa Lucia kann man schon mal gut einkaufen …
Unten: … oder gleich über die moderne Calavatra-Brücke ins Zentrum schlendern.

neureichen Familie als besonders verschwenderisch bekannte Paolo Antonio Labia die Ausmalung der Fresken durch Tiepolo in Auftrag gegeben hatte. Vom selben Neu-Patrizier, von dem erzählt wird, er habe zum Abschluss eines Banketts das goldene Tafelgeschirr aus den Fenstern in den Kanal werfen lassen mit den Worten »L'abia o no l'abia, sarò sempre L'abia« – »Ob ich es habe oder nicht, ich werde immer Labia sein.« Man munkelt aber auch, er habe vorher Fischernetze im Kanal aufspannen lassen, um die goldenen Kostbarkeiten später unbemerkt wieder herausangeln lassen zu können…

Bahnhofsviertel und Gli Scalzi

Am Campo San Geremia beginnt westwärts die Bummelmeile Lista di Spagna. Spagna, weil hier früher die spanische Botschaft ihren Sitz hatte. Diese schnurgerade Straße, ein aufgeschütteter Rio, hat nicht viel gemein mit dem Venedig, das wir bisher erkunden konnten: eben eine richtige Bahnhofsstraße mit Souvenirläden, Bars, Restaurants und Hotels.

Ein Lichtblick ist an deren Ende die Gli Scalzi, oder genauer Santa Maria di Nazareth degli Scalzi, die Kirche der Karmeliter. Am besten, man geht jetzt ein paar Schritte zurück und gleich auf die lange Brücke, die Ponte degli Scalzi hinauf: Von hier genießt man den besten Blick auf die Fassade der spätbarocken Kirche, die Anfang des 18. Jahrhundert nach einem Entwurf Baldassare Longhenas (1598–1682) errichtet wurde. Hier ist alles aus Marmor, nicht wie sonst in Venedig, wo mit istrischem Kalkstein gearbeitet wurde.

Die Hallenkirche war innen ursprünglich so reich ausgestattet, dass sie einer barocken Theaterszenerie geglichen haben soll. Dazu trug auch der

Hauptaltar bei, dessen gedrehte Säulen an Berninis Altar im Petersdom erinnern. Kulturreisende des 19. Jahrhunderts besuchten die Kirche wegen des wunderschönen Deckenfreskos von Tiepolo, das den Transfer der Kirche von Loreto darstellte, wie man an der erhaltenen Skizze Tiepolos erkennen kann. Doch seit 1915, nachdem eine österreichische Fliegerbombe, die dem nahen Bahnhof galt, in die Kirche einschlug, existieren davon nur noch zwei Fragmente, und diese befinden sich wie die Skizze im Museum (Accadémia) und nicht mehr vor Ort. Die Rekonstruktion von 1934 hat ein anderes Thema als das zerstörte Original. Aber Tiepolo hatte noch mehr in der Kirche geschaffen, Reste davon findet man in der zweiten Kapelle auf der rechten Seite. Es ist eine Glorie der Heiligen Theresa von Avila, die eine spanische Karmeliternonne war. Weil die aufwendigen Freskierungen von der Dogenfamilie Manin finanziert wurden, findet man hier das Grabmal des letzten, 1797 verstorbenen Dogen von Venedig, Ludovico Manin.

Brücke des Santiago Calatrava

Vom Bahnhofvorplatz an den Fondamenta Santa Lucia genießt der, der nicht gleich zur Scalzi-Brücke eilt, einen wunderbaren Blick auf die erst September 2008 eingeweihte Brücke des Katalanen Santiago Calatrava. Eigentlich bekam sie den Segen als Ponte della Costituzione, aber die Veneziander nennen sie nur nach ihrem Architekten Santiago Calatrava, den sie zuerst gar nicht so genial fanden: Ponte Calatrava. Sie schwingt sich 94 Meter lang zum Piazzale Roma mit dem Busbahnhof hinüber, erbaut aus Stahl und Glas und dem in Venedig geliebten istrischen Kalkstein. Die kleine Gondelbahn, die unter der Brücke ihre beiden Endpunkte für behinderte Menschen verbinden sollte, funktioniert bis heute nicht.

AUTORENTIPP!

PEOPLE MOVER

Einer Sensation gleicht die relativ schnelle Verwirklichung der – warum auch immer – mit dem englischen *People Mover* bezeichneten Schnellbahn von der Stazione Marìttima auf der ausgebauten Parkinsel Trochetto zum Piazzale Roma. Eine 822 Meter lange faszinierende Konstruktion aus Stahl und Glas des Architekten Francesco Cocco aus Rovereto (also dem Trentino), der das Design entwarf. Und beeindruckend ist auch die 180 Meter lange Brücke über dem Canale di Tronchetto und die zweite Brücke über dem Canale Santa Chiara. Es handelt sich um eine seilgezogene Bahn auf Stelzen, die in einer Höhe von sieben Metern von zwei fahrerlosen Zügen mit je einem Fassungsvermögen von 200 Personen mit einer Geschwindigkeit von acht Metern pro Sekunde fährt. So können stündlich 3000 Personen befördert werden. Fahrzeit: drei Minuten.

Infos und Adressen

SEHENSWÜRDIGKEITEN

Museo Richard Wagner. Begleitete Besuche nach Vereinbarung (bis 12 Uhr des Vortags anzumelden), Associazione Richard Wagner di Venezia, Palazzo Vendramin-Calergi, Cannarégio 2040, Tel. 041/276 04 07, arwv@libero.it

San Marcuola. Geöffnet oft nur zu Messezeiten werktags 9 und 18.30 Uhr, Sa 18.30 Uhr, So, Feiertag im Sommer 8, sonst 10, 12 und 19 Uhr, Campo San Marcuola, Cannarégio 1777, Tel. 041/71 38 72.

San Geremia e Santa Lucia. Mo–Sa 8.30–12 und 15.30–18.30 Uhr, So/Feiertag 9.30–12.30 und 17.30–18.30 Uhr, Campo San Geremia, Cannarégio 335, Tel. 041 71 61 81.

Santa Maria di Nazareth degli Scalzi. Eigentlich nicht der Öffentlichkeit zugänglich, aber meist geöffnet und kurz vor der Messe um 18 Uhr kommt man immer hinein (und sollte nicht stören). Fondamenta degli Scalzi, Cannarégio 54/C, Tel. 041/71 51 15.

ESSEN UND TRINKEN

Bacareto Da Lele. Kleine, uralte Bar in guter Lauflage, stets gut besucht und freundlich; frisch zubereitete, echte venezianische *panini* (belegte Brote), die man im Stehen verzehren muss, weil es gar keine Stühle zum Sitzen gibt. Mo–So 10–23 Uhr, Campo dei Tolentini, Santa Croce 183,

Hier kann man Delikatessen mitnehmen.

Harmonisch wirkt die Kirche San Simeon Piccolo

Bar Cicheto. Schnellimbiss, aber veneziansch. Mo–So 8–21 Uhr, Lista di Spagna, Cannarégio 367/A, Tel. 041/71 60 37.

Alla Palazzina. Trattoria seit 1920, mit Carpaccio-Spezialitäten, Wurst und Schinken sowie *pasta e fagioli* (Pasta mit weißen Bohnen, eine typisch venezianische Art dicke Suppe) im Sommer auch im Garten am Canale di Cannarégio. Tgl. 12.30–14.30 und 19–22.30 Uhr, Ponte delle Guglie, Cannarégio 1509, Tel. 041/71 77 25.

Cicchetteria Venexiana Da Luca e Fred. Weinlokal und frisch zubereitete *cicheti*, Spritz und Hauswein. Mi–Mo 9–23 Uhr, Ponte delle Guglie, Cannarégio 1518, Tel. 041/71 71 70.

Osteria Nova. Schlichte Osteria in guter Lauflage vom Bahnhof kommend, Mo–Sa ca. 11–22 Uhr, (unsichere Öffnungszeiten). Rio Terá Lista de Spagna, Cannarégio 189, Tel. 041/771 60 05.

ÜBERNACHTEN

Amadeus. Vier-Sterne-Hotel mit japanischem Restaurant und einladendem Garten, die Einrichtung besticht durch seine Mischung aus Komfort und typisch venezianischem Interieur. Mit Wien hat das nichts zu tun. Lista di Spagna, Cannarégio 227, Tel. 041/71 53 00, 041/220 6000, www.hotelamadeusvenice.it

Ca' Dogaressa. Preiswertes und doch freundliches B&B mit venezianischem Ambiente des 18. Jahrhunderts (Marmorbäder, Stilmöbel), eleganten Zimmern und Suiten, bei Schönwetter Frühstück auf der Terrasse. Fondamenta di Cannarégio 1018, Tel. 041/275 94 41, www.cadogaressa.com

Locanda Ca' San Marcuola. Kleines elegantes Frühstückshotel, 2000 renoviert, mit venezianischer Einrichtung in einem Palast aus dem 18. Jahrhundert am gleichnamigen Campo und Kanal. Campo San Marcuola, Cannarégio 1763, Tel. 041/71 60 48, www.casanmarcuola.com

Principe. Freundlich-helle Zimmer im etwas aufgelockerten venezianischen Stil, Restaurant mit venezianisch-italienischer Küche; schöne, weiß eingedeckte Terrasse zum Canal Grande, zwischen Lista di Spanga und dem Canal Grande, an dem das etwas ältliche aber sympathische Hotel steht, Cannarégio 146, Tel. 041/220 40 00, www.hotelprincipevenice.it

AUSGEHEN

Casinò. Einen Besuch im Kasino sollte man gut vorbereiten, dazu gehört vor allem das Outfit. Geöffnet tgl. außer Weihnachten ca. 11–3 Uhr bzw. 15–3 Uhr (Slot bzw. Spieltische). Palazzo Vendramin-Calergi, Calle Vendramin, Cannarégio 2040, Tel. 041/529 71 11, www.casinovenezia.it

INFORMATION

IAT. An der Stazione Santa Lucia (beim letzten Gleis rechts) oder beim Piazzale Roma (Garage ASN), Tel. 041/529 87 11, www.turismovenezia.it

Gerne nehmen die Venezianer frisch Ausgebackenes mit nach Hause, so sparen sie sich eine Menge Arbeit.

ZWISCHEN RIALTO UND BAHNHOF

Parco Savorgnàn
Stazione Ferroviaria S. Lucia
Canal Grande
Ferrovia degli Scalzi
S. Maria di Nazareth degli Scalzi
Palazzo Zeno
S. Geremia
Riva di Biásio
Museo di Storia Natura
San Zan Degolà
Domina Home Ca Zusto
Ca` San Giorgio
Al Duca di Venezia
Al Ponte del Megio
La Zucca
Casa Mimma
San Simeon Ai due Fanali
San Simeone Profeta
Antiche Figure
Majer
San Giacomo Venecia
San Giacomo dall' Orio
Taverna Capitano Unico
Giardino del Palazzo Soranzo Cappello
Il Refolo
Bottega Orafa ABC
Panificio Baroni
Giardino Pápadópoli
Oltre il Giardino
San Rocco
Santa Maria Gloriosa dei Frari
GROM
Scuola Grande San Rocco
Ca` Frari
Hotel Al Sole
Osteria ae Cravate
Franco Furlanetto
Corte Centani
Palazzo Mocenígo
Ca' Fóscari
Pal. Balbi
Palazzo Foscarini
San Tomà
Rio di San Zuane
Rio delle Muneghette
Rio Marin
Rio di San Stin
Rio dei Frari
Rio della Frescada
Rio di Ca' Fóscari
Rio Nuovo
Rio del Gaffaro
Rio Malcantòn
Rio di Santa Margherita
Fondamenta Santa Lucia
F. degli Scalzi
Rio terrà Lista di Spagna
Calle Priúli detta dei Cavalletti
Lista dei Bari
Ruga Bella
Calle Ruga Vècchia
Rio terrà S. Tomà
Calle del Nomboli
Calle Nuova
Calle Raguséi
Fondamenta Monastero
Corte Case Nuove
Ex Chiesa di S. Leonardo

Sehenswürdigkeit, Denkmal
Aktivität, Ausgang, Theater
Museum, Galerie
Shopping
Restaurant, Bar, Café
Übernachtungsmöglichkeit
Kirche, Synagoge
0
200 m
N
Canal Grande
San Stae
Chiesa di San Stàe
Palazzo Giovanelli e Gran Canal
Galleria Internazionale di Arte Moderna mit Museo d' Arte Orientale
Al Ponte Mocenigo
Palazzo Corner della Regina
Ca' d'Oro
San Cassiano Ca' Favretto
Locanda Poste Vecie
Pescaria
Da Pinto
Cantina Do Moro
Al Mercà
Muro Rialto
Bancogiro
Mercato di Rialto
San Giacomo di Rialto
Trattoria Rialto Novo
All' Arco
Antico Dolo
Al Diavolo e L'Acquasanta
Ruga Rialto
Al Vecio Fritolin
Carte
Al Garanghelo
Cantina Do Spade
Antiche Carampane
All' Alba
Fondaco dei Tedeschi
Goldoni
Ponte di Rialto
Rivoaltus
Rialto
San Bartlomeo-da Gislòn
Bottega Orafa ABC
Osteria Vivaldi
Rizzardini
Corte 1321
Arco Antico
Rialto Self Service
San Silvestro
S. Salvadòr
Palazzo Querini
Pal. Pèsaro-Fortuny
San Marco
Procuratie Vècchie
Piazza S. Marco
Pal. Molin
Pal. Giovanelli
Pal. Erizzo
Pal. Giusti
Pal. Barzizza
S. Felice
S. Sofia
Santi Apòstoli
Corte Albrizzi
Palazzo Soranzo
Rio terrà della Maddalena
Fond. della Misericòrdia
Fond. Trapolin
Fond. San Felice
Calle della Racchetta
Rio di S. Fosca
Rio di Noale
Rio di San Felice
Rio della Racchetta
Rio di Santa Sofia
Rio dei Santi Apòstoli
Strada Nova
Ruga Sofia
Salizzada del Pistòr
Rio di San Cassiano
Rio delle Beccarie
Rio di San Polo
Rio della Madonnetta
Rio dei Meloni
Rio della Fava
Rio di San Salvador
Rio di San Luca
Rio di San Zulian
Rio d. Procuratie
Rio Orsèolo
Ruga degli Orèfici
Ruga Ravano
Fondamenta del Vin
Riva del Carbòn
Riva dell' Ölio
Merceria
Merceria San Zulian
Merceria dell' Orològio
Rio terrà degli Assassini
Rio terrà delle Colonne
Sott. Morosini
Frezzeria
San Gallo

S. 158/159: Ganz selten sieht man die Rialto-Brücke ganz ohne Werbung.
Oben: Fotogen bei Tag und bei Nacht – die Rialto-Brücke vom Canal Grande aus ...
Unten: ... und wuselig geht es den ganzen Tag über auf der Brücke.

26 Die Rialto-Brücke

Kern der Serenissima

Sie ist das absolute Aushängeschild Venedigs, was ihre Bauzeit und Architektur und ihre Bekanntheit angeht, eben eine Bilderbuch- oder Postkartenschönheit: die Rialto-Brücke. An dieser erhöhten Stelle entstand die erste Ansiedlung, der Urkern der Serenissima. Imposant und doch irgendwie schwerfällig wirkt die Brücke, ringsum herrscht ein reges Kommen und Gehen, denn der schönste Markt befindet sich ganz in der Nähe.

Bis zur Mitte des 19. Jahrhunderts war Rialto die einzige Brücke über den Canal Grande. An dieser Stelle stand als erste Verbindung beider Ufer (von *de citra* im Süden nach *de ultra* im Norden, wie die Venezianer sie nennen) eine Konstruktion, von der man nicht genau weiß, wann sie errichtet wurde. Aber um die Mitte des 13. Jahrhunderts dürfte sie bereits gestanden haben. Sie war noch aus Holz und in der Mitte hochzuziehen, wenn die Staatsbarke, der *bucintoro*, den Canal Grande be-

MAL EHRLICH

RIALTO ALS REKLAMETRÄGER

Die Rialto-Brücke ist leider ständig mit Werbeplakaten behangen! Einerseits günstig, so verpasst man keine der aktuellen Ausstellungen. Doch wer die Stadt und speziell den Canal Grande in seiner vollen Pracht genießen oder gar in Bild oder Film festhalten möchte, der benötigt etwas Muße, um einen geeigneten Blickwinkel zu finden. Hobbyfotografen werden mit etwas Geduld bestimmt ein paar kunstvolle Bilder einfangen können.

fuhr. Aus wirtschaftlichen Gründen wurde 1458 vom Großen Rat beschlossen, zwei Ladenreihen auf der Brücke zu erlauben – so entstanden die drei parallel verlaufenden Wege über die Brücke, wie wir sie auch noch heute kennen. Die Idee war geboren, doch für die Umsetzung mussten sie noch gefunden werden.

Der Bau der Steinbrücke

Ständig wurden neue Vorschläge unterbreitet, 1529 klopfte man sogar bei Michelangelo nach einer guten Idee dafür an. Doch so richtig in Fahrt geriet das Ganze erst 1587, nachdem mehrere Gebäude am Ostufer des Rialto einstürzten und das auch noch mit Geschäften, die bekanntlich etwas einbrachten! Übrigens gab es in Venedig zu dieser Zeit bereits einige Steinbrücken, aber eben nicht über die größte Wasserstraße.

Nach einem Entwurf von Antonio da Ponte wurde endlich 1588 mit dem Bau begonnen, der bis 1591 andauerte und immense Summen verschlungen haben soll, nicht nur wegen des verwendeten istrischen Kalksteins. Das Ergebnis können wir noch heute bestaunen: Auf relativ flachem Bogen ruht ein Überbau für zwei Ladenreihen mit je sechs Bögen und einem erhöhten Mittelteil, der als einziger keine Geschäfte aufgenommen hat. Wegen der Läden wurden auf jeder Seite drei Zugangsrampen auf die Brücke notwendig, was auf dem engen Raum an den Ufern nicht einfach zu bewerkstelligen war.

Fondaco dei Tedeschi

Auch für deutsche Händler war Venedig so wichtig, dass sie hier schon vor 1200 ihren eigenen Standort hatten. Ihren Fondaco dei Tedeschi, zu Deutsch die »Warenbörse der Deutschen«, bauten

AUTORENTIPP!

FREITAGS ZUR HAPPY HOUR MIT BLUES

Die Osteria mit wenigen Tischen ist so winzig, dass man sich fragt, ob man jemals ein Plätzchen in der mit Sprüchen und Unterschriften voll bekritzelten Kneipe finden würde. Aber auf der Gasse davor geht es ja meistens auch und der Blues (oder Rock oder Soul), der zur Happy Hour aus den Lautsprechern ertönt, reicht nach draußen. Spezialität sind ganz feine, gut belegte *cicheti,* frei zum ausgesuchten Wein. Der allerdings kostet mehr als anderswo, aber dafür ist es der Amarone vom Ostufer des Gardasees, genauer aus der Valpollicella, der bekanntlich bis zur Vollreife in kleinen Holzfässern aus Kirschholz gelagert wird. Kein Wunder also, dass er einen so kräftigen, vollmundigen Geschmack hat. – Gegenüber lockt auch noch eine reich ausgestattete Vinothek.

All'Alba. Tgl. 19–23 Uhr, Ramo del Fontego dei Tedeschi, San Marco 5370, Tel. 340 124 56 34.

Oben: Die Warenbörse der Nordeuropäer war der Fondaco dei Tedeschi.
Mitte: Schon wieder eine Maske? Touristen lieben sie…
Unten: Auf- und Durchblicke unter und über Brücken und Kanäle

sie erst später. Den Grund und Boden dafür erwarben die deutschen Händler laut Kaufvertrag zwischen 1222 und 1228. Die Beziehung zwischen Venedig und den Deutschen muss so gut gewesen sein, dass nach einem Brand 1505 der Wiederaufbau im Jahr 1508 von der Serenissima finanziert wurde.

Geschichte der Warenbörsen

Die Idee für solche Warenbörsen hat man aus dem Orient mitgebracht, dort mussten die Venezianer ihrerseits in speziellen *funduks* wohnen, wenn sie vor Ort ihren Geschäften nachgingen. So lebten und arbeiteten auch die deutschen Händler unter der Aufsicht der venezianischen Ordnungshüter. Die Waren wurden am Canal Grande von den Booten direkt in die fünf offenen Arkaden des Erdgeschosses ausgeladen und dann innen im Gebäude, mit dem großen Innenhof einer Karawanserei sehr ähnlich, verteilt. Den Fondaco mussten sich die Deutschen zu Beginn mit anderen Kaufleuten teilen: Österreichern, Flamen und Ungarn.

Zwei große Tafeln gab es im Fondaco für die Mahlzeiten: die Nürnberger und die Regensburger Tafel, streng getrennt und eine gewisse Rangordnung widerspiegelnd. Zu den bekanntesten Familien, die im Fondaco dei Tedeschi Handel trieben, gehören sicher die Augsburger Fugger. Sie handelten nicht nur mit den sehr kostbaren Gewürzen aus dem Orient, sondern auch mit mediterranen Lebensmitteln wie Olivenöl und Feigen, Mandeln und Zitronen und Malvasier-Wein. Außerdem Murano-Glas, Bücher und handgeschöpftes Papier, Samt und Brokat, Damast und Goldfäden zum Einwirken in heimische Stoffe. Venezianer durften übrigens keine fremden Kaufleute bei sich aufnehmen, auch wenn man sich nicht immer streng daran gehalten hat.

Infos und Adressen

SEHENSWÜRDIGKEITEN

Fondaco dei Tedeschi. Die historische Warenbörse befindet sich im Umbau zu einem Kaufhaus, aber von außen bleibt es ein interessantes Gebäude. San Marco 5562, das letzte Gebäude des Stadtsechstels von San Marco, wie auf dem Gebäude geschrieben steht.

ESSEN UND TRINKEN

Al Diavolo e L'Acquasanta. Typische *cicheti* von der Theke, alles hausgemacht, an den Tischen auch hausgemachte *bigoli* (Pasta) und *Pasta e fagioli*. Tgl. 9.30–23 Uhr, Calle della Madonna, San Polo 561/B, Tel. 041/277 03 07.

All'Arco. Charakteristische *cicchetteria* seit den 1940er-Jahren. Mo–Sa 8–16 Uhr, Calle Ochialera, San Polo 436, Tel. 041/520 56 66.

Da Pinto. Uraltes Lokal, seit rund 30 Jahren mit echt venezianischen Gerichten gegenüber dem Fischmarkt. Tgl. 10–22 Uhr, Campiello delle Beccarie, San Polo 367, Tel. 041/522 45 99, www.vinidapinto.it

Gutgelaunte Kellner, wenn das Geschäft läuft

Bei so vielen Leckerein hat man eine schwere Wahl.

Rialto Self Service. Selbstbedienungsrestaurant mit reichem Angebot. Tgl. durchgehend 11–21 Uhr, im Winter nur Fr–Mi, Riva del Carbon, San Marco 4175, Tel. 041/523 79 09.

Ruga Rialto. Weinlokal und Restaurant, gute Fischküche, *cicheti*. Di–So 18.30–24 Uhr, Calle del Sturion, San Polo 692, Tel. 041/521 12 43.

San Bartolomeo (da Gislòn). Relativ einfaches Ambiente der 1970er-Jahre, Fischküche (Muscheln!). Di–So 9.30–22 Uhr, Calle de la Bissa, San Marco 5424 nahe Rialto-Brücke, Tel. 041/522 35 69.

Trattoria Rialto Novo. Angenehmes Restaurant nahe der Brücke. März-Okt. tgl. 12–15 und 18.45–22 Uhr, sonst nur Di–So, Campo Rialto Nuovo, San Polo 518, Tel. 041/523 57 74, www.trattoriarialtonovo.com

ÜBERNACHTEN

Rialto. Nettes Hotel mit luxuriösen Suiten in der Ca' Rialto mit Dependance, Restaurant im Winter geschlossen. Riva Del Ferro/Ponte Rialto, San Marco 5149, Tel. 041/520 91 66, www.rialtohotel.com

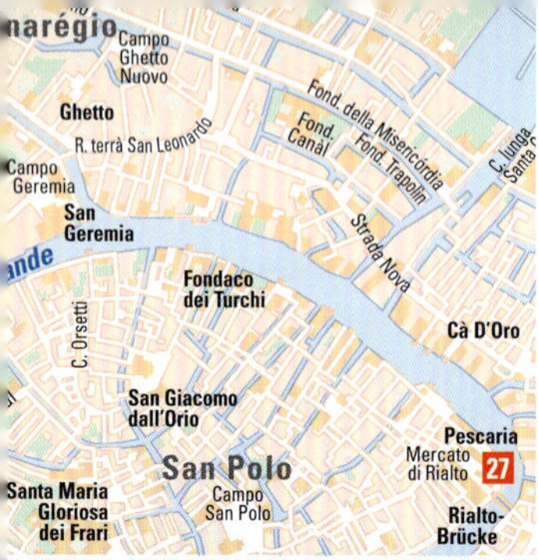

Oben: Die Fischhalle sieht nur gotisch aus – sie stammt aber aus dem 19. Jahrhundert. In ihr und um sie herum findet ein herrlicher Markt statt.
Unten: Aber erste Wahl sind Fische und Meeresfrüchte, alles garantiert frisch.

27 Pescaria und das Marktviertel

Der Magen Venedigs

Dichtes Gedränge herrscht auf den Stufen der Brücke und an den Geschäften auf beiden Seiten. Denn jenseits des Canal Grande findet Dienstag bis Samstag von sieben bis 12/13 Uhr der Fischmarkt in und an der Pescheria oder Pescaria, wie die Venezianer eher sagen, unter den Arkaden eines neugotischen Bauwerks statt. Auch die kulinarische Szene kann sich hier sehen lassen.

Das Sestiere San Polo gehört nicht gerade zu den Schönheiten Venedigs, aber hier leben viele Venezianer gerne, weil sie alles vor der Haustür finden, was sie brauchen. Lange Wege bleiben erspart, denn der Markt, der »Bauch« Venedigs, bietet fast alles.

Fischmarktflair erleben

Die im Erdgeschoss offene Halle des Fischmarkts, die sich so gut ins Stadtbild am Canal Grande einfügt, ist erst 1907 errichtet worden, also neugo-

MAL EHRLICH

MÜSSEN RESTAURANTS SO TEUER SEIN?

In Venedig sollte man sich darauf einstellen, für ein Essen tief in die Tasche greifen zu müssen. Zum ohnehin hohen Preis der Speisen kommt das übliche *coperto*, das Gedeck, sowie noch 10 bis 15 Prozent für den Service hinzu. Es empfiehlt sich, bei schmalem Reisebudget genauestens die Speisekarten, sofern sie am Restaurant einsehbar sind, zu studieren. Es gibt Wirte, die ausdrücklich auf die Serviceprozente verzichten.

tisch. Aber wie gesagt, gut gemacht! Nicht nur hier wird Fisch angeboten, sondern auch in der älteren und größeren offenen Halle und ringsum. Und wie! Die Auslagen der Fischverkäufer sehen aus, als würden sie Juwelen anbieten. Kleine Fische werden kunstvoll drapiert, große geradezu theatralisch hochgehalten.

Auf der einen Seite also Fisch und Meeresfrüchte, auf der anderen Obst und Gemüse und noch mehr. Der Campo delle Beccarie (deutsch »Platz der Weinlokale«) rundet das reiche Angebot an Lebensmitteln, frisch aus dem Meer oder der Lagune sowie von den Feldern auf den venezianischen Gemüseinseln ab. Hinzu kommen die vielen kleinen Läden rings um den Markt. Auch sie profitieren davon, im »Bauch« Venedigs ihre Waren anbieten zu können.

San Giacomo di Rialto

San Giacomo di Rialto, westlich der Brücke, gilt als die älteste Kirche der Lagunenstadt. Sie wurde bereits im 5. Jahrhundert errichtet, im 12. Jahrhundert total umgekrempelt und im 16. so umgestaltet, wie man sie heute sieht. Auffallend ist die übergroße Uhr an der aus dem 14. Jahrhundert stammenden flachen Fassade. Typisch für eine Marktkirche ist der vorgesetzte Portikus, unter dem man bei schlechtem Wetter Schutz suchen kann.

Jedenfalls ist die kleine Kreuzkuppelkirche (15 Meter lang und höchstens elf Meter breit), die in einem Gemälde von Giovanni Antonio Canal (1697–1768), gen. Canaletto, liebevoll detailliert dargestellt wurde, hübsch anzuschauen. Ihre tiefe Vorhalle hat sicher auch etwas mit dem Marktgeschehen ringsum zu tun und der offene dreiteilige Glockenstuhl über der großen Uhr verleiht der

AUTORENTIPP!

KURZES GONDELVERGNÜGEN

Sogenannte Gondelfähren (*traghetti-gondole*), und zwar jeweils direkt zur gegenüber liegenden Kanalseite, verkürzen die sonst langen Fußwege zwischen den einzelnen Stadtteilen erheblich und bieten zudem eine kleine Kostprobe für diejenigen, die, genauso wie die Venezianer, auf eine teure Gondelfahrt über den Canal Grande verzichten können. Zu finden an folgenden Stellen in der Stadt:

Ferrovia (Bahnhof) – Fondamenta San Simeon Piccolo (könnte wegen der neuen Brücke zwischen Piazzale Roma und Bahnhof aufgelöst werden)

San Marcuola – zwischen Casa Correr und Fondaco dei Turchi

Palazzo Fóscari – Pescaria (Fischmarkt)

Rückseite des Teatro Goldoni – San Silvestro

Calle del Traghetto/Palazzo Garzoni – nahe der Traghetto-Station San Tomà

Campo del Traghetto/Palazzo Gritti neben der Traghetto-Station Santa Maria del Giglio – Palazzo Genovese.

Info. Kostenpunkt: einfache Fahrt 2 €

Oben: Die Kirchturmuhr von San Giacomo di Rialto
Unten: Frisches Obst und Gemüse von der Insel Sant´ Elena vor Venedig

Fassade eine gewisse Leichtigkeit. Eine Einladung nicht nur für die Händler am Rialto, die San Giacomo als ihre Kirche betrachten, sondern auch an die Besucher der beliebten Konzerte, die hier wegen ihrer guten Akustik und der geradezu intimen Atmosphäre stattfinden. Eine Inschrift an der Außenwand der Apsis von San Giacomo di Rialto ermahnt zur Ehrlichkeit. Das dürfte sich vor allem an die nahen Händler vom Fondaco und überhaupt an alle Verkäufer im Umkreis der Rialto-Brücke gerichtet haben.

Das erste öffentliche Theater

Ein *campo* weiter östlich: Das alte Theater von San Cassiano befand sich in einem Innenhof hinter dem Campanile der Kirche San Cassiano, die ihm den Namen gegeben hatte. Schon 1580 in Holz und oval konzipiert, bespielt von einer Theatergruppe namens Compagnia dei Gelosi, der »Eifersüchtigen«. Nachdem die Holzkonstruktion 1629 in Flammen aufgegangen war, wurde das nun aus Stein errichtete Teatro Nuovo 1637 wiedereröffnet. Die Aufsicht hatte ein gewisser Ettore Tron, der in seiner Steuererklärung vermerkte, es sei ein Ort des Rezitierens, also keiner, der etwas abwirft.

Das Theater war innen hufeisenförmig mit fünf Logenreihen. Aufgeführt wurden Opern, viele von Francesco Cavalli (1602–1676), der am Theaterbetrieb sogar beteiligt war, aber auch eine Oper von Claudio Monteverdi. Geboren war das erste öffentliche (Opern-)Theater: einer öffentlichen Verwaltung überlassen und damit jedem gegen Eintrittskarte zugänglich, nicht nur, wie damals und noch lange üblich, dem Adel. Und heute? Wo das Teatro San Cassani bis 1802 stand, findet man nur noch ein Schild, das daran erinnert, am Corte del Teatro Vecchio (leider privat und nicht zugänglich).

Infos und Adressen

SEHENSWÜRDIGKEITEN

San Giacomo di Rialto. Normalerweise Mo–Sa 10–16.45 Uhr, Campo San Giacomo di Rialto 1, San Polo.

ESSEN UND TRINKEN

Al Mercà. Stehlokal am Markt, preiswerte und dennoch gute *cicheti* und *ômbre.* Mo–Sa 9–15 und 18–21.30 Uhr, Campo Bella Vienna, San Polo 213, Tel. 346/834 06 60.

Antico Dolo. Einladende Osteria in historischen Mauern, aber erst 1989 gegründet, mit Bildern dekoriert; ausgesuchte Weine und echt venezianische Spezialitäten. Mo–Sa 11.30–15.30 und 17.30–22.30 Uhr, Ruga Rialto, San Polo 778, Tel. 041/522 65 46, www.anticodolo.it

Bancogiro. Aufgemotzte Osteria in einem historischen Gemüselager, innen unter Holzbalkendecken sowie unter Backsteingewölben, mit Tischen im Freien auch zum Canal Grande hin. Hochwertige venezianische Spezialitäten, hochpreisige Weinkarte. Di–So 11–23 Uhr, Campo San Giacometto, San Polo 122, Tel. 041/523 20 61.

Cantina Do Moro. Seit 1462, eine der besten und immer vollen *cicheti*-Lokalitäten der Stadt, auch mit sogenannten *francobolli,* winzig kleinen *tramezzini* (gefüllte Weißbrot-Dreiecke), so klein, dass sie Briefmarken, eben *francobolli* ähneln. Mo/Di/Do–Sa 8.30–20 Uhr, Mi 14–20 Uhr, Ruga Due Mori, San Polo 429, Tel. 041/522 54 01.

Sicher frisch, weil noch zappelnd ist dieser Krebs.

ÜBERNACHTEN

Corte 1321. Auch Ca' Bernardi genanntes, ruhig gelegenes B&B mit nettem Innenhof und teils großzügigen Zimmern. Campiello Bernardo, Corte San Polo 1321, Tel. 041/522 49 23, www.corte1321.com

Locanda Poste Vecie. Nette Pension nahe dem Fischmarkt, 200 Meter von der Rialto-Brücke. San Polo 1612, Tel. 041/71 82 44, www.locandapostevecie.com

EINKAUFEN

Pescaria. Fischmarkt. Di–Sa vormittags geöffnet, manche Händler bleiben aber länger. Campo della Pescaria, San Polo.

Rivoaltus. Hübscher kleiner Laden auf der Rialto-Brücke mit Buchbinderarbeiten. Rialto, San Polo 11, Tel. 041/523 61 95, www.rivoaltus.it

Nicht billig, aber garantiert fangfrisch ist die Ware auf dem Fischmarkt.

Oben: Palazzo Corner della Regina, seit 2008 im Besitz der Fondazione Prada
Unten: Caterina Cornaro, die unglückliche venezianische Königin Zyperns, die in diesem Palast aufgewachsen war

28 Palazzo Corner della Regina

Prototyp des venezianischen Klassizismus

Böse Zungen behaupten, das schönste am Palazzo Corner della Regina sei sein Vis-à-vis, nämlich die Ca' d'Oro jenseits des Canal Grande. Aber immerhin stand früher an dieser Stelle der Palast der Familie der zur Königin von Zypern avancierten Venezianerin Caterina Cornaro. Und außerdem gilt seine Architektur als Wegbereiter des Klassizismus in Venedig. Seit 2012 ist der Palazzo im Besitz der Fondazione Prada.

Der Palast steht zwar an der Stelle, an der sich noch 1454, als Caterina Cornaro (1454–1510) in eine der ältesten Adelsfamilien der Stadt hineingeboren wurde, ein gotischer Palazzo im Wasser des Canal Grande spiegelte und auf die bilderbuchschöne gotische Ca' d'Oro schaute. Den Neubau errichtete der Architekt Domenico Rossi 1724 bis 1727 für Andrea Corner (1671–1743), der Prokurator von San Marco war und sich einen größeren Bau leisten konnte. Es wurde daraus, zusammen mit dem Palazzo Grassi (s. S. 78), einer der letzten Großpaläste der Serenissima. Besonders wuchtig fiel das mit Rustika verkleidete Erdgeschoss aus. Darauf erheben sich zwei *piani nobili*. Ionische Doppelsäulen tragen die Fassade des ersten Obergeschosses, korinthische die des zweiten, dessen sieben Fenster mit jeweils kleinen Giebelchen abgeschlossen werden.

Cornaro, die unglückliche Königin

Caterina Cornaro, deren Wurzeln bis zu den Römern verfolgt werden können, wird 1472 durch

Heirat mit Giacomo II di Lusignano Königin von Zypern. Während die Zyprioten sie liebten und verehrten, zwangen die Venezianer sie 1489 zur Abdankung, damit sie sich leichter auf der Insel ausbreiten und vor allem Festungen gegen die Türken errichten konnten. Nicht für die Ewigkeit – ein gutes Jahrhundert später, 1573, gaben die Venezianer ihrerseits dem türkischen Druck nach.

Caterina bekam als Entschädigung für den zypriotischen Thron die Burg Asolo in Nordvenetien bei Treviso. Dort lebte sie noch rund 20 Jahre, umgeben von Dichtern und Gelehrten, die sie gerne unterstützte, und wo sie Hof führte, wie einst Vittoria Colonna (1492–1547) und die berühmtere Isabella d'Este (1474–1539). Ihr Schicksal hat Musiker und Maler animiert, sich des Themas anzunehmen, so sind mehrere Porträts von ihr erhalten, u.a. von Tizian und Veronese gemalt.

Geschenk an den Papst

Papst Pius VII. bekam den Cornaro-Palast schließlich zum Geschenk. Ab da wurde er immer wieder umfunktioniert: erst zum Monte di Pietà, also einem öffentlichen Leihhaus, dann zum Sitz des historischen Archivs der Biennale. Seit 2004 wurde das völlig restaurierte Gebäude von der Gemeinde zum Verkauf angeboten. Erst 2012 hat es die Fondazione Prada, bekanntlich ein berühmtes Mailänder Modehaus unter der rührigen Miuccia Prada, erworben. Die neuen Eigner haben fast die komplette Innenausstattung vom Ende des 18. Jahrhunderts sozusagen nebenbei mit erworben – sie sollen die privaten Räume von Miuccia Prada, die vorgesehen sind, standesgemäß schmücken. Und die übrigen Räume sind kein schlechter Rahmen für die Wechselausstellungen, die sich mit moderner beziehungsweise neuzeitlicher Kunst befassen werden.

Infos und Adressen

SEHENSWÜRDIGKEITEN

Palazzo Corner della Regina. Bei Ausstellungen voraussichtlich Mi–Mo 10–18 Uhr geöffnet. Calle della Regina, Santa Croce 2215, Tel. 041/810 91 61, www.fondazioneprada.org

ESSEN UND TRINKEN

Al Garanghelo. Gemütliche Osteria mit langer Theke und auch Tischen im Freien. Tgl. 11–23 Uhr, Calle dei Boteri, San Polo 1570, Tel. 041/72 17 21, www.algaranghelo.it

Al Vecio Fritolin. Typische Trattoria in einem Gebäude aus dem 18. Jahrhundert in der Tradition der *fritolini*, der Fisch-Frittierer, wo man frisch ausgebackene Fische und Meeresfrüchte für zu Hause kaufen konnte, allerdings viel teurer. Mo/Di 19–22.30 Uhr, Mi–So 12–14.30 und 19–22.30 Uhr, Calle della Regina, Rialto, Santa Croce 2262, Tel. 041/522 28 81, www.veciofritolin.it

ÜBERNACHTEN

San Cassiano Ca' Favretto. Wunderschöne historische Residenz im früheren Wohnhaus des Malers Giacomo Favretto. Calle della Rosa, Santa Croce 2232, Tel. 041/54 17 68, www.sancassiano.it

EINKAUFEN

Carte. Alles, was die junge Künstlerin Rosanna Corrò produziert, ist aus marmoriertem Papier oder Pappe und mal anders: stylischer Modeschmuck, Schreibtischutensilien etc., Calle dei Cristi, San Polo 1731, Tel. 320/024 87 76, www.cartevenezia.it

29 Ca' Pesaro

Venedigs schönster Barock-Palast

Kein Wunder, dass die wuchtige barocke Ca' Pesaro dem Nachbarpalast Modell stand, auch wenn er ein halbes Jahrhundert später errichtet wurde. Der gut erhaltene Bau ist Sitz der Galleria Internazionale d'Arte Moderna und des Museo d'Arte Orientale, eine vielleicht etwas verwegene Zusammenstellung, die den Besuch aber umso interessanter macht.

Die Ca` Pesaro gilt als eines der schönsten Barockpaläste Venedigs, ein Konzept des Architekten Baldassare Longhena. Heimat der Galleria Internazionale d´Arte Moderna, zusammen mit dem Moseo d´Arte Orientale.

Nur durch den Palazzo Donà getrennt erhebt sich ein Stückchen nordwestlich am Canal Grande Venedigs vielleicht schönstes Barock-Palais, die Ca' Pesaro. Ihr doppeltes Erdgeschoss weist Rustika aus Diamantquadern auf, am unteren Rand mit Groteskenmasken dekoriert, darüber zwei vollwertige Geschosse (also zwei *piani nobili*), deren Fassaden im Wechsel einzelne und Doppelsäulen tragen.

Der reiche Doge Giovanni Pesaro (1589–1659) hatte testamentarisch verfügt, dass seine Familie den vom damaligen Stararchitekten Baldassare Longhena (1598–1682) begonnenen Palast zu Ende bauen lassen müsse. Nach dem Tod des Dogen 1659 wurde erst einmal nur an seinem pompösen Grabmal in der Chiesa dei Frari gearbeitet, weshalb erst der Enkel Leonardo Pesaro, selber Prokurator, 1673 den Testamentwunsch in Angriff nahm. Und als Longhena 1682 starb, konnte das Bauwerk, immerhin einer der größten Familienpaläste der Stadt, von seinem Schüler Antonio Gaspari 1710 genau nach Longhenas Plänen vollendet werden.

Mehrere Besitzer wechselten sich nun ab, die letzte von ihnen, Felicita Bevilacqua (1822–1899), vermachte den Palazzo 1899 der Stadt, um darin Arbeits- und Ausstellungsmöglichkeiten für junge Künstler einzurichten.

Heimat zweier Kunstsammlungen

So ganz ist es dann aber doch nicht geworden. Denn eingezogen ist hier die Galleria Internazionale d'Arte Moderna, immerhin aber eine der wichtigsten Sammlungen moderner Kunst in Italien, worunter man das 19. und 20. Jahrhundert versteht. Allein die Aufzählung der Namen berühmter Künstler signalisiert die Bedeutung und das Erlebnis eines Besuchs: Kandinsky, Miró, Matta, Klimt, Matisse, Chagall, Klee und Liebermann. Außerdem werden jeweils Werke ausgestellt, die auf der Biennale prämiert und von der Stadt daraufhin erworben wurden. Wer Auguste Rodins mächtige Skulptur *Der Denker* von 1880 auf dem Treppenabsatz nach oben vermisst, wird ihn nun einsam im großen Saal des obersten Stockwerks wiederfinden. Er sei im Treppenhaus zu sehr dem Durchzug ausgesetzt gewesen, was seiner Oberfläche geschadet habe.

Im selben Palazzo bietet sich auch ein Besuch des Museo d'Arte Orientale an. Es besitzt eine der bedeutendsten Sammlungen japanischer Kunst aus der Edo-Periode, zusammengetragen vom Fürst Heinrich II. von Bourbon-Parma auf seiner Asienreise 1887 bis 1889. Mehr als 30 000 Objekte, darunter japanische Rüstungen, indonesische Figuren für das Schattentheater, Musikinstrumente und chinesisches Porzellan. Der leidenschaftlich reisende und sammelnde Fürst bewohnte übrigens den Palazzo Vendramin-Calergi, in dem sich heute das Casinò befindet und in dem 1882 Richard Wagner seine letzten acht Monate lebte. Der weltberühmte Komponist war Mieter eines Teils des Palasts, während sich der Fürst mit seiner Frau wieder einmal auf Reisen befand.

Viel Zeit und Muße für die Ca' Pesaro

Infos und Adressen

SEHENSWÜRDIGKEITEN

Galleria Internazionale d'Arte Moderna mit Museo d'Arte Orientale. April–Okt. Di–So 10–18 Uhr, Nov.–März bis 17 Uhr, Calle Ca' Pesaro, Santa Croce 2076, Tel. 041/72 11 27, http://capesaro.visitmuve.it

ESSEN UND TRINKEN

Majer. Zwei der Backstuben der wunderbaren kleinen Kette in Venedig, mit Stehbar, an der man zum Kaffee gleich ein süßes Stück genießen kann. Mo–Sa 8–19/20 Uhr. Calle Larga/Ecke Campo San Giacomo dell'Orio, Santa Croce 1630 und 1658, Tel. 041/71 06 77, www.majer.it

ÜBERNACHTEN

Al Duca di Venezia. Typisch venezianisch, in einem Palast aus dem 15. Jahrhundert eingerichtetes Hotel, mit Holzbalkendecken und Stofftapeten, Lampen aus Murano-Glas etc., für venezianische Verhältnisse zu erstaunlich günstigen Preisen. Fontego dei Turchi, Santa Croce 1739, Tel. 041/812 30 69, www.alducadivenezia.com

30 Palazzo Mocenigo

Raffinesse und der Luxus venezianischer Bräuche

Der riesige Palazzo Mocenigo besteht eigentlich aus vier Palästen und gehörte, wie der Name verrät, einer der einflussreichsten Familien Venedigs. Allein sieben Dogen hat die Familie Mocenigo hervorgebracht, die noch mehrere Paläste, auch einen besonders repräsentativen am Canal Grande besaß. Den Palazzo bei San Stae hat Alvise Mocenigo 1945 der Stadt überschrieben, die daraus u.a. wegen des gut erhaltenen Inventars ein Museum machte.

Oben: Seit 1945 im Besitz der Stadt: der »inhaltsreiche« Palazzo Mocenigo
Unten: Sieben Dogen Venedigs entstammten der begüterten Mocenigo-Familie wie Alvise IV Mocenigo.

Wann genau der Palazzo Mocenigo a San Stae, wie er genau heißt, errichtet wurde und wer sein Architekt war, ist merkwürdigerweise nicht überliefert, dafür aber die Umbauarbeiten zu Beginn des 17. Jahrhunderts. Die beiden Fassaden zum Rio wie zur Salizada sind jedenfalls identisch. Es brauchte keine prächtige Fassade zum Canal Grande, denn da liegt der Palazzo ja nicht, sondern sozusagen in zweiter Reihe. Die Hauptfassade des Komplexes zeigt sich palladianisch, mit hohem Sockel unter korinthischen Säulen. Beachtenswert ist auch das Doppelportal des Palasts, mit zwei geradezu wuchtigen kassettierten Holztüren.

Geschichte des Palasts

Alvise Mocenigo war 1700 bis 1709 Doge und fand in der Nähe des Palasts in der Kirche San Stae seine letzte Ruhestätte. Der gleichnamige Nachfahre und letzte der stark verzweigten Adelsfamilie, aus der sieben Dogen hervorgingen, Alvise Nicolò Mocenigo, vermachte den großen Palastkomplex sei-

Eine lange Front bilden die Paläste der Mocenigo.

ner Heimatstadt, um daraus ein Museum zu machen. Doch erst Ende der 1970er-Jahre, als Mocenigos Frau, die den Palast weiterhin bewohnte, verstorben war, konnte mit der Realisierung begonnen werden. Da die Ausstattung des 17. und 18. Jahrhunderts sehr gut erhalten ist, bot es sich an, hier auch das Centro Studi di Storia del Tessuto e del Costume unterzubringen, mit seinen bedeutenden Sammlungen und Archiven zur Geschichte der venezianischen Stoffe und Gebräuche.

Der *piano nobile* mit seinem riesigen Zentralsaal war schon immer die Empfangshalle der Adelsfamilien. Hier ist der museale Teil untergebracht, der wahre Kostbarkeiten im historisch-sozialen Zusammenhang zeigt. Denn hinter solchen aufwendigen Arbeiten, u.a. mit reicher, auch von Edelsteinen durchsetzter Stickerei und Spitzen, stand ein ganzer Pulk wahrer Kunsthandwerker wie Weber, Schneider, Spitzenklöppler, Sticker u.v.m.

Wohnen im Adelspalast

Das zweite Obergeschoss jedoch, das ja bis Ende des 20. Jahrhunderts bewohnt war und (noch?) nicht zu besichtigen ist, spiegelt noch immer die Wohnkultur in einem solchen Adelspalast über viele Jahrhunderte hinweg wider. Er hat mit Stuck verzierte Decken und einen immer glatt polierten Terrazzo-Boden, aus kleinen bunten Steinen, mit

AUTORENTIPP!

DAS WAHRE KREUZ IN SANTA MARIA MATER DOMINI

Hier kann man ein paar Minuten in Ruhe verharren und ein wenig bekanntes Bild Tintorettos bewundern. Es ist eine ziemlich alte Kirche, die schon im 10. Jahrhundert wahrscheinlich in Auftrag der Familien Cappello und Zane errichtet wurde und bis ins 12. Jahrhundert der Heiligen Cristina geweiht war. Sie entstand zu Beginn des 16. Jahrhunderts, wahrscheinlich nach einem Entwurf von Mauro Codussi, die elegante Renaissance-Fassade jedoch ein wenig später, 1540, gestaltet von Jacopo Sansovino. Der Zentralraum mit vier Eckkapellen birgt ein überraschend interessantes Bild: *Die Entdeckung des Kreuzes* von Tintoretto (1562) zeigt den Augenblick, als im Beisein der Heiligen Helena, der Mutter Konstantins, das wahre Kreuz entdeckt wird, das gleich ein Wunder vollbringt – die Wiederbelebung eines Mädchens.

Santa Maria Mater Domini. Tgl. 10–12 Uhr, Campo Santa Maria Mater Domini, Santa Croce 2123.

Oben: Statue des heiligen San Sebastian an der Fassade von San Stae
Unten: Die Saalkirche San Stae wurde als Familiengruft der in der Nähe wohnenden Mocenigo errichtet.

Zement vermischt bzw. in den Estrich hineingearbeitet, eben dem Terrazzo Veneziano, der noch heute für sündhaft teures Geld von wenigen Experten beherrscht und nicht nur in Venetien geliebt wird.

Die Saalkirche San Stae

Nein, einen San Stae gibt es als Heiligen tatsächlich auch in Venedig nicht – gemeint ist Sant'Eustachio, dem diese Kirche geweiht wurde. Die Venezianer lieben solche Verballhornungen der Namen eben… Anstelle einer abgebrannten Vorgängerkirche wurde 1678 mit dem Umbau begonnen und dabei die Fassade so gedreht, dass sie nun auf den Canal Grande schaut!

Die Saalkirche mit je drei Seitenkapellen und erhöhtem Chorraum geht auf die Zeichnung von Giovanni Grassi zurück. Doch die Fassade wurde nach 1709 dank einer Stiftung des Dogen Alvise Mocenigo II erneuert, der dafür hier, allerdings ohne den üblichen Dogen-Pomp, bestattet werden wollte. Er bekam sein Grab in der Mitte des Kirchenschiffs eingelassen. In seiner eigenen Familiengruft in San Stae wurde 1763 ein weiterer Doge bestattet: Marco Foscarini. Ob Alvise Mocenigo das so gewollt hätte?

Ähnlich wie beim Familienpalast des Dogen wirkt auch der Aufbau der Fassade der nahen Kirche recht palladianisch: Vier korinthische Säulen, die einen Dreiecksgiebel tragen, erheben sich über einem hohen Sockel. Der Raumeindruck innen ist so hell, dass die bedeutenden Werke venezianischer Maler des beginnenden 18. Jahrhunderts besonders gut zur Geltung kommen. Am eindrucksvollsten: Giambattista Tiepolos (1696–1770) *Heiliger Bartholomäus* an der linken Wand des Presbyteriums, den er als noch junger Maler schuf.

Infos und Adressen

SEHENSWÜRDIGKEITEN

Chiesa di San Stae. Mo–Sa 14–17 Uhr, Campo San Stae, San Polo 2986, Tel. 041/275 04 62.

Palazzo Mocenigo. April–Okt. Di–So 10–17 Uhr, Nov.–März bis 16 Uhr, Santa Croce 1992, Tel. 041/72 17 98, www.mocenigo.visitmuve.it

ESSEN UND TRINKEN

Cantina Do Spade. Die frischen Weißweine und die guten *cicheti* locken viele Venezianer in diese typische Kneipe mit den malvenfarbenen Wänden, die es schon Ende des 15. Jahrhunderts gegeben haben soll. Verarbeitet werden hauptsächlich Fisch und Meeresfrüchte, z.B. gefüllte Calamari oder ein *tris* aus *baccalà* (Stockfisch). Junge nette Mannschaft, gute Atmosphäre – wenn man Platz bekommt. Di–So 10–15 und 18–22 Uhr, Calle Do Spade 19, San Polo 860, Tel. 041/521 05 83, www.cantinadospade.it

Mocenigo. Neueres Lokal unter Holzbalkendecke mit frischen Zutaten vom nahen Markt für das täglich wechselnde Menü. Gutes Preis-Leistungs-Verhältnis! Di–So 12–22 Uhr, Salizada San Stae, Santa Croce 1919, Tel. 041/523 17 03.

Einblick ins vornehme, fein stuckierte Hotel Palazzo Giovanelli

Leckere Meeresfrüchte kann man z.B. in der Cantina do Spade genießen.

ÜBERNACHTEN

Al Ponte Mocenigo. Nur zehn gemütliche Zimmer in einem historischen venezianischen Palazzo. Santa Croce 2063, Tel. 041/524 47 97, www.alpontemocenigo.com

Palazzo Giovanelli e Gran Canal. Wunderschönes Hotel im Palazzo aus dem 16. Jahrhundert am Canal Grande mit einer gelungenen Mischung aus Antiquitäten und modernem Komfort. Campo San Stae, Santa Croce 2070, Tel. 041/525 60 40, www.hotelpalazzogiovanelli.com

EINKAUFEN

Bottega Orafa ABC. Goldschmied D'Agostino Andrea bietet individuelle Schmuckstücke, auch nach der Granulatsmethode und dem sogenannten *mokume* (sieht wie marmoriert aus) in Silber, Edelstahl und Holz. Ein echter Kunsthandwerker! Calle del Tentor, Santa Croce 1839, Tel. 041/524 40 01, www.orafaabc.com

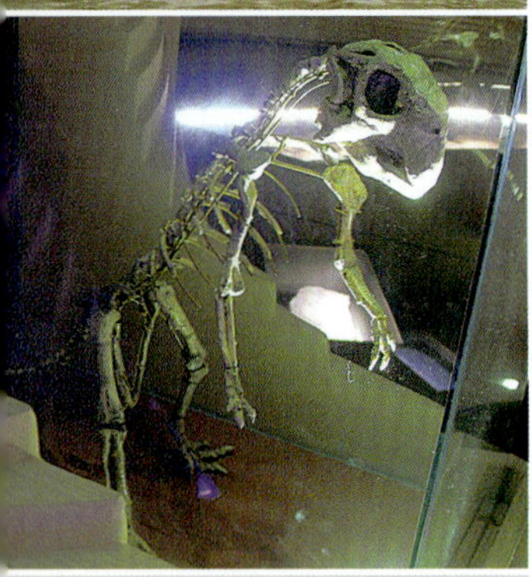

Oben: Der Fondaco dei Turchi ist als großartiges Naturkundemuseum wieder eröffnet.
Unten: Im Museo di Storia Naturale werden auch Saurierskelette gezeigt.

31 Fondaco dei Turchi

Es war einmal...

Zwar sieht das Gebäude schon von außen aus, als hätte man es aus dem Orient hierher verfrachtet, doch in Wahrheit wurde es bereits 1225 als Privatpalast eines flüchtigen Adeligen aus Pesaro errichtet, für Giacomo Palmieri, der offensichtig auch noch sehr wohlhabend war. Erst vier Jahrhunderte später überließ man den Palast den türkischen Händlern und nannte ihn nun auf Venezianisch Fontego dei Turchi.

Ab 1381, als Venedig den Palast dem Fürsten von Ferrara, Nicola II, überlassen hatte, nannte man ihn nur noch Casa del Duca di Ferrara. Dieser hielt hier richtig Hof und es wurde zur Tradition für die Serenissima – wegen der Pracht und Eleganz des Palasts – hier die Staatsgäste unterzubringen. Als der letzte Fürst von Ferrara 1597 verstorben war, gingen die Querelen los, wem eigentlich der edle Palast gehöre. Dann wurde er an Antonio Priuli verkauft, der seinerseits 1621 ein gutes Geschäft damit machte, ihn an die ottomanischen Händler zu verpachten, die den Bau als Lagerhaus benutzten. Erst dann wurde es zum Fondaco dei Turchi, venezianisch *Fontego* ...

Zu Beginn des 19. Jahrhunderts begann der Niedergang des ottomanischen Handels, Waren aus dem Osten waren nicht mehr so gefragt. Bereits 1838 blieb vom schönen Palazzo nur noch eine Ruine und als er 1858 tatsächlich auseinander zu brechen drohte, bekam Camillo Boito den Auftrag zur Restaurierung. Er war es, der dem Fondaco dei Turchi mit der venezianisch-byzantinischen Fassade diesen so orientalisch anmutenden Anstrich verlieh. Den danach wieder verwaisten Palast übernahm Giorgio Silvio Coen, der darin das Naturhistorische Museum einrichtete, indem er die zahlreichen Sammlungen, die über die Stadt verstreut ein tristes Dasein fristeten, zusammenlegte. Den Kern der 2012 großartig umgestalteten Sammlungen verdankt das Museum der 1972/73 erfolgten Ligabue-Expedition des Paläontologen Giancarlo Ligabue nach Ténéré, einer Sandwüste in der südlichen Sahara im Norden Nigers, auch »Wüste der Wüsten« genannt, die u.a. Krokodile und Dinosaurier-Fossilien nach Venedig brachte. Jetzt sind die Fossilien mit Hilfe von Filmen und Dokumentationen in einem Gesamtzusammenhang dargestellt. Außerdem sind viele kleinere Versteinerungen zum Anfassen ausgestellt.

Fontego del Mégio

Jenseits des Rio del Mégio erhebt sich am Canal Grande neben dem ehemaligen Lagerhaus der Türken das Fontego del Mégio, ein merkwürdig abweisend wirkender backsteinerner Bau mit dem typisch venezianischen Zinnenkranz, errichtet zwischen dem 14. und dem 15. Jahrhundert, mit einer Fassade zum Canal Grande und einer zum Mégio-Kanal. *Mégio* steht im Venezianischen für »Hirse« und Hirse war eigentlich etwas für die Armen (oder Fremden), die billiges dunkles Brot akzeptierten – die Venezianer bevorzugten nämlich Weizenbrot. Doch bei Hungersnöten war auch Hirse willkommen, deren Lagerung also für alle lebenswichtig war. Durch die imposanten Backsteinfassaden und in einigen Straßennamen bleibt die Bedeutung der Hirse erkennbar: Rio del Mégio, Fondamenta del Mégio und ein Sotoportego del Mégio, ein Durchgang zum nahen Campo San Giacomo dell'Orio, sowie die Ponte del Mégio. - Heute hat nach totaler Entkernung und dem Wiederaufbau der Innenräume eine Schule diesen bedeutenden Platz eingenommen.

Infos und Adressen

SEHENSWÜRDIGKEITEN

Fontego del Mégio. Calle del Mégio, Santa Croce 1780.

Museo di Storia Naturale. Juni–Okt. 10–18 Uhr, Nov.–Mai Di–Fr 9–17 Uhr, Sa/So 10–18 Uhr, Fondaco dei Turchi, Calle del Megio, Santa Croce 1730, Tel. 041/275 02 06, nat.mus.ve@fmcvenezia.it

ESSEN UND TRINKEN

Al Ponte del Mégio. Kleine Trattoria (seit 1920), mit stets saisonalen Zutaten zubereitete venezianische Leckereien an der kleinen Mégio-Brücke. Mo–Sa 12–15 und 18.40–22.30 Uhr, Calle Larga San Giacomo dell'Orio, Santa Croce 1666, Tel. 041/71 97 77.

La Zucca. Viel gelobte kleine Osteria, innen in modernem hellem Holzambiente mit überwiegend vegetarischer Küche. Mo–Sa 19–22.30 Uhr, Fondamenta del Megio, Santa Croce 1762, Tel. 041/524 15 70, www.lazucca.it

ÜBERNACHTEN

Ca' San Giorgio. Hübsche Pension in gotisch-venezianischen Räumen mit kleinem Innenhof mit Brunnen, eine Suite mit eigener Dachterrasse (*altana*). Salizada del Fontego dei Turchi, Santa Croce 1725, Tel. 041/275 91 77, www.casangiorgio.com

Casa Mimma. Nette Pension mit kleinem (Frühstücks-)Garten. Calle Orsetti, Santa Croce 1412/C, Tel. 041/524 34 61, www.casamimma.it

Domina Home Cà Zusto. Kräftige Farbe gemischt mit venezianischen Antiquitäten im venezianisch-gotischen Palast. Campo Rielo, Santa Croce 1358, Tel. 041/524 29 91, www.dominahomecazusto.com

32 Campo San Polo

Eine wahre Wohnstube

Zusammen mit dem Campo Santa Margherita bildet der Campo San Polo den größten Platz Venedigs, sozusagen im Wettstreit mit dem Campo Santo Stefano im Sestiere San Marco. Ein richtig wohnlicher Platz inmitten des Sestiere San Polo und, wie es sich gehört, mit der Kirche an seinem Rande, die dem Platz ihren Namen gab. Einer der schönsten Brunnen Venedigs sammelte hier früher das Regenwasser für die umliegenden Häuser.

Schon zu Beginn des 16. Jahrhunderts war der Platz gepflastert, sicher damit die Zisterne unter ihm das Regenwasser besser sammeln konnte. Bei Hochwasser wurden die Löcher, durch die sonst das Wasser in die Zisterne unter dem Platz geleitet wurde, geschlossen, damit es durch das eindringende Lagunenwasser nicht verunreinigt wurde. Heute ist der Brunnen, wie überall sonst in Venedig, nur Schmuck.

Von den mittelalterlichen Palästen sind einige rund um den Platz erhalten geblieben: gegenüber der Kirche der riesige Doppel-Palazzo Soranzo mit interessantem plastischem Schmuck an der Fassade. Diese schaute ursprünglich auf einen Kanal, der den Palazzo vom Platz trennte und im 19. Jahrhundert zugeschüttet wurde. Man erreichte den Palast also über Brückchen. Aus dem 17. Jahrhundert stammt der dagegen geradezu zierliche Palazzo Maffetti Tiepolo nebenan, von Domenico Rossi (1659–1715) entworfen. Die Hauptfassade des großen Palazzo Mocenigo Corner, in dem jetzt die Guardia di Finanza sitzt, schaut vom Platz weg auf einen dahinter fließenden Kanal. Aber die beiden

Oben: Am Campo San Polo fühlen sich die Venezianer noch wohl, auch wenn es dort teilweise eng wirkt.
Unten: Dazu gehört, dass hier ein echter Flohmarkt stattfindet.

Renaissance-Loggien zum Platz hin sind ausnehmend hübsch. Nebenan wurde 1840 das klassizistische Gebäude der Tipografia Tasso (»Druckerei«) errichtet, deren Fassade eine mit Statuen geschmückte Terrasse besitzt.

San Polo

Im 9. Jahrhundert errichtet, im 15. im gotischen Stil umgebaut – auch San Polo zählt zu den ältesten Kirchen Venedigs. An den Wänden, den Säulen, den Türöffnungen, an so ziemlich allem hat Davide Rossi 1804 etwas verändert und daraus eine neoklassizistische Kirche geschaffen. So war man in Venedig sicher froh, bei der jüngsten Renovierung einige der ursprünglichen Bau- und Dekorationselemente wieder herstellen zu können: die Chorapsis, die Holzdecke über dem Hauptschiff und vor allem die wunderschöne große Rosette der Fassade – durch die man aber leider nicht mehr in die Kirche treten kann! – An der Apsis findet sich außen eine Tafel, die bei Androhung hoher Strafen das Glücksspiel sowie jeden erdenklichen Handel im Schatten der Kirche verbietet.

Bei der Innenausstattung wurde auch an San Polo nicht gespart, vier der ganz Großen ihrer Zunft haben für diese Kirche wundervolle Bilder geschaffen: Giambattista Tiepolo hinterließ 1754 *Die Jungfrau erscheint Johannes Nepomuk* (zweiter Altar links), Tintoretto eine *Himmelfahrt* und ein *Letztes Abendmahl*, in der Sakramentskapelle Paolo Veronese eine *Vermählung der Jungfrau.* Und schließlich Palma il Giovane, der für den Chor der Kirche gleich fünf Bilder schuf. Links erhält der Heilige Petrus die Schlüssel und Petrus schickt San Marco aus, in Aquileia das Evangelium zu predigen; diesen gegenüber zwei Bilder um den Abt Antonius und in der Mitte die »Sacra Conversazione di San Paolo«.

Infos und Adressen

SEHENSWÜRDIGKEITEN

Chiesa di San Polo.
Mo–Sa 10–13.30 Uhr, Campo San Polo, San Polo 2986, Tel. 041/275 04 62.

Doppel-Palazzo Soranzo.
San Polo 2169-70.

Palazzo Maffetti Tiepolo.
San Polo 1957.

Palazzo Mocenigo Corner.
San Polo 2128/2130.

ESSEN UND TRINKEN

Antiche Carampane. Ein Schild weist darauf hin, was den Gast (meist Venezianer) hier erwartet: »No Pizza, No Lasagne, No Menù Turistico«, sondern alles marktfrisch, dafür aber ganz schön teuer. Di–Sa 12.30–14.30 und 19.30–22.30 Uhr, Campiello Albrizzi, San Polo 1911, Tel. 041/524 01 65, www.antichecarampane.com

Birraria La Corte. Wunderbares Bierlokal mit vielen Biersorten, vor allem aber auch mit denen von kleinen italienischen Spezialisten für sogenannte *birra artigianale*, die man in 0,75-Liter-Flaschen bekommt und die fast so teuer sind wie guter Wein.
Tgl. 20–24 Uhr, Campo San Polo, San Polo 2168, Tel. 041/275 05 70, www.birrarialacorte.com

ÜBERNACHTEN

Oltre il Giardino. Jedes der sechs Zimmer hat eine andere Farbe, der schattige (Frühstücks-)Garten trägt das Seine zur magischen Atmosphäre dieses herrschaftlichen Hauses bei. Fondamenta Contarini, San Polo 2542, Tel. 041/275 00 15, www.oltreilgiardino-venezia.com

Oben: Wer für kleine Details ein Auge hat, wird in Venedig überall fündig.
Unten: Auch bei Regen kann man es sich gemütlich machen…

33 Campo San Giacomo dell'Orio

Ein ganz besonders wohnlicher Platz

Eine sehr hübsche und ruhige Ecke im Sestiere San Polo ist dieser Campo, wie es sich gehört für einen venezianischen Platz mit einem Brunnen und einer Kirche, die ihm seinen Namen gab, eben San Giacomo dell'Orio. Ganz in der Nähe breitet sich nördlich, also fast am Canal Grande, der kleine Campo der Kirche San Zan Degolà aus, wie dic Venezianer San Giovanni Decollato nennen. Auch ein wunderschöner Garten ist hier zu bewundern.

Das Kirchlein, das dem angenehmen Platz seinen Namen gab und zu den ältesten Gotteshäusern der Stadt gehört, hat eine fast versteckte Hauptfassade und eine breite, aber ebenfalls nicht besonders attraktive Front zum Platz hin. Beide also recht bescheiden. Dagegen ragt der backsteinerne byzantinisch-venezianische Glockenturm aus dem 12. Jahrhundert auf quadratischem Grund geradezu mächtig in den venezianischen Himmel.

MAL EHRLICH

KITSCH ODER ECHTES KUNSTHANDWERK?

Überall in Venedig wird unglaublich viel Kitsch verkauft, billige Souvenirs made in China. Damit Kunsthandwerker, die echtes venezianisches Kunsthandwerk produzieren und wegen der aufwendigen Handarbeit mehr dafür verlangen müssen, nicht aufgeben müssen, sollte man lieber bei Ihnen kleine kostbare Stücke kaufen und keine Billigprodukte vom Schwarzmarkt.

Kleine Trattorien verhindern den schnellen Weg zum Campo San Giacomo dell Orio.

Eine wahre Überraschung ist der Innenraum, der ein lateinisches Kreuz mit drei Schiffen aufweist, die von jeweils fünf Säulen getragen werden. Darüber ein gotisches Gewölbe in der in Venedig beliebten Schiffskielform, die bei der jüngsten Restaurierung wunderbar ins rechte Licht gerückt wurde und auch das Querschiff mit einbezieht, so dass sich die beiden Schiffskiele raffiniert kreuzen.

Reiche Schätze

Die grünen Marmorsäulen mit ionischen Kapitellen haben die Venezianer nach dem vierten Kreuzzug aus dem Orient mitgegebracht. Im Hauptaltar findet man eine *Thronende Maria mit Kind und Heiligen* (1546) von Lorenzo Lotto. Im nördlichen Querschiff der Alten Sakristei malte Paolo Veronese 1573 das Altarbild mit den drei Heiligen Lorenzo, Girolamo und Prospero, in der neuen verewigte er sich 1577 zweimal: im Deckenfresko mit der *Allegorie des Glaubens* und an den Wänden mit *Die Kirchenlehrer*. Palma il Giovane hinterließ hier seine *Hochzeit zu Canaan*, in der rechten Chorapsis die *Via Crucis* (1598) und einen Bilderzyklus zum Thema Mysterium der Eucharistie (1575–1581) in der Alten Sakristei, Lorenzo Lotto neben dem oben erwähnten Bild eine *Sacra Conversazione* mit besonders intensiven unterschiedlichen Rottönen der Gewänder.

AUTORENTIPP!

EIN HERRLICHER GARTEN

Der wunderschöne Garten ist dank der privaten Initiative des Architekten Giuseppe Rallo erhalten, der hier im Ministerium für Landwirtschaft und Architektur Venetiens sein Büro hat, weil er das offizielle Amt berät. Gemeint ist der Garten des Palazzo Soranzo Cappello aus dem 17. Jahrhundert südlich der Scalzi-Brücke. Den Palastgarten hat Rallo vor ein paar Jahren in rund sechs Monaten für etwa 70 000 Euro von Grund auf renovieren lassen, dafür »den existierenden Baumbestand erhalten, Elemente der traditionellen venezianischen Gartengestaltung aufgenommen und versucht, die Atmosphäre, die in den Romanen von Gabriele D'Annunzio und Henry James beschrieben wird, wiederaufleben zu lassen«, so Giuseppe Rallo, »denn beide Schriftsteller haben in genau diesem Garten ein paar romantische Rendezvous stattfinden lassen.«

Giardino del Palazzo Soranzo Cappello. Di–So 11–13 und 15–18.30 Uhr, Rio Marin, Santa Croce 770.

Oben: Abendstimmung auf dem wohnlichen Campo San Giacomo dell´Orio
Mitte: Bei dieser netten Eisverkäuferin kann man einfach nicht vorbeigehen.
Unten: Durch die Bummelgasse locken schon die Bäume des weiten Campo.

San Zan Degolà

Das Kirchlein erhebt sich nördlich von San Giacomo dell'Orio fast schon am Canal Grande und ist Johannes dem Täufer geweiht, venezianisch Zan Degolà, der »enthauptete Heilige«. Und es stellt eines der wenigen Beispiele fast komplett erhaltener byzantinisch-venezianischer Architektur in Venedig dar. Ihre Anfänge gehen auf das 8. bis 10. Jahrhundert zurück, doch ihre Fassade bekam ihr jetziges Aussehen erst im 16. Jahrhundert, gefördert durch Stiftungen der Dogenfamilie Venier, die aus dieser Ecke der Stadt stammt. Die Schäden, die Zan Degolàs Fußboden und einige Säulen erlitten, haben napoleonische Soldaten zu verantworten, die hier ein Warenlager eingerichtet hatten.

Entdeckte Fresken

Die Kirche, die der russisch-orthodoxen Gemeinde zur Verfügung gestellt wurde, prahlt mit ein paar erst jüngst entdeckten Fresken, die man noch nicht vollständig ausgewertet hat. Für Venedig übrigens eher eine Seltenheit, denn das feuchte Klima hier ist nicht gerade förderlich für die Erhaltung der Wandmalereien.

Die Abschlusskapelle des rechten Seitenschiffs zeigt den Erzengel Michael mit dem besiegten Drachen zu seinen Füßen, die Farben von um 1300 noch wunderbar erhalten. In der linken Kapelle sind Fresken erhalten, die man bereits 1945 entdeckt und aus konservatorischen Gründen abgenommen hatte: eine »Verkündigung«, ein wichtiges Thema für die Lagunenstadt, deren Gründungstag auf den 25. März 421 zurückgehen soll, dem Tag der Verkündigung eben, der nach wie vor zu den wichtigsten religiösen Festtagen gehört. Ein anderes Fresko, wohl in der zweiten Hälfte des 13. Jahrhunderts entstanden, zeigt vier Heilige.

Infos und Adressen

SEHENSWÜRDIGKEITEN

San Giacomo dell'Orio. Mo–Sa 10–17 Uhr, Campo San Giacomo dell'Orio, San Polo 2986, Tel. 041/524 06 72.

San Zan Degolà. Nicht der Öffentlichkeit zugänglich, aber zu Messezeiten geöffnet: So/Feiertag 9.30 Uhr, vor einem Feiertag um 19 Uhr. Campo San Zan Degolà, Santa Croce 1689.

ESSEN UND TRINKEN

Il Refolo. Nicht aufregend, aber gute große Pizzen und freundlicher Service. Di 19–22.30 Uhr, Mi–So 12–14.30 und 19–22.30 Uhr, Campiello del Piovan/Campo San Giacomo dell'Orio, Santa Croce 1459, Tel. 041/524 00 16.

Taverna Capitan Uncino. Familiäre typisch venezianische Trattoria mit Tischen auf dem Campo, Top-Spezialität: Fisch aus dem Backofen. Do–Di 8.30–23 Uhr, Campo San Giacomo dell'Orio, Santa Croce 1501, Tel. 041/72 19 01.

ÜBERNACHTEN

San Giacomo Venezia. Liebevoll geführtes B&B. Calle Orsetti, Santa Croce 1447, Tel. 041/200 45 52, www.bbsangiacomovenezia.com

Gemütliches Zimmer im B&B San Giacomo Venezia

San Simeon Ai due Fanali. Nettes Hotel in historischem Palazzo (16. Jahrhundert) mit Fresken von Jacopo Palma il Giovane; auf drei Etagen mit Dachterrasse. Campo San Simeon Grande, Santa Croce 946, Tel. 041/71 84 90, www.aiduefanali.com

Nördlich des Platzes erhebt sich San Zan Degolà.

Oben: Feines Marmorwerk an der backsteinernen, monumentalen Kirche Santa Maria Gloriosa dei Frari.
Unten: Giovanni Bellinis Triptychon, das Maria mit vier Heiligen und Engeln zeigt, befindet sich noch im Originalrahmen von 1488.

34 Campo Santa Maria Gloriosa dei Frari

Ein ziemlich kunstlastiger Platz

Auf den ineinander übergehenden Plätzen Campo San Rocco und Campo dei Frari im Sestiere San Polo liegen gleich drei für Venedigs Geschichte bedeutende und dazu besonders typische Sehenswürdigkeiten: die Kirche Santa Maria Gloriosa dei Frari, die Scuola Grande di San Rocco sowie die Kirche San Rocco, also dem Heiligen Rochus geweiht, dem Heiligen, der die Stadt vor der Pest schützen sollte.

Angesichts der Schlichtheit des Außenbaus der riesengroß wirkenden Backsteinkirche Santa Maria Gloriosa dei Frari wird man fast demütig, wenn man sich ihre Bedeutung vergegenwärtigt. Erst recht, wenn man vor dem hohen Glockenturm steht, dessen Ausmaße nur erfassen kann, wer seinen Kopf ganz tief in den Nacken legt. Denn diese Franziskanerkirche aus der Mitte des 14. Jahrhunderts besitzt einen 70 Meter hohen Campanile. Die dreiteilige Fassade in venezianischer Spätgotik wirkt vor allem durch die zwei mit spitzen Fialen (Türmchen) gekrönten senkrechten Lisenen (Mauerstreifen), die aussehen, als wollten sie vom Boden abheben. Das Portal wird von zwei zarten Pfeilern flankiert, obenauf die Heilige Jungfrau mit Kind und der Heilige Franz von Assisi, über dem Portal der Heiland.

Überreiche Innenausstattung von Tizian und anderen

Innen stützen zwölf klotzige Rundpfeiler die drei Schiffe mit ihrem Kreuzrippengewölbe. Auf der rechten Seite befindet sich zwischen dem ersten und zweiten Pfeiler das marmorne Tizian-Mausoleum. Keinen besseren Platz hätten die Venezianer für den Künstler wählen können. Denn Tiziano Vecellio, gen. Tizian (1485–1576) hat in dieser Kirche wunderbare Werke hinterlassen. Gegenüber erhebt sich, in eine Pyramide integriert, das Grabmal Antonio Canovas (1757–1822), für Venedig mehr als nur einer der bedeutendsten Bildhauer und Meister der allerfeinsten Bearbeitung von Marmor.

Auf der linken Seite ist der Altar der »Madonna di Ca' Pesaro« mit dem gleichnamigen Gemälde (1519–1526) von Tizian zu bewundern. Doch Tizians Hauptwerk in dieser Kirche dürfte die großformatige *Himmelfahrt* von 1518 sein, das Hauptaltarbild. Canova soll es als das schönste Bild der Welt bezeichnet haben. Schon aus der Ferne leuchtet das Gemälde durch die Mitte des den Chor abtrennenden Lettners: Ergriffene Jünger starren nach oben, jubelnde Engel begleiten die von Licht umflutete Maria in den Himmel.

Unvergesslich: das Triptychon

Bei allem Respekt vor den Werken des hier bestatteten Tizian: In der Sakristei am rechten Ende des Querschiffs darf man sich das gefühlvolle, zarte Triptychon von Giovanni Bellini (1430–1516), die Jungfrau mit vier Heiligen und lockigen, musizierenden Engeln (1488 datiert und signiert) nicht entgehen lassen. Es wurde genau für diese Stelle an der Familiengruft der Pesaro in Auftrag gegeben und befindet sich noch immer im Originalrahmen.

Scuola Grande di San Rocco

Wirklich *grande* ist sie und steht am Campo San Rocco neben der gleichnamigen Kirche: die prächtige Scuola Grande di San Rocco aus dem

AUTORENTIPP!

ZU HAUSE BEI DEN DOGEN MARCELLO

Schon von außen betrachtet möchte man hier sein Quartier aufschlagen! Die Fassade zeigt sich in purer venezianischer Gotik, mit den typischen Stilelementen der Spitzbogenfenster. Und die Lage direkt am Kanal und vor einer kleinen Steinbrücke ist bezaubernd. Die Zimmer des hübschen und dabei nur mit drei Sternen klassifizierten Hotels gibt es in allen Größen, die Einrichtung ist venezianisch, aber nicht üppig. Das Besondere jedoch ist die Geschichte des Hauses. Der Palazzo gehört noch immer der Dogenfamilie Marcello, weshalb er zu recht in die Liste der *Locali Storici d'Italia* (der historischen Orte Italiens) aufgenommen wurde. Im Sommer besonders angenehm ist der kleine Innenhof mit Weinpergola, wo gefrühstückt werden kann.

Hotel Al Sole. Salizada San Pantaleon, Santa Croce 134/136, Tel. 041/244 03 28, www.alsolehotels.com

Antonio Canovas Grabmal in Santa Maria Gloriosa dei Frari

Oben: Gewaltig ist die gotische Basilika Santa Maria Gloriosa dei Frari auch innen.
Mitte: Hauptwerk und Anziehungspunkt: Tizians Himmelfahrt Mariä von 1518
Unten: Details von Tizians Grabmal, ein Werk Canovas, der ihn verehrte

16. Jahrhundert. Sie ist Venedigs reichste *scuola*, von Napoleon geschont und mit 500 Mitgliedern bis heute tätig und stolz auf ihre circa 60 Gemälde von Jacopo Tintoretto 1518–1594) zum Thema Triumph des Heiligen Rochus (1564–1588). In der Sala dell'Albergo fällt vor allem die *Kreuzigung* auf, ein dramatisches übernatürliches Bild mit raffinierter Lichttechnik. Magisches Licht prägt auch Tintorettos Gemälde in der Sala Terrena, also im Erdgeschoss: Szenen aus dem Neuen Testament, darunter eine turbulente *Verkündigung*, die *Flucht nach Ägypten*, und der *Kindermord zu Bethlehem*, der besonders zu Herzen geht, da Tintoretto während der Arbeit an dem Bild einen Sohn verloren hatte.

In einer *scuola* (»Schule, Bruderschaft«) schlossen sich an der Macht in der Serenissima nicht beteiligte, wohlhabende Bürger zusammen. Ihr Hauptanliegen war, karitativ tätig zu sein. Sie halfen armen Bürgern, unterstützten Landsleute bei der Suche nach Arbeit oder Angehörige desselben Berufs als Zunft. Außerdem förderten sie Künstler. Seit dem 15. Jahrhundert durften sich nur religiöse Bruderschaften *scuola grande* nennen, alle anderen blieben eben einfache *scuole*. Etwa 400 *scuole* gab es insgesamt in Venedig, 1806 wurden die meisten von Napoleon aufgelöst. Und heute sind es noch höchstens sechs Bruderschaften, die ihre *scuole* pflegen.

San Rocco

Gleich neben der Schule steht die Kirche von San Rocco (1489–1508). Über dem Hochaltar befindet sich die Urne mit den sterblichen Überresten des Pestheiligen. Die meisten Gemälde schildern sein Leben und sein Leiden, dem sich vor allem Tintoretto gewidmet hatte: Links vom Altar heilt Rochus die Tiere, auf einem zweiten Bild wird er im Gefängnis von einem Engel getröstet etc.

Infos und Adressen

SEHENSWÜRDIGKEITEN

San Rocco. Tgl. 9.30–17.30 Uhr, Weihnachten und Neujahr bis 12.30 Uhr, Campo San Rocco, San Polo, Tel. 041/523 48 64, www.scuolagrandesanrocco.it

Santa Maria Gloriosa dei Frari. Mo–Sa 9–18 Uhr, So 13–18 Uhr, Campo dei Frari, San Polo 2119/A, Tel. 041/520 47 50, www.basilicadeifrari.it

Scuola Grande San Rocco. Tgl. 9.30–17.30 Uhr, Campo San Rocco, San Polo 3052, Tel. 041/523 48 64, www.scuolagrandesanrocco.it

ESSEN UND TRINKEN

Osteria Ae Cravate. Gemütliche winzige Osteria mit kleiner Karte, allerdings etwas überteuert; der Name ist Programm für die Dekoration mit Krawatten. Tgl. 12.30–14.30 und 18.30–22 Uhr, Salizada San Pantaleon, Santa Croce 36/37, Tel. 041/528 79 12.

GROM. Tolle Eisdiele. Tgl. 10–20 Uhr, Campo dei Frari, San Polo 3006, Tel. 041/522 71 94.

UKostbare Scuola Grande di San Rocco

Schlafzimmer im Appartement Ca' Frari

ÜBERNACHTEN

Antiche Figure. Einladendes Hotel in einem gotischen Palazzo aus dem 15. Jahrhundert, am Canal Grande gegenüber dem Bahnhof. Fondamenta San Simeon Piccolo, Santa Croce 687, Tel. 041/275 94 86, www.hotelantichefigure.it

Canal Grande. Freundliches Hotel am Canal Grande, venezianische Stilmöbel, z.T. etwas kleine Zimmer, dennoch viel gelobt. Campo San Simeon Grande, Santa Croce 932, Tel. 041/244 01 48, www.hotelcanalgrande.it

Ca' Frari. Wunderschönes Apartment (ca. 60 Quadratmeter) für vier bis sechs Personen ganz nahe der Kirche Santa Maria Gloriosa dei Frari. Corte delle Scale, San Polo 2960, Tel. 338/153 74 29, www.venice-centre-accommodation.com

EINKAUFEN

Panificio Barozzi. Tolle Bäckerei, seit 1925. Tgl. 8–20 Uhr, Salizada San Bartolomeo, San Croce 86/A, Tel. 041/71 02 33.

Oben: Goldoni auf der Flucht? Fast wirkt seine Bronzestatue so.
Unten: Ein schönes gotisch-venezianisches Haus für die Casa Goldoni

35 Casa Goldoni

Unverkennbar ein Venezianer

Das Geburtshaus des Dramatikers Carlo Goldoni (1707–1793), auch Ca' Centani oder Centanni genannt, ist ein gotischer Palast aus dem 15. Jahrhundert, nicht besonders aufwendig, aber ein gutes Beispiel für die Wohnarchitektur im 14. und 15. Jahrhundert. Sehr hübsch ist an der Fassade zum schmalen Kanal Rio San Tomà hin ein Quadrifolium, also ein vierteiliges gotisches Fenster mit zarten Säulen.

Der Familie Goldoni gehörte das Haus mehr als einhundert Jahre, bis 1719. Nach verschiedenen weiteren Besitzern kauften 1914 drei theaterliebende Venezianer (Aldo Ravà, Piero Foscari und Antonio Pellegrini) das Anwesen, um daraus ein Studienzentrum für das italienische Theaterwesen zu machen. Der Erste Weltkrieg blockierte das Projekt, weshalb die Ca' Centanni 1931 der Gemeinde von Venedig vermacht wurde, um sie zu restaurieren und dem ursprünglich zugedachten Zweck zuzuführen. Die Casa Goldoni konnte 1953 der Öffentlichkeit zugänglich gemacht werden. Für Goldoni-Fans: Der Raum, der dem Diener zweier Herren (auf Italienisch: *Il servitore di due padroni*) gewidmet ist, befindet sich im *piano nobile* und ist die Sala 3.

Leben des Carlo Goldoni

»Bin in Venedig geboren im Jahre 1707 in einem schönen großen Haus, zwischen dem Ponte dei Nomboli und dem Ponte della Donna Onesta gelegen, in der Ca' Centanni in der Pfarrei San Tomà.« Ohne Angabe der Pfarrei, gleich nach der Nennung des Sestiere, geht bekanntlich kaum etwas in Venedig. Auch damals nicht, als Carlo Goldoni, bereits seit 25 Jahren in Paris, 1771 seine Memoiren aufschrieb.

Sehr bald entwickelte sich seine Vorliebe für das Theater, mit dem er schon mit acht Jahren Kontakt hatte. Aber gelernt hat er etwas ganz anderes: Nachdem er mit seiner Familie mehrmals innerhalb Italiens umgezogen war, promovierte er 1731 in Padua in Jurisprudenz. Erst als Anwalt tätig wurde er in Genua Konsul Venedigs. Das soll er nur so nebenbei betrieben haben, denn seine Passion galt noch immer dem Theater. Er verschlang Theaterstücke italienischer wie ausländischer Autoren, verfasste aber auch selber Libretti für Musikstücke, Dramen, Tragikomödien, Satiren u.v.m. Er war in der Theaterwelt zu Hause, kannte da sozusagen Gott und die Welt. Er schrieb wie besessen neue, für seine Zeit unglaublich moderne Stücke, allein 1750, in einem einzigen Jahr, 16 Komödien. Allerdings hat er das mit einer ordentlichen Depression bezahlt. Seine im Ausland vielleicht berühmteste Komödie – *Diener zweier Herren* – hat er 1761 geschrieben und mit der sehr venezianischen Figur des sich durchlavierenden Dieners einen durchschlagenden Erfolg erzielt.

In Paris wirkte er seit 1762 am Théâtre des Italiens und an der Comédie Française, sein Hauptaugenmerk galt aber sicher der italienischen Commedia dell'Arte, die er allerdings grundlegend reformierte. Er hat die italienische Stegreifkomödie zur – damals zeitgemäßen – Rokoko-Komödie nach dem Vorbild Jean-Baptiste Molières (1622–1673) entwickelt, Alltagstypen ebenso auf die Bühne gebracht wie Lokalkolorits. Insgesamt verfasste Goldoni fünf Tragödien, 16 Tragikomödien, 137 Komödien und viele andere Teilstücke, Intermezzi etc. Dennoch: Völlig verarmt starb er am 6. Februar 1793 in Paris.

Infos und Adressen

SEHENSWÜRDIGKEITEN

Casa Goldoni. April–Okt. Do–Di 10–17 Uhr, Nov.–März bis 16 Uhr, Calle dei Nomboli, San Polo 2794, Tel. 041/275 93 25, www.carlogoldoni.visitmuve.it

ESSEN UND TRINKEN

Osteria Vivaldi. Dunkel getäfelte Trattoria, an der Wand verweist eine Geige auf den Namengeber. Das Essen, ob auf Fisch- oder Fleischbasis, wird stets frisch zubereitet. Mo–Sa 12–15, 18–22 Uhr. Calle Luganegher, San Polo 1475, Tel. 041/523 81 85, www.osteria-vivaldi.com

ÜBERNACHTEN

Arco Antico. Elegante und doch für venezianische Verhältnisse preiswerte Pension, die Zimmer sind nach bedeutenden Persönlichkeiten der Stadt benannt. Corte Petriana, San Polo 1451, Tel. 041/241 12 27, www.arcoanticovenice.com

EINKAUFEN

Franco Furlanetto. Zubehör für Ruderboote, auch zum Stöbern schön. Calle dei Nomboli, San Polo 2768/B, Tel. 041/520 95 44.

Rizzardini. Kleine Bäckerei/Konditorei, in der Karnevalszeit fantasievolle *frittelle veneziane*, Krapfen mit diversen Füllungen. Campiello dei Meloni, San Polo 1415, Tel. 041/522 38 35.

CANALE DELLA GIUDECCA

San Polo
Dorsoduro
Canàl Grande
Canale della Giudecca
La Giudecca
Ísola della Giudecca
Rio terrà dei Pensieri
Fondamenta Rizzi
Fond. delle Procuratie
C. delle Procuratie
Fond. dei Cerèri
Calle dei Guardiani
Palazzo Ariani
Fondamenta
Borghi
Palazzo Zenóbio
S. Ángelo Raffaele
San Sebastiano
San Sebastiano
Da Toni
Salizzada San Baségio
Osteria Da Basegio
San Basílio
Fondamenta Záttere Ponte Lungo
Scuola Grande dei Cármini
Santa Maria dei Cármini
Al Vecio Marangon
Casa Rezzónieo
Pausania
C. lunga San Bárnaba
Ca' Centopietre
C. Dogolin
Rio Ogni Santi
Fond. Ognissanti
Antica Locanda Montin
Osteria Ai Cármini
Venice Jazz Club
Osteria Ai Pugni
San Bárnaba
Osteria Enoteca San Bárnaba
Ai Do Farai
Ca' Fóscari
Ca' Rezzónico - Museo del Settecento Veneziano
Fond. Rezzónico
Galleria Ca' Rezzónico
Palazzo Stern
C. del Traghetto
Pantalon
Tivoli
San Pantalòn
Ex Chiesa d. S. Margherita
Calle Nuova
San Tomà
Pensione Accademia Villa Maravege
Snack Bar Toletta
Ai Artisti
Palazzo Bembo
Taverna San Trovaso
Gallerie dell' Accadémia
Collezione Peggy Guggenheim
San Trovaso
Cantinone già Schiavi
Al Squero
Squero San Trovaso
Gelati Nico
Santa Maria del Rosario Gesuati
Laguna
La Piscina
La Calcina
Osteria Vecio Corner
Cantinone Storico
Ca' San Vio
Museumcafé
Rio terrà António Foscarini
Fond. Záttere ai Gesuati
Fondamenta Záttere allo Spírito Santo
Záttere Ponte Lungo
Záttere/ Traghetto
Skyline Bar
Hilton Molino Stucky
Fortuny
795
Fondamenta San Biágio
Calle dei Lavraneri
Santa Eufémia
Fond. Santa Eufémia
Ae Botti
Fondamenta delle Convertite
Ex Monastero della Maddalena
Ex Chiesa dei S. Cosmo e Damiano
Ai Cacciatori
Rio della Palada
Teatro Junghans
Rio del Ponte Lungo
Fondamenta San Giácomo
S. Giácomo
Al Redentor
Rio di San Vio
Rio di San Trovaso
Rio Malpaga
Rio di Ca' Foscari
Rio della Frescada
Rio del Morto

Karte
San Marco
Basílica di San Marco
Palazzo Ducale
Teatro La Fenice
Giardini ex Reali
Riva degli Schiavoni
S. Zaccaria
S. Salvadòr
Campo S. Lorenzo
San Marco Giardinetti
San Marco Calle Vallaresso
San Zacc. Jolanda
San Zacc. Daniell
San Zacc. Mon. Vitt. Emanuele
Ponte del Vin
Canale di San Marco
Grande
Centurion Palace
La Salute
Il Pavone
Fondazione François Pinault Punta della Dogano
Punta della Dogana
Fond. Dogana alla Salute
Maria e Adele
Fondazione Emilio e Annabianca Vedova
Zattere al Saloni
San Giórgio
Rosa Salva - Bar San Giorgio
Bacino
Porto Venezia San Giorgio
San Giorgio Maggiore
Isola San Giorgio Maggiore
Bacino di S. Giórgio
Fondazione Cini
Teatro Verde
Canale della Grázia
Cipriani
Palladio Hotel & Spa
Fond. San Giovanni
Zitelle
Fond. delle Zitelle
Chiesa delle Zitelle
Casa dei Tre Oci
Fondamenta della Croce
Ex Chiesa della Croce
Sehenswürdigkeit, Denkmal
Aktivität, Ausgang, Theater
Museum, Galerie
Shopping
Restaurant, Bar, Café
Übernachtungsmöglichkeit
Kirche, Synagoge
0
100 m
N

S. 192/193: San Giorgio Maggiore, ein Juwel auf eigener Insel dem Markusplatz gegenüber.
Oben: Auf dem Campo Santa Margherita ist tagsüber wie spät abends meist recht viel los …
Unten: … und ringsum gibt es kleine Lokale mit typischen Gerichten.

36 Campo Santa Margherita

Jugendtreff und Kulturzentrum

Im Stadtsechstel Dorsoduro, in etwa zwischen Canal Grande und dem Canale della Giudecca, hat Venedig ein anderes Gesicht, ein volkstümlicheres, das ein wenig an Cannarégio erinnert, aber doch mit mehr historischen Highlights. Es beginnt im Norden mit dem von meist einfacheren Häusern umstandenen Campo Santa Margherita. Es ist bei jungen Menschen beliebt, da es ganz in der Nähe der Università Ca' Foscari liegt, dem Hauptsitz der Universität.

Dorsoduro heißt auf Italienisch »harter Rücken« und weist daraufhin, dass der Boden in diesem Stadtsechstel von Anfang an stabiler war als anderswo in der Lagunenstadt, wo er durch Pfähle, Aufschüttungen und Zusammenlegungen von winzigen Inseln erst bebaubar gemacht werden musste.

Der Platz

Der vielleicht sympathischste Platz im Dorsoduro ist der Campo Santa Margherita, lebhaft, jung, unprätentiös. Er ist von schlichteren Häusern umgeben. Einsam steht im Süden des Platzes das kleine Gebäude der um 1725 hierher gezogenen Scuola dei Varoteri, der Bruderschaft der Gerber. Mehrfach umgewidmet, auch als Kohlelager, Kino und faschistische Schule, heute von der Stadtpolizei »besetzt«. An einer Ecke zum Campo hin hängt eine Marmortafel mit den Mindestgrößen der Fische, die man zum Verkauf anbieten durfte. Sie weist den Ort als wichtigen Marktplatz aus.

Die Kirche

Gegenüber, am nördlichen Platzende also, erhebt sich die frühere Kirche Santa Margherita, heute das Auditorium Santa Margherita, einer der zahlreichen Sitze der Università Ca' Foscari unweit des Canal Grande, aber auch Kongresszentrum und Veranstaltungsort kultureller Ereignisse. Die Lokale ringsum werden – wie die wenigen Bänke – von jungen Leuten frequentiert, kein Wunder bei der Nähe zur Universität und bei dem Angebot an Bars, Cafés und einfacheren Restaurants. Diesen *campo* wird sich kein junger oder jung gebliebener Venedig-Besucher entgehen lassen, schon gar nicht am Abend. Wer nächtliche Ruhe sucht, sollte sie woanders suchen...

Scuola Grande dei Cármini

Folgt man vom Campo Santa Margherita seiner südwestlichen Fortsetzung hinter der Scuola dei Varoteri, kommt man unweigerlich zum erheblich kleineren Campo dei Cármini. Hier befindet sich rechter Hand die Scuola Grande dei Cármini von 1668, wie üblich zweigeschossig. Im Erdgeschoss beeindrucken die monochromen Bilder von Niccolò Bambini (1651–1736). Eine überreich mit Stuckarbeiten dekorierte Treppe führt hinauf in den Kapitelsaal der Bruderschaft mit den Bildern von keinem Geringeren als Giambattista Tiepolo, die er Anfang der 1740er-Jahre schuf: Zu bewundern ist der Bilderzyklus zum Leben des Karmeliter-Seligen Simon Stock. Man sieht, die Bruderschaft konnte sich den größten Rokokomaler Venedigs leisten! Er malte die Bilder sozusagen in die stuckierten Decken hinein, in denen vergoldete Medaillons den Rahmen für die Gemälde bilden. Um sie besser betrachten zu können, sollte man die angebotenen Spiegel annehmen. Um so etwa das Bild der Demut zu genießen, personifiziert mit einem Lämmchen im Arm. Die Bruder-

Venezianisches Papier kommt immer gut an.

AUTORENTIPP!

MUSICA IN MASCHERA

Unter diesem Titel laden die Organisatoren der Scuola Grande dei Cármini zu ihren unter Venezianern begehrten abendlichen Veranstaltungen. Sie finden außer im allzu heißen Monat August das ganze Jahr über statt und zwar in den großartigen Räumen der Bruderschaft. Dafür wird der Kapitelsaal im ersten Obergeschoss zu einem Theaterraum umgewandelt und eingeladen wird zu *Musica in Maschera*, also »Musik in Masken«, venezianischen natürlich. Sänger und Tänzer aus den besten Opernhäusern Italiens nehmen sich dafür Zeit, gesungen, gespielt und aufgeführt werden z.B. Arien von Verdi und Donizetti, Puccini und Rossini, aber auch von Mozart und Tschaikowski. Alles in der wunderbar intimen Atmosphäre der Scuola.

Musica in Maschera. Scuola Grande dei Cármini, Campo dei Cármini, Dorsoduro 3053/A, Tel. 041 528 76 67, www.musicainmaschera.it

schaft mit heute noch rund 400 Mitgliedern funktioniert übrigens immer noch, auch wenn die meisten schon ziemlich betagt sind.

Santa Maria del Carmelo

Die Klosterkirche der Karmeliter nebenan, Santa Maria del Carmelo geweiht, besitzt eine ausgeglichene Renaissance-Fassade aus dem 16. Jahrhundert, die die Dreischiffigkeit bereits andeutet. Innen sind noch die gotischen Strukturen von 1286 bis 1348 klar zu erkennen, überraschend ist das sehr hohe Mittelschiff. Die hohen Wandflächen auf dessen Seiten wurden mit Bildern von Heiligen des Karmeliterordens gefüllt. Auch sonst ist die Kirche reich ausgestattet, doch wirklich interessant sind zwei Bilder: im zweiten Altar des rechten Seitenschiffs Cima da Coneglianos *Anbetung des Christuskindes* mit sehr schöner, bis ins Detail liebevoll dargestellter Landschaft (1504 oder 1509) und gegenüber eines von Lorenzo Lotto von 1529, das die Heiligen Johannes den Täufer, Georg, Lucia und Nikolaus zeigt. Im aufgelassenen Kloster der Karmeliter hat sich eine Hochschule für Kunst eingerichtet, in die man manchmal einfach hineinspazieren kann, zumindest in den Kreuzgang.

Palazzo Zenobio

Am Rio dei Cármini entlang den Fondamenta del Soccorso nach links stößt man nach wenigen Metern auf die Fassade des mächtigen Palazzo Zenobio. Antonio Gaspari hat ihn gegen Ende des 17. Jahrhunderts errichtet und konnte sich wohl nicht entscheiden, ob er noch dem Renaissance-Stil folgen oder schon barock arbeiten sollte. Oder war es eine Vorahnung auf den Klassizismus? Es scheint, er hat den Barock einfach übersprungen, der in Venedig ohnehin nicht sehr beliebt war. Al-

AUTORENTIPP!

AUF DEM PONTE DEI PUGNI
Eines der vielen schönen Fotomotive ist die Ponte dei Pugni. Und welche Geschichte hat sie? Zu den Belustigungen in der Lagunenstadt zählten diverse Spiele, die nicht unbedingt spaßig waren, wie etwa der öffentliche Boxkampf, »Kampf der Fäuste« genannt. Jeder boxte gegen jeden, mit Vorliebe auf dieser Brücke, die daher den Namen Ponte dei Pugni trägt. Auf historischen Bildern sieht die Brücke über den Bárnaba-Kanal, an dem Obst- und Gemüseboote von den Inseln in der Nordlagune täglich frische Ware anbieten, fast so aus wie heute, hatte aber, wie früher üblich, noch kein Geländer und war also ein richtig gefährlicher Schauplatz. Mit solchen Bildern wurden viele venezianische Bräuche und Vorlieben für die Nachwelt festgehalten. Auf den Bildern im Museo Correr (s. S. 51) und im Palazzo Querini-Stampalia (s. S. 120) sieht man Veneziáner, die ins Wasser geboxt werden und Menschen, die sie schreiend anfeuern... Auch mit Geländer ist der Ponte dei Pugni eine Bilderbuch-Brücke, zusammen mit dem stets fest gemachten Gemüseboot noch mehr!

Hinein ins Herz des Dorsoduro

Zwischen dem Terminal von San Basilio, wo nur noch mittelgroße Kreuzfahrtschiffe, Schnellboote und Jachten anlegen dürfen und der Ca' Rezzónico (s.S. 208) am Canal Grande breitet sich das Herz des recht volkstümlich gebliebenen Stadtsechstels Dorsoduro aus.

Ⓐ Terminal San Basilio – Südlich von San Sebastiano befindet sich die frühere Stazione Marittima, seit 2010 Terminal San Basilio, einer der vier Passagierhäfen an der Westseite Venedigs. Zusammen bilden sie den größten Kreuzfahrerhafen des Mittelmeers, mit rund 1,6 bis zwei Millionen Passagieren im Jahr. Fast unvorstellbar ist also die Masse der Passagiere, die sich praktisch täglich von hier über die Lagunenstadt ergießt.

Ⓑ Calle Lunga San Bárnaba – Die fast schnurgerade Straße strebt von San Sebastiano auf den Canal Grande zu und trifft unterwegs auf den Campo San Bárnaba mit der gleichnamigen Kirche.

Ⓒ Chiesa San Bárnaba – Dass die Kirche bereits 906 gegründet wurde, muss man glauben, sehen kann man das nicht mehr, weil sie mehrmals Brandopfer und erst 1350 wieder eingeweiht wurde. Die weißmarmorne Fassade mit dem Dreieckgiebel und dem Campo davor diente im Film *Indiana Jones und der letzte Kreuzzug* 1989 als Drehort für die Szene, in der Indiana Jones aus den (in Venedig natürlich nicht vorhandenen) unterirdischen Gewölben auf den Campo hinaus ins Freie stolpert. Kein Wunder, dass man diese Kulisse gewählt hat, zählt doch dieser Campo zu einem der hübschesten in der Lagunenstadt, die so viele davon hat.

Ⓓ Ponte dei Pugni – Das Brückchen führt hinter der Kirche über den Rio San Bárnaba. Seinen Namen »Brücke der Fäuste« hat es von den früher üblichen Boxkämpfen, die darauf zur Belustigung der Bevölkerung stattfanden.

Ⓔ Palazzo Rezzónico – Von Baldassare Longhena ab 1649 im Auftrag der Familie Bon errichteter Palazzo am Canal Grande, ein Musterbeispiel des venezianischen Barock. Heute beherbergt es das Museo del 700 Veneziano des 18. Jahrhunderts.

Oben: Deckengemälde von Paolo Veronese in der Sakristei der Kirche, die er total ausgemalt hatte. **Unten:** Schöne Spiegelung im Kanal im Dorsodoro

les an dieser Fassade ist jedenfalls von klaren Linien gekennzeichnet, bis auf die Rundbögen des *piano nobile* ist alles ganz einfach gerade. Seit 1850 ist der Palast Sitz armenischer *Padres* in Venedig und manchmal benutzt ihn die Biennale als Ausstellungsort, weshalb man auf Anfrage wenigstens den wundervollen Garten besichtigen kann.

Palazzo Ariani Minotto Cicogna

Dreht man sich um, erblickt man jenseits des Rio den Palazzo Ariani Minotto Cicogna – welch ein Gegensatz zum Palazzo Zenobio! Wie feinstes Spitzenwerk wirkt das Maßwerk der Fenster am *piano nobile* dieses im 14. Jahrhundert errichteten Palasts. Er ist nur von außen zu bewundern, es sei denn, man geht hier zur Schule...

San Sebastiano

Die Fondamenta San Sebastiano machen hinter dem Collegio Palazzo Zenobio einen Linksknick und zielen auf den Campo San Sebastiano mit der gleichnamigen Klosterkirche, die über ein Brückchen erreichbar ist. Man sollte sie keinesfalls links liegen lassen, denn hier befindet sich ein großartiger Gemäldezyklus von Paolo Veronese (1528–1588).

Campo Santa Margherita

Eremitaner-Mönche des Heiligen Hieronymus haben an dieser Stelle 1396 ein kleines Kloster mit Armenhaus sowie einem Oratorium gegründet, letzteres wurde 1450 durch eine richtige Kirche ersetzt. Das Kloster hat Napoleons Auflösung von 1820 nicht gut überstanden, es wurde sogar teilweise abgerissen. Was übrig geblieben ist, hat die Universität beansprucht, deren Fakultäten speziell im Dorsoduro überall zu finden sind.

Doch auch die Kirche blieb nicht von Veränderungen verschont. 1505 bis 1546 bekam der Ziegelbau nach den Plänen von Antonio Abondi zum Kanal hin eine zweigeschossige Fassade aus istrischem Marmor mit einem Dreieckgiebel vorgesetzt. Innen überrascht ein weiter Saal mit Emporen an drei Seiten, für Venedig eher ungewöhnlich. Genauso die Art, wie das Querschiff vor dem Chor quasi an den Saal rechts und links angehängt wurde. Nur die mittlere der drei Chorkapellen hat eine runde Apsis und ist über einem Tambour überkuppelt.

Die Attraktion der Kirche ist der Bilderzyklus von Paolo Veronese, der als eines seiner Meisterwerke bezeichnet werden kann. 15 Jahre lang hat er immerhin daran gearbeitet (1555–1570). Schon die Decke des Langhauses zeigt seine auf Leinwand gemalten Bilder mit den alttestamentarischen Themen »Triumph des Mordechai«, »Verstoßung der Vasthi« und »Krönung der Esther«, eingebettet in die reiche vergoldete Schnitzerei. Im Hochaltar zeigt ein Spätwerk Veroneses von 1559 bis 1562 eine Thronende Madonna mit den Heiligen Petrus, Katharina von Alexandria und Franziskus. Verloren gegangen ist das Kuppelfresko, eine Marienkrönung. Dafür blieb die Marienkrönung an der Decke der Sakristei erhalten, die auf den 22. November 1555 datiert ist. Veroneses Grabmal befindet sich links im Chor.

AUTORENTIPP!

EIN IN-TREFF AM HÜBSCHEN PLATZ

Der Campo San Bárnaba mit der gleichnamigen Kirche, Schauplatz des Films Indiana Jones und der letzte Kreuzzug mit Harrison Ford (s. S. 199) gehört zu den stilleren, angenehmen Plätzen der Stadt. So wundert es einen nicht, dass man hier ein vor allem bei den Einheimischen beliebtes Café findet, das außer den berühmten belegten Broten natürlich wie so viele in Venedig auch Kleinigkeiten wie *primi*, also Pasta-Gerichte anbietet. Man kehrt hier ein frühmorgens zum ersten *caffè*, zum leichten Mittagessen (auch im Freien), zur Aperitif-Zeit (gute Spritz!) und auch gerne *dopocena*, wie die Italiener sagen, nach dem Abendessen.

Caffè Bar Ai Artisti. Mo–Fr, So 9–24 Uhr, Sa ab 8 Uhr, Campo San Bárnaba, Dorsoduro 2771, Tel. 393 968 01 35.

Infos und Adressen

SEHENSWÜRDIGKEITEN

Palazzo Zenóbio. Den wundervollen Garten kann man bei Veranstaltungen oder bei einigem Glück auch nach Anmeldung besichtigen.
Fondamenta del Soccorso, Dorsoduro 2597, Tel. 041/522 87 70.

San Bárnaba. In der von Napoleon aufgelassenen Kirche werden Kunstausstellungen organisiert. Mo–Sa 9.30–12.30 Uhr, Campo San Bárnaba, Dorsoduro 2771.

San Sebastiano. Mo–Sa 10–17 Uhr, So/Feiertag 13–17 Uhr, Campo San Sebastiano, Dorsoduro 2542.

Santa Maria dei Cármini oder del Carmelo. Tgl. 7.30–12 und 14.30–19 Uhr,
Campo dei Cármini, Dorsoduro 2613.

Scuola Grande dei Cármini. Tgl. 11–16 Uhr,
Campo dei Cármini, Dorsoduro 2616/17,
Campo dei Cármini, Dorsoduro 3053/A,
Tel. 041 528 76 67.

Osteria Da Basegio oder einfach 1518

Studenten oder Touristen?

ESSEN UND TRINKEN

Borghi. Historische Eck-Trattoria der Familie Borghi seit 1973, Spezialität sind schwarze Spaghetti, natürlich mit Tintenfischtinte gefärbt. Freundliche Atmosphäre. Mo–Sa 10–22 Uhr, San Basilio, Calle del Vento, Dorsoduro 1516, Tel. 041/521 00 28.

Da Toni. Studenten und Venezianer gleichermaßen lieben diese typische Osteria und ihre mit Fleisch oder Fisch belegten *cicheti*. Di–So 11–15 und 19–23 Uhr, Fondamenta San Sebastiano, Dorsoduro 1642, Tel. 041/523 82 72.

Osteria Ai Cármini. Nettes Lokal mit Plätzen im Freien für unkompliziertes Speisen, mit einigen Fischspezialitäten. Tgl. 11–22 Uhr,
Campo Santa Margherita, Dorsoduro 2804/A,
Tel. 041/241 36 12.

Osteria Ai Pugni. Nette enge Aperitif- und *cicheti*-Bar mit kleiner aber guter Weinauswahl. Manchmal Livemusik. Mo–Sa 6.30–23/24 Uhr, Ponte dei Pugni, Dorsoduro 2836, Tel. 346/960 77 85.

Osteria Da Basegio. Gemütliche familiäre Osteria mit frisch zubereiteten lokalen Gerichten, speziell roher und gekochter Fisch. Mi–Mo ab 10.30 Uhr, solange Gäste da sind… Calle del Vento, Dorsoduro 1518/A, Tel. 041/520 57 99, www.osteria1518.com

Osteria Enoteca San Bárnaba. Gepflegtes Weinlokal unter Holzbalkendecken, mit Kupfergeschirr dekoriert; spezialisiert auf Fisch und Meeresfrüchte.

Manchmal hektischer Service. Tgl. 12–15.30 und 18–22.30 Uhr, Calle Lunga San Bárnaba, Dorsoduro 2736, Tel. 358/959 83 52, www.osteriasanbarnaba.it

ÜBERNACHTEN

Pausania. Elegante Einrichtung im schmalen gotisch-venezianischen Palast aus dem 14. Jahrhundert mit großem Garten. Fondamenta Gherardini, Dorsoduro 2824, Tel. 041/522 20 83, www.hotelpausania.it

San Sebastiano. Wunderschönes Hotel in historischen Mauern gegenüber der gleichnamigen Kirche, mit einem der versteckten Gärten Venedigs, die leider nur den Hausgästen zugänglich sind. Fondamenta San Sebastiano, Dorsoduro 2542, Tel. 041/523 12 33, www.hotelsansebastiano.com

AUSGEHEN

Venice Jazz Club. Für alle Jazz-Fans ein guter Treff in Venedig. Mo/Mi/Fr/Sa 20–21 Uhr Aperitif, 21–23 Uhr Konzerte, Dez./Jan./Aug. nur zu besonderen Veranstaltungen geöffnet. Ponte dei Pugni, Dorsoduro 3102, Tel. 041/523 20 56, www.venicejazzclub.com

Treff der Jazz-Fans am Ponte dei Pugni

Luxus pur im Hotel San Sebastiano in historischen Mauern

Die Ca` Foscari zählt zu den schönsten Palästen Venedigs, sie beherbergt den Hauptsitz der Universität, die über die ganze Stadt verteilt ist.

37 Ca' Fóscari

Nicht schlecht: Universität am Canal Grande

Einer der schönsten Paläste am Canal Grande ist der Hauptsitz der Universität Venedigs, die Ca' Fóscari. Ein geschichtsträchtiger und interessanter Bau wie die meisten, die die Nordseite des Dorsoduro bilden. Zum Canale della Giudecca hin ist das Stadtsechstel von jungen Menschen geprägt, vorwiegend Studenten. Immerhin zählt man in den vier Fakultäten der Università di Ca' Fóscari bis zu 20 000 Studierende.

Der Hauptsitz der Universität hat keinen schlechten Standort! Denn der gotische Palast gehört zu den schönsten an der Hauptschlagader der Serenissima, mit zwei fast gleichen *piani nobili* jeweils mit einem durchgehenden Balkon vor dem achtteiligen Fenster, darunter ein Sockel mit dem Wasserportal sowie je drei gotischen Spitzbogenfenstern. Über dem zweiten *piano nobile* befindet sich ein wunderbarer Fries mit dem Wappen der Fóscari, dessen geflügelter Löwe nach dem Einmarsch von Napoleons Truppen zerstört wurde.

Stadtgeschichte

Anstelle der Ca' Fóscari stand ursprünglich eine Casa delle due Torri, also das »Haus der zwei Türme«, das die Republik Venedig 1492 kaufte, um daraus eine Residenz für Gianfranco Gonzaga zu machen. Er war der Herrscher Mantuas (Lombardei) und Vizekapitän der Serenissima, bekleidete also ein wichtiges Amt. Man kolportierte, der Gonzaga-Spross habe niemals den Palazzo betreten. Also deklarierte man ihn zum Gästehaus der

Republik und beherbergte darin insbesondere Diplomaten. Schon wieder ein lombardischer Fürst, der Venedig zu Diensten war: Francesco Sforza, der Verona für die Republik zurückerobert hatte. Er bekam 1439 zum Dank den Palast, wohnte aber nur wenige Male darin. Und schon 1446 begann er, sich mehr mit den eigenen Ideen zu beschäftigen (er wollte das Fürstentum Mailand übernehmen) als mit denen der Serenissima, die ihm daraufhin 1447 das Wohnrecht entzog.

Der Palast der zwei Türme scheint den Venezianern kein besonderes Glück gebracht zu haben und so ließen sie ihn 1452 schlichtweg versteigern. Der Doge Francesco Fóscari griff gleich zu, doch nur, um die kostbare Immobilie am Canal Grande zu besitzen, nicht den Palast. Diesen ließ er abreißen, die einen sagen, um einen größeren hinstellen zu können, die anderen meinen, damit nichts an Sforza erinnern sollte. Mit den Arbeiten beauftragte er den Architekten Bartolomeo Bono (ca. 1400–ca. 1464), der zuvor die Porta della Carta zwischen San Marco und dem Dogenpalast gebaut hatte. Doch der Doge konnte sein schönes neues Zuhause für nur wenige Tage genießen – er starb 1457 kurz nach dessen Fertigstellung.

Architektur

Während die Casa delle Due Torri ein *fondaco*, also ein Handelshaus mit Wohn- und Lagerräumen war, wurde die Ca' Fóscari als Wohn- und Repräsentationspalast errichtet. Mit zwei *piani nobili*, wie man sie in Venedig liebte und mit denen man sich ganz schön über die umgebenden Palazzi erheben konnte. Ein schweres Gebäude also, das auch einen starken Steinsockel erforderte. Das Wassertor wurde einfach gestaltet, das Landtor zur öffentlichen Straße hin dafür umso repräsentativer, aus istrischem Kalkstein mit

AUTORENTIPP!

REGATA STORICA

Auf ans Wasser und der Regatta zuschauen! Schon der Name Regatta für ein Bootsrennen stammt aus Venedig und ist dem traditionsreichsten Fest der Lagunenstadt zu verdanken, ihrer Regata Storica. Dieses Bootsrennen geht auf das 13. Jahrhundert zurück, als Ruderer großer Boote sich die Zeit damit vertrieben haben sollen. 1493 gab es erstmals sogar eine Frauen-Regatta zu Ehren der Beatrice von Este. 1797 mit dem Untergang der Republik Venedig wurde die Regatta aufgegeben, um erst 1841 mit Erlaubnis der Österreichischen Regierung wieder aufgenommen zu werden, seit 1899 als *Regata Storica* auf dem Canal Grande. Heute findet sie an jedem ersten Sonntag im September statt, den Anfang macht ein kilometerlanger Bootscorso auf dem Canal Grande, geleitet vom nachgebildeten Staatsschiff, dem »Bucintoro« und gefolgt von Bootsrennen der unterschiedlichsten Kategorien. Ein Riesenspektakel, das Hunderttausende anzieht.

Regata Storica. Infos und Buchung von Tribünenplätzen über www.regatastoricavenezia.it

Oben: Innenhof der Universität Ca' Foscari
Mitte: Platz im Univiertel
Unten: Im Ca' Macana kann man selber Karnevalsmasken basteln.

Schachbrettfriesen und Kordeln, darüber ein Wappen mit dem venezianischen geflügelten Löwen, der ein offenes Buch in den Vorderpranken hält. Es blieb erhalten, weil es vor Napoleons Dekret, alle Patrizierwappen zu zerstören, gerettet werden konnte – durch eine dick aufgetragene Kalkschicht, die es unsichtbar machte. Die Fassade sieht sehr danach aus, als sei sie dem Palazzo Ducale nachempfunden, fast völlig aufgelöst durch das zart gegliederte Maßwerk.

Der Lieblingspalast der Maler

Die Ca' Fóscari blieb lange im Besitz der gleichnamigen Familie, die gerne Gäste der Serenissima darin aufnahm und großzügig bewirtete. Zur Regata Storica, der historischen Ruderregatta, wurden große Feste veranstaltet, um den illustren Herrschaften ein besonderes Rahmenprogramm zu bieten. Schließlich ist die Lage in der Beuge des Canal Grande geradezu ein idealer Standort, um alles auf dem Wasserweg durch Venedig überschauen zu können. Zahlreiche Maler sollen daher ihre Staffeleien im zweiten *piano nobile* aufgestellt haben. Canaletto hat zwei seiner noch vorhandenen Veduten hier gemalt: *Canal Grande von der Ca' Balbi Richtung Rialto* (1720 bis 1723) (heute im Museo del 700 Veneziano in der Ca' Rezzónico) sowie *Regata sul Canal Grande* (ca. 1732, heute in der Royal Collection in Windsor).

Infos und Adressen

SEHENSWÜRDIGKEITEN

Ca' Fóscari. Geführte Besichtigung in italienischer und englischer Sprache nach Voranmeldung möglich, wenn keine besonderen Veranstaltungen stattfinden. Mo/Mi 14.15 Uhr, Di/Do/Fr 11.30 Uhr, Calle Fóscari/Ecke Calle Giustinian, Dorsoduro 3246, Infos zur Universität: www.unive.it

ESSEN UND TRINKEN

Ai Do Farai. Fisch und wieder Fisch sind die Spezialitäten, wie Carpaccio daraus und am Tisch filettierte Goldbrasse. Mo–Sa 12–14.30 und 19–22.30 Uhr, Calle del Capeler, Dorsoduro 3278, Tel. 041/277 03 69.

ÜBERNACHTEN

Casa Rezzónico. Nur sechs Zimmer kleine Pension, zwei Zimmer mit schönem Blick, aber alle geschmackvoll renoviert; bei schönem Wetter gibt's Frühstück im Garten. Fondamenta Gherardini, Dorsoduro 2813, Tel. 041 277 06 53, www.casarezzonico.it

Ca' San Vio. Kleine Pension in bester Lage, Wirt Marco Giovanni Mongelli verspricht beste gastfreundliche Behandlung. Das Frühstück wird auf dem Zimmer serviert. Calle delle Mende, Dorsoduro 531, Tel. 333/487 22 35, www.casanvio.com

Handgemachter Schmuck ist gefragt.

Pantalon. Kleineres einfaches Hotel mit Terrasse im Uni-Viertel. Crosera San Pantalon, Dorsoduro 3941, Tel. 041/71 08 96, www.hotelpantalon.com

Tivoli. Einfaches kleines Hotel mit Garten im Uni-Viertel. Calle Crocera, Dorsoduro 3838, Tel. 041/524 24 60, www.hoteltivoli.it

Ausdrucksstarke venezianische Masken in einem Geschäft

Oben: In der barocken Ca' Rezzónico ist die venezianische Kunst des 18. Jahrhunderts ausgiebig repräsentiert.
Unten: Figur an der Außenwand des Palastes

38 Ca' Rezzónico – Museo del 700 Veneziano

Das 18. Jahrhundert im Barockpalast

Der Palast selbst, einer der bedeutendsten und ein Musterbeispiel des venezianischen Barocks, wäre schon eine Besichtigung wert. Doch darin ist auch noch eine großartige Sammlung der Kunst Venedigs im 18. Jahrhundert untergebracht. *Del Settecento*, »700«, sagen die Italiener, wenn sie das 18. Jahrhundert meinen, das tun sie mit allen Jahrhunderten – immer wieder zur Verwirrung vieler Italien-Reisenden.

Zwei fast gleich hohe Stockwerke über einem Rustika-Sockel schauen mit einer in je sieben Joche aufgeteilten, von Säulen und Halbsäulen geprägten Fassade auf den Canal Grande. Dafür verantwortlich zeichnete der größte Architekt des venezianischen Barock, Baldassare Longhena, der ab 1649 im Auftrag der Familie Bon mit dem Bau begonnen hatte. Bei seinem Tod 1682 lagen auch die Finanzen der Familie am Boden, so dass es zu einem Baustopp kam. So blieb der Palast lange unvollendet, wie zahlreiche Veduten aus den Anfängen des 18. Jahrhunderts zeigen: Nur Erd- und erstes Obergeschoss mit dem *piano nobile* wurden fertig.

Die Geschichte des Hauses

Zum Glück kamen die aus der Lombardei stammenden Rezzónico nach Venedig und konnten sich 1687 in den Adelsstand einkaufen. Erst 1751 erwarb der reiche Händler und Bankier Giambattista Rezzónico das Anwesen am Canal Grande und ließ den Palast von Giorgio Massari, damals für seinen Perfektionismus bekannt, fertigstellen, der dafür bis 1756 brauchte – mitsamt dem zweiten *piano nobile*, ziemlich genau nach den Plänen Longhenas, alles zum Canal Grande hin. Die Rückseite und das Innere aber gestaltete Massari nach seinem Gusto: den Landeingang, die großartige Ehrentreppe, den Ballsaal, für den er das Dach des zweiten Geschosses wieder abreißen ließ. Und er gab die Dekoration der Innenräume insgesamt in die Hände der damals berühmtesten Maler der Stadt: z.B. Giambattista Crosato (1686–1758) und natürlich Giovanni Battista Tiepolo (1696–1770). Die Deckenfresken entstanden anlässlich der Hochzeit von Ludovico Rezzónico mit Faustina Savorgnan. Wie der venezianische Name der Braut ahnen lässt: Damit war der wahre Einzug in den hiesigen Adel vollzogen...

Richtig fertig wurde der Palast erst 1758, als Carlo Rezzónico, Bischof von Padua, als Clemens XIII zum Papst gewählt wurde. Logisch, dass die Feiern im Palazzo am Canal Grande kein Ende nahmen. Bis 1810 dauerte das Glück der Rezzónico an, dann begann der Untergang – auch für den Palazzo. Angefangen bei den Erbstreitigkeiten, die zur Aufteilung führten, bis hin zum Verkauf des Mobiliars und schließlich des gesamten Palazzo, der ab da mehrere Besitzer erlebte: zum Beispiel den englischen Maler Robert Barret Browning, dessen Vater, der Schriftsteller Robert Browning, hier starb und ab 1935 den italienischen Abgeordneten Lionello Hirschell de Minerbi. Dieser schließlich vermachte das Anwesen der Gemeinde von Venedig.

Museum des 18. venezianischen Jahrhunderts

Schon im April 1936 konnte die Ca' Rezzónico als Museum der Öffentlichkeit zugänglich gemacht werden. Mit Werken der größten Künstler der gewählten Epoche, Tiepolo und Pietro Longhi

Glasschmuck von Künstlerhand

AUTORENTIPP!

SO ENTSTEHT EINE GONDEL
Schauen, wie eine Gondel gebaut oder restauriert wird, das ist in Venedig natürlich möglich. Beispielsweise an einer kleinen Ausbuchtung des Rio San Trovaso südlich der Kirche, die als hübsche Kulisse dient. Hier breitet sich auf recht kleinem Grund das Squero di San Trovaso aus, die älteste noch immer arbeitende Gondelwerft Venedigs. Die kleinen holzverkleideten Werkstätten, die fast älplerisch wirken, bilden einen großen Kontrast zu den Palästen und Kirchen ringsum, im Sommer setzen blühende Geranien vor den Fenstern hübsche Farbakzente – das perfekte Fotomotiv!

Squero di San Trovaso. Campo San Trovaso, Dorsoduro 1097, weitere Informationen sollte man per Mail erfragen (info@squerosantrovaso.com), www.squerosantrovaso.com

Oben: Der Innenhof der Ca' Rezzónico ...
Unten: ... und der zum Palazzo gehörige Garten

(1702–1785), Francesco Guardi (1712–1793) und Canaletto (1697–1768), Rosalba Carriera (1675–1757) sowie kostbaren Ausstattungsgegenständen und Mobiliar. Absicht der Kuratoren war es, die Kunstwerke in den Kontext der Innenausstattung des Palasts zu stellen, das nur durch den Umzug zahlreicher Werke aus anderen städtischen Sammlungen sowie durch den Zukauf auf diversen Antiquitätenmärkten möglich war.

Nach den letzten Restaurierungsarbeiten beziehungsweise nach der Wiedereröffnung des Museums 2001 zeigt sich das besondere Zusammenspiel von restaurierter und herausgeputzter Architektur wie der Prachttreppe und der Sammlung. Im zweiten Obergeschoss ist ein Raum allein Pietro Longhi gewidmet. Im letzten Obergeschoss hat man Platz für Wechselausstellungen geschaffen. Und schon wieder glänzt das Museum mit zwei neuen Schenkungen von Egidio Martini (1919–2011) und Ferruccio Mestrovich. Zu einem einladenden Ambiente wurde der Garten gestaltet, wo man u.a. kleinere Veranstaltungen erleben kann.

Tieopolos Privatbilder

Das zweite Obergeschoss der Ca' Rezzónico birgt eine besondere Kostbarkeit: die gesamte bildliche Ausstattung aus Tiepolos Villa bei Zianigo nahe dem Brenta-Kanal. Geschaffen von seinem Sohn Giovanni Domenico Tiepolo (1727–1804), der sich dafür viel Zeit ließ, denn er lebte weiterhin in der elterlichen Villa. Dort wurden 1906 die Fresken abgenommen und sollten nach Frankreich verkauft werden. Das Denkmalamt bekam rechtzeitig Wind davon und konnte es verhindern; seit 1936 befinden sich die Fresken in der Ca' Rezzónico. Und dank der rührigen Venice International Foundation konnten sie 1999 bis 2000 restauriert werden und bedecken nun Wände und Decken einiger Räume.

Südlich der Ca' Rezzónico

Ein Palazzo steht neben dem anderen, wie es sich für den Canal Grande gehört. Südlich der Ca' Rezzónico der Palazzo Contarini-Michiel mit einer privaten Galerie, die sich verwirrenderweise Galleria Ca' Rezzónico nennt und eigene Ausstellungen veranstaltet. Gefolgt vom Palazzo Stern, in dem sich ein Vier-Sterne-Hotel eingenistet hat. Danach der Palazzo Moro aus der Renaissance, eher schlicht in seinen klaren Formen, was sich besonders vom benachbarten Palazzo Loredan abhebt, der sich noch in schöner Gotik präsentiert. Beide über einem doppelten Sockelgeschoss und beide in privater Nutzung.

Palazzo Bollani

Während die Nordseite des Dorsoduro am Canal Grande von Prachtpalästen gestaltet wird, zeigt sich die Südseite des Stadtsechstels nüchtern und geschäftig. Der Rio San Trovaso durchschneidet das Dorsoduro an dieser Stelle von Nord nach Süd, man muss ein wenig hin und her gehen, um auf die westlichen Fondamenta des Rio zu gelangen, die am Anfang den Namen Bollani tragen (und danach Toffetti), weil sie zum gleichnamigen Palazzo führen. Der Palast ist von geradezu wohltuenden Proportionen, ein klassisch-schöner Bau der Spätrenaissance von circa 1650, den jetzt die Schüler des Liceo Marco Polo bevölkern. Über dem zweigeschossigen Sockel öffnen sich am ersten *piano nobile* Rundbögen: eine Triphorie in der Mitte, seitlich je zwei Einzelfenster, allesamt mit Balkonen davor. Im zweiten Obergeschoss besitzt nur die Triphorie einen Balkon.

AUTORENTIPP!

DIE HEIMLICHEN GÄRTEN VENEDIGS

Zardin nennen die Venezianer einen Garten und davon soll es in der Serenissima noch mehr als 500 geben. Man glaubt es eigentlich angesichts der Bebauungsdichte kaum! Im Gegensatz zu den *hortus conclusus* der Klöster, in denen die Mönche in Ruhe meditieren konnten und können, waren die *zardin* für den puren Genuss geschaffen worden.
Eine große grüne Lunge bilden die zusammenhängenden Gärten in San Trovaso westlich beziehungsweise nördlich der Kirche. Einer dieser heimlichen Gärten gehört zum Palazzo Giustinian-Brandolini d'Adda, der aus dem Ende des 19. Jahrhunderts stammt, von den damaligen Besitzern selbst gestaltet. Mit einem Lorbeerwäldchen, gemischt mit Taxusbüschen und Rosskastanien und einem magischen Labyrinth. Die Fassade des Palazzo schließlich bedeckt eine uralte Glyzinie.

Palazzo Bembo. Zu besichtigen auf freundliche Anfrage beim Pförtner der Wirtschaftsfakultät vor Ort, die zur Università Ca' Fóscari gehört. Fondamenta Toffetti, Dorsoduro 1075, Tel. 041/234 57 11.

Oben: Die kleine Werft von an Trovaso kann gerne besichtigt werden (s. S. 209).
Unten: Schmale Kanäle ziehen sich vor allem von Nord nach Süd durch Dorsoduro.

San Trovaso und die Gondelwerften

Man fühlt sich gleich wie in einer anderen Welt! Das liegt auch an der Kirche San Trovaso, die zwei Fassaden ausgebildet bekam: eine zum *campo* und eine zum Rio hin. Bis auf die kleinen Rechteckfenster im Sockelbereich gleichen sich die Fassaden, beide mit sogenannten Thermenfenstern und Dreiecksgiebeln. Warum zwei Eingänge? In Venedig erzählt man sich gern folgende Begründung: Damit sich die hier lebenden verfeindeten Familien Nicoletti und Castellani zum Gottesdienst nicht begegnen mussten.

Nach einem Brand im Jahr 1590 wurde der Ursprungsbau aus dem 11. Jahrhundert im Stil Palladios, aber nicht nach seinen Plänen, völlig neu aufgebaut. Das kurze Langhaus bekam ein ausladendes Querhaus mit Seitenkapellen und abschließendem Chorraum. Tonnengewölbe bestimmen das Bild des Innenraums. Die kostbarsten Altarbilder sind über die Kirche verteilt: von Tintoretto ein ausdrucksstarkes *Abendmahl* (im Querschiff) und eine *Versuchung des Heiligen Abtes Antonius* (Seitenkapelle des Presbyteriums), von Giovanni Bellini ein Madonnenbild (an der rechten Langhauswand).

Infos und Adressen

SEHENSWÜRDIGKEITEN

Ca' Rezzónico – Museo del 700 Veneziano. April–Okt. Mi–Mo 10–18 Uhr, Nov.–März bis 17 Uhr, Fondamenta Rezzónico, Dorsoduro 3136, Tel. 041/241 01 00, http://carezzonico.visitmuve.it

San Trovaso. Mo–Sa 14.30–17.30 Uhr, So/Feiertag 8–11 Uhr, Campo San Trovaso, Dorsoduro 1098, Tel. 041/296 06 30.

ESSEN UND TRINKEN

Al Squero. Eine der wenigen echt venezianischen Osterien mit *aperitivi* und stets frisch zubereiteten fantasievollen *cicheti* aus den besten Produkten Italiens, Gondelwerft direkt gegenüber. Tgl. 9–21.30 Uhr, Fondamenta Nani, Dorsoduro 943/944, Tel. 335/600 75 13, www.osterialsquero.it

Cantinone già Schiavi. Alte Weinstube mit stets frischen *cicheti* vor der Kirche San Trovaso, von Venezianern vor dem Mittag- und Abendessen sehr gut besucht. Mo–Sa 8.30–22.30 Uhr, Fondamenta Nani, San Trovaso, Dorsoduro 992, Tel. 041/523 00 34.

ÜBERNACHTEN

Juniorsuite im Hotel Palazzo Stern

Antica Locanda Montin. Nostalgische Unterkunft mit gemütlichem Restaurant und Pergola-Garten, lange Liste von Stars und Schriftstellern als Gäste. San Trovaso, Fondamenta Ermite, Dorsoduro 1147, Tel. 041/522 71 51, www.locandamontin.com

Palazzo Stern. 24 im venezianischen Stil eingerichtete Zimmer, mit Garten- und Dachterrasse am Canal Grande. Calle del Traghetto, Dorsoduro 2792/A, Tel. 041/277 08 69, www.palazzostern.it

EINKAUFEN

Galleria Ca' Rezzónico. Privatgalerie im Palazzo Contarini-Michiel. Calle del Traghetto, Dorsoduro 2793, Tel. 041/528 00 35, www.galleriacarezzonico.com

Die Ca' Rezzónico ist auch als Palast an sich sehenswert, nicht nur als Rahmen für die ausgestellten Kunstwerke.

Oben: Der Ponte dell´ Accadémia verbindet mit großem Schwung die beiden Seiten des Canal Grande.
Unten: Mittags gehen die Venezianer in einen Schnellimbiss, der echt Venezianisches bietet.

39 Gallerie dell'Accadémia

Venedigs Kunst-Highlight

Keine andere museale Einrichtung Venedigs genießt einen solchen Ruhm wie die Gallerie dell'Accademia, der Kunst-Tempel am Canal Grande zwischen Rio San Trovaso im Westen und Rio Savio im Osten. Auf der südlichen Seite des interessanten Stadtviertels setzten sich die *záttere* fort, die früheren Landungsstege der Flöße aus dem Norden, heute eine angenehme und luftige Promenademeile.

Der Ponte dell'Accadémia verbindet die beiden Ufer des Canal Grande. Er führt im südlichen Stadtteil Dorsoduro auf den lebhaften Campo della Carità mit der weltberühmten Gallerie dell'Accadémia. Mehr als 800 Bilder venezianischer und venetischer Künstler des 14. bis 18. Jahrhunderts sind in Venedigs größter Kunstsammlung ausgestellt. Aber wer kann das schon bei einem einzigen Besuch erfassen? Wegen der Fülle des Angebots ist es daher unbedingt ratsam, sich auf wenige Werke zu konzentrieren oder einen speziellen Führer zur Hand zu nehmen.

Zu den größten Kostbarkeiten der Sammlungen gehören jedenfalls folgende Bilder: Giovanni Bellinis *Thronende Muttergottes mit Heiligen und musizierenden Engeln*, auch als Hiobsaltar bekannt (ca. 1480) sowie seine *Jungfrau und Kind mit der Heiligen Katharina und Maria Magdalena* (ca. 1490). Mystisch und beängstigend sind das *Gewitter* und daneben das drastische Porträt *Die alte Vettel*, beide von Giorgione (um 1505/06). Eine eindringliche Pietà hinterließ Tizian 1576 unvollendet, das *Gastmahl im Hause des Levi* stammt von Veronese (1573), es zeigt eine recht weltliche Darstellung des Abendmahls mit Zwergen, Hofnarren und Hunden, ein Fall für die Inquisition.

Die *Prozession auf dem Markusplatz* von Gentile Bellini (1496) ist auch deshalb interessant, weil sie die Ansicht der Piazza San Marco des 15. Jahrhunderts wiedergibt. Einen eindrucksvollen Zyklus zeigt das *Leben und Sterben der Heiligen Ursula*, der schönen bretonischen Prinzessin, von Carpaccio etwa 1490 bis 1495 geschaffen.

Santa Maria del Rosario

Vom Palazzo Nani südwärts Richtung Giudecca-Kanal schlendernd folgt man den Záttere nach links und steht bald vor der wundervollen Fassade der Kirche Santa Maria del Rosario, auch I Gesuati genannt. Gesuati – Jesuiten? Nein, sie haben nichts miteinander zu tun! Der Orden der Gesuati, zu Deutsch Jesuaten oder auch Hieronymiten genannt, wurde im 14. Jahrhundert im toskanischen Siena gegründet. Sie kamen bald nach Venedig und gründeten hier ein Kloster für den Heiligen Hieronymus. Papst Clemens IX. löste die Gemeinschaft 1668 auf und die Republik Venedig veräußerte das Anwesen an die Dominikaner, die bald den Neubau angingen. Giorgio Massari wurde mit den Plänen betraut, 1736 war der Bau fertig.

Die Dominikaner verstanden es gut, für den neuen Kirchenbau ordentlich Geld zu sammeln, so konnten sie auch für die Innenausstattung die damals besten und berühmtesten Künstler beauftragen. Giambattista Tiepolo etwa, der das dreiteilige Deckenfresko (1737–1739) schuf. Thema: natürlich der Heilige Dominikus. In der Mitte überreicht der Heilige Maria den (für die Kirche namengebenden) Rosenkranz, seitlich erscheint ihm Maria sowie die Gloria des Heiligen Dominikus.

Infos und Adressen

SEHENSWÜRDIGKEITEN

Gallerie dell'Accadémia. Mo 8.15–14 Uhr, Di–So 8.15–19.15 Uhr, Campo della Carità, Dorsoduro 1050, www.gallerieaccademia.org

Santa Maria del Rosario. Mo–Sa 10–17 Uhr, Fondamenta delle Záttere ai Gesuati, Dorsoduro 917.

ESSEN UND TRINKEN

Ai Artisti. Küche Mo–Sa 12–16 und 18.30–22 Uhr, Fondamenta Toletta, Dorsoduro 1169/A, Tel. 041/523 89 44.

Al Vecio Marangon. Neue Osteria nach Art der alten, mit Häppchen und venezianischen Speisen. Mo–Sa 12–23 Uhr, Campiello Centopietre, Dorsoduro 1220, Tel. 041/523 57 68.

Cantinone Storico. Helles großes Restaurant. Tgl. 12–14.30 und 18.30–22 Uhr, Fondamenta Bragadin, Dorsoduro 661, Tel. 041/523 95 77, www.cantinonestorico.it

Laguna. Eisdiele. Tgl. 8–20 Uhr, Rio Terà Antonio Foscarini/Ecke Fondamenta Zattere ai Gesuati, Dorsoduro 794/95, www.barlaguna.it

Snack Bar Toletta. Das kleine Lokal ist bei Studenten beliebt. Mo–Sa 7–20 Uhr, Calle Toletta, Dorsoduro 1191, Tel. 041/520 01 96.

ÜBERNACHTEN

Ca' Centopietre. Pension im Palazzo aus dem 18. Jahrhundert. Campiello Centopietre, Dorsoduro 1198, Tel. 041/296 08 38, www.centopietre.net

Pensione Accademia Villa Maravege. 27 Zimmer im Palazzo aus dem 17. Jahrhundert. Fondamenta Bollani, Dorsoduro 1058, Tel. 041/521 01 88, www.pensioneaccademia.it

S. 216/217: Das herrliche Bild von Bellini zeigt eine Prozession auf der Piazza San Marco 1496.
Oben: Der Sockel des geplanten Palazzo Venier dei Leoni birgt hauptsächlich Peggy Guggenheims Sammlungen.
Unten: Keine Angst vor Bronzetieren

40 Collezione Peggy Guggenheim

Eine Amerikanerin in Venedig

Venedigs Festigung in der Moderne scheint mit der Collezione Peggy Guggenheim im nie ganz fertiggestellten Palazzo Venier dei Leoni stattgefunden zu haben. Mit einer Amerikanerin, die seit 1949 und bis zu ihrem Tod 1979 inmitten ihrer wertvollen Kunstsammlung lebte. Jedenfalls präsentiert sich das Guggenheim als eines der bedeutendsten Museen Italiens für die europäische und die amerikanische Kunst in der ersten Hälfte des 20. Jahrhunderts.

Dei Leoni, der Löwen, heißt der 1748 von Lorenzo Boschetti begonnene Palast wegen der großen Löwenköpfe an seinem Sockel. Und bei diesem Sockel blieb es – der Palast wurde niemals fertiggestellt. Wie er aussehen sollte, kann man an einem Modell im Museo Correr sehen. Peggy Guggenheim (1898–1979) lebte nach dem Erwerb des Gebäudes seit 1949 mitten in ihrer Sammlung. Eine legendäre Muse und Sammlerin moderner Kunst; mit Max Ernst war sie verheiratet, andere hat sie entdeckt und gefördert, wie z.B. den Surrealisten Yves Tanguy (1900–1955). Überhaupt: den Surrealismus liebte sie ganz besonders. Jedenfalls sind in den Räumen des Museums wie im malerischen Garten Bilder und Skulpturen fast aller Berühmtheiten der Moderne vertreten, u.a. Max Ernst, Chagall, Picasso, Klee, Miró, Braque, Mondrian, Kandinsky, Dalí, Vasarely, Henry Moore.

Leben der Peggy Guggenheim

»Die letzte Dogin« nannte man die große amerikanische Kunstmäzenin. Die Liebe zur Kunst hatte sie ihrem Onkel Solomon R. Guggenheim zu verdanken, einem großen Kunstsammler, der die nach ihm benannte Stiftung gründete. Nachdem sie zu ihrer Volljährigkeit 1919 ein ordentliches Stück Erbe erhielt, wurde sie unabhängig und begann das eigene Leben in die Hand zu nehmen. Erst einmal mit einem Volontariat in einer Buchhandlung in New York! Hier lernte sie viele Künstler und andere Intellektuelle kennen. 1921 zog sie nach Paris und genoss die Bohème.

Es war der Autor Samuel Beckett (1906–1989), mit dem sie eine kurze Affäre hatte, der sie an die zeitgenössische Kunst heranführte. Sie begann zu sammeln und eröffnete 1938 in London ihre erste Galerie »Guggenheim Jeune«. Trotz großer Medienpräsenz verdiente sie damit nichts, weshalb sie sie bereits ein Jahr später schloss und nach Paris zurückkehrte. Zu Beginn des Zweiten Weltkriegs mussten viele Künstler ihre Bilder verkaufen, um Paris verlassen zu können. Peggy Guggenheim hatte das Geld und legte damit den Grundstock ihrer Sammlung moderner Kunst – für nur 40 000 Dollar!

Doch auch sie war jüdischer Abstammung und musste bald Frankreich verlassen, und so zog sie erst wieder nach New York um, wo sie eine neue Galerie für die Förderung aus Europa emigrierter und junger amerikanischer Künstler gründete, zog nach dem Krieg 1947 aber wieder nach Venedig. Schon 1948 lud man sie kurzfristig ein, ihre Sammlung bei der Biennale zu präsentieren, weil der griechische Pavillon wegen des dortigen Bürgerkriegs leer geblieben war. Ein gutes Jahr für die Sammlerin, die den Palazzo Venier dei Leoni gekauft hatte. Ab 1951 öffnete sie ihn im Sommer für die Öffentlichkeit. Die Asche der *ultima dogaressa* wurde ihrem Testament getreu in ihrem Garten verstreut.

Was will mir dieses Werk sagen?

Infos und Adressen

SEHENSWÜRDIGKEITEN

Collezione Peggy Guggenheim. Mi–Mo 10–18 Uhr, Fondamenta Venier, Dorsoduro 701, Tel. 041/240 54 11, www.guggenheim-venice.it

ESSEN UND TRINKEN

Museumscafé. Kleinigkeiten zu essen, in der Collezione Guggenheim. Mi–Mo 10–18 Uhr, Fondamenta Venier, Dorsoduro 707, Tel. 041/522 86 88.

Osteria Vecio Forner. Osteria mit legerer Atmosphäre und langer Theke mit vorbereiteten Speisen. Do–Di 12–15 und 19–23 Uhr, Campo San Vio, Dorsoduro 671/A, Tel. 041/528 04 24.

ÜBERNACHTEN

Hotel alla Salute. Für venezianische Verhältnisse eher schnörkelloses Hotel mit 56 Zimmern, trotz des Namens eher bei der Collezione Guggenheim als bei der Kirche La Salute. Fondamenta Cà Balà, Dorsoduro 222, Tel. 041/523 54 04, www.hotelsalute.com

EINKAUFEN

Il Pavone. Handgemachtes marmoriertes Papier, echt venezianisch. Punta della Dogana, Dorsoduro 712, Tel. 041/523 45 17.

Oben: La Salute, die nach der Errettung vor der Pest errichtete Kirche, setzt einen markanten Punkt auf La Gudecca …
Unten: … und prunkt auch innen mit einer großartigen Kuppel, die den Raum erhellt.

41 La Salute

Frei von Pest

Zwischen dem Canal Grande im Norden und den Záttere, den früheren Floß-Ländern, am Canale della Giudecca im Süden schiebt sich das Stadtsechstel Dorsoduro mit seiner Spitze weit in den Bacino di San Marco hinein, als sollte unbedingt die Piazzetta San Marco erreicht werden – was zumindest vom Blick her klappt. Kurz vor der Spitze setzt die wundervolle Kirche Santa Maria della Salute, zum Dank für die Errettung von der Pest, einen markanten Akzent.

Die markante Kirche mit ihren beiden Kuppeln und den beiden schlanken nach hinten versetzten Glockentürmen rechts und links vom Chor wird auf drei Seiten vom Campo della Salute großzügig umschlossen. Santa Maria della Salute wurde vom Barockbaumeister Baldassare Longhena ab 1631 auf einer Million Eichenpfeilern erbaut. Auch wenn er seine Bauideen eigentlich der Renaissance verdankt, zeigen sie doch kraftvollere, durch starken Dekor geprägte Bauelemente, die eben den Barock ausmachen. Das Jahr des Baubeginns ist kein Zufall: Ein Jahr zuvor, 1630, erlebte Venedig wieder eine verheerende Pestepidemie. Einem Gelübde zufolge wurde daher eine eigene Marienkirche errichtet – Santa Maria della Salute (»Heilige Maria der Gesundheit«).

Beeindruckende Formensprache

Während man vielfach in Venedig erlebt, dass die Kirchenfassaden als Schauseite ausgearbeitet sind und der Rest sozusagen Schweigen ist, oft nur nackte Backsteinwände, Stützen etc., ist Santa

Maria della Salute auch außen rundum ein architektonisches Juwel: Ein Portikus nach antikem Vorbild als Hauptportal zum Canal Grande, ringsum ist aber die Außenhaut, der Anordnung der Kapellen folgend, ebenfalls mit fein gegliederten Fassaden (Pilaster, Statuen in tiefen Nischen, Thermenfenster) ausgearbeitet. Darüber, als Verbindung zum hoch aufsteigenden Tambour der Zentralkuppel, streben Voluten nach oben, das einzig Kurvige am Bau – die Venezianer sagen daher gerne, es sei die Kirche mit den Ohren...

In der oktogonalen Kirche auf acht Stützen mit sechs Seitenkapellen ist alles hell und lichtdurchflutet, der Chor als Oval quergestellt, zusammengesetzt aus der Rundung unter der kleineren Kuppel und seitlichen Halbkreisen. Theatralisch zeigt sich auch die Skulpturengruppe des Hochaltars: eine strahlende Muttergottes, links vor ihr kniend eine junge schöne Venezia, rechts flieht ein hässliches altes Weib, die aus der Stadt verjagte Pest. Darunter eine kretische Ikone (schon wieder ein Beutestück!), *Mesopanditissa* genannt, die »Friedenbringerin«. Eine dunkelgesichtige Maria mit Kind, die der Tradition nach der Heilige Luca selbst gemalt haben soll.

Werke der venezianischen Malerei fehlen natürlich auch hier nicht. In der Sakristei, ähnlich einer kleinen Pinakothek mit Bildern aus verschiedenen aufgelassenen Kirchen, besticht Tintorettos *Hochzeit zu Canaan*; er selbst hat sich als der erste Apostel links dargestellt. Ein frühes Werk Tizians ist das Altarbild der Sakristei von 1511, das San Marco mit vier weiteren Heiligen zeigt, ein jeder ein Einzelcharakter. Auch die Deckengemälde (David und Goliath, Kain und Abel, Abraham und Isaak) sowie die *Tondi* (Kreise) mit den Evangelisten stammen von Tizian, wohl in der 1540er-Jahren entstanden, also aus seiner mittleren Schaffensperiode.

Stille Andacht

Infos und Adressen

SEHENSWÜRDIGKEITEN

Santa Maria della Salute. Tgl. 9–12 und 15–17.30 Uhr, Campo della Salute, Dorsoduro 1.

ESSEN UND TRINKEN

Linea D'Ombra. Weiße Wände, Holz, Edelstahl – so schafft man klare moderne Linien, wohltuend im oft verkitschten Venedig, Terrasse mit Blick auf die Redentore-Kirche.
Mi–Mo 12–14.30 und 18.30–22.30 Uhr (im Winter geschlossen), Záttere, Dorsoduro 19, Tel. 041/241 18 81, www.ristorantelineadombra.com

ÜBERNACHTEN

Ca' Maria Adele. Luxus pur in wunderschön romantischem Ambiente mit nur elf Zimmern, ein jedes anders eingerichtet und benannt; Suite mit eigener Dachterrasse, Traumblick auf den Bacino mit San Marco. Super freundliches Personal! Sehr reiches Frühstück nach Wahl. Rio Terà dei Catecumeni, Dorsoduro 111, Tel. 041/520 30 78, www.camariaadele.it

La Calcina. Freundliche Pension, eines der historischen Lokale Italiens am Canale della Giudecca.
Záttere/Ecke Rio Vio, Dorsoduro 780, Tel. 041/520 64 66, www.lacalcina.com

Oben: Punta della Dogana, das alte Zolllager der Venezianer, gehört jetzt dem Kunstsammler Pinault,
Unten: … der hier in Wechselausstellungen seine Sammlungen zeitgenössischer Kunst zeigen will.

42 Punta della Dogana und die Salzlager

Auf die Spitze getrieben

Emporio dei Sali nennen die Venezianer die früheren Salzlager der Serenissima, die ihr enorme Reichtümer sicherten. Man hat sie nach und nach wundervoll restauriert, darin sind außer den Bootsvereinen vor allem Kunstgalerien eingezogen, die selbst für die innere Gestaltung verantwortlich waren. An der Spitze: die Punta della Dogana mit dem neuen Kulturtempel des französischen Milliardärs François Pinault.

Da Pinault (*1936) keine Kosten für die extravagante Unterbringung seiner Sammlungen beziehungsweise deren Darstellung in wechselnden Ausstellungen scheute, konnte die historische Zollstation der Serenissima, La Dogana, zu einem architektonisch großzügigen Wurf werden. Mit Einblicken und Ausblicken innerhalb des Gebäudes von einem Saal zum anderen, nach oben, nach unten, zur Seite. Und nach außen in die Lagune hinaus oder zum Bacino. Doch was in den Wechselausstellungen aus dem Fundus zeitgenössischer Kunst des französischen Sammlers gezeigt wird, muss man mögen oder verstehen. Deshalb wird davor gewarnt, dass Jugendliche und sensible Menschen sich den Besuch nicht antun sollten.

Emilio Vedova

Keine Probleme dagegen dürfte man mit der Sammlung der Fondazione Emilio e Annabianca Vedova haben. Sie hat zwei Standorte an den Záttere zu bieten: In einem der Gebäudeteile ist das

Atelier des Malers Emilio Vedova (1919–2006) zu besichtigen, eines waschechten Venezianers.

Vedovas Atelier

In Vedovas Atelier werden einige seiner letzten Arbeiten ausgestellt, wohl so, wie er sie selbst gern gesehen hätte oder hatte. Mehrteilige Schwarz-Weiß-Bilder, die sich in einem breiten Rahmen zu unterschiedlichen Kompositionen zusammenschieben lassen. Man kann kaum der Versuchung widerstehen, dies selber zu tun. Malerei zum Anfassen scheint es dennoch zu sein.

Es sind die Arbeiten eines furiosen Malers, der sich auch schon früh politisch als Antifaschist engagiert hatte. Und der schon beim Malen mit seinen Bildern zu verschmelzen schien, im wahrsten Sinne des Wortes, voll der aufgetragenen Farben, wie man ihn auf einigen Fotografien sehen kann. Er hat Generationen von Kunststudenten an der Akademie der Künste Venedigs inspiriert, stellte 1948 erstmals auf der Biennale aus, 1952 wieder mit einem eigenen Saal im italienischen Pavillon. 1997 schließlich wurde ihm der »Goldene Löwe« für sein Lebenswerk überreicht.

Innenarchitektur von Renzo Piano

In einem anderen Teil der früheren Salzlager finden Wechselausstellungen statt. Für die Innenarchitektur beziehungsweise die komplizierte Vorrichtung für den Austausch der riesigen Bildwerke zeichnete Renzo Piano (*1937) verantwortlich, erstaunlicherweise das bislang einzige Werk des Genuesen Piano in Venedig. Damit lassen sich alle Bilder der Fondazione Emilio e Annabianca Vedova über Schienen unkompliziert austauschen, die hinten im »Käfig« lagern.

Eingangshof des feinen Hotels Centurio Palace

Infos und Adressen

SEHENSWÜRDIGKEITEN

Fondazione Emilio e Annabianca Vedova. Mi–Mo 10–17 Uhr, Fondamenta delle Záttere 46, Ex-Magazzini del Sale, Dorsoduro 42, Tel. 041/522 66 26, www.fondazionevedova.org

Fondazione François Pinault Punta della Dogana. Mi–Mo 10–19 Uhr, Punta della Dogana, Dorsoduro 2, Tel. 041/523 16 80, www.palazzograssi.it

ESSEN UND TRINKEN

Gelati Nico. Super Eis, auch Snacks. Tgl. 8–20 Uhr, Záttere, Dorsoduro 922, Tel. 041/522 52 93, www.gelaterianico.com

La Piscina. Bar/Café bei der Pension La Calcina in schöner Lage. Tgl. 9–21 Uhr, Záttere, Dorsoduro 782, Tel. 041/241 38 89.

ÜBERNACHTEN

Centurion Palace. Luxus im Kloster San Gregorio in schöner Backsteingotik. Canale della Giudecca/Ecke Rio della Salute, Dorsoduro 173, Tel. 041/342 81, www.sinahotels.com

Oben: Das Hotel Hilton im Architektur-Denkmal Molino Stucky
Unten: Kostbarste Webarbeiten werden noch heute bei Fortuny auf historischen Webstühlen hergestellt.

43 Molino Stucky und Ex-Junghans

Von Mehl- und Minenproduzenten

Südlich des breiten Kanals liegt die Insel Spinalunga, »lange Gräte«, wie sie früher hieß und wie die Venezianer sie wegen ihrer langen Form noch heute gerne nennen. Umbenannt wurde sie in La Giudecca, als immer mehr Juden auf ihr siedelten. Das auffälligste Bauwerk ist das Molino Stucky, Venedigs Industriedenkmal Nummer 1, heute Hotel. Für Venedigs Kultur wichtiger sind nur das Ex-Junghans und Fortunys Stofffabrik.

Das rund zwei Kilometer lange Giudecca besteht aus acht Einzelinseln, die durch Brücken miteinander verbunden sind. Die Nordseite, attraktiver, weil mit Venedig-Blick, ist dafür recht schattig und zugig, bietet aber eine durchgehende Passeggiata-Meile, die Flaniermeile, mit allem Historischem von Bedeutung, Kunstgalerien und dem Centro Culturale Zitelle sowie einigen Bars und Restaurants. Arbeit finden viele Bewohner in mehreren Bootswerften im Süden sowie im gerade wieder modernisierten Frauengefängnis Ex-Monastero/ Convento della Maddalena. Man spürt, dass Giudecca noch einen geruhsamen Rhythmus lebt, mit vielen venezianischen Familien, die sich das teure historische Zentrum gegenüber nicht leisten können.

Molino Stucky

Nicht so das Molino Stucky. Bis 1955 wurden in dieser größten Getreidemühle Italiens Mehl und Nudeln produziert. Damit beschäftigt waren rund 1500 Fabrikarbeiter, die 24 Stunden durchgehend im Schichtdienst täglich 250 Tonnen Mehl produzierten. Errichtet hatte die Mühle der Schweizer Giovanni Stucky 1893 bis 1895 und zwar in neugotischem Stil. 1895 wurde der Bau in perfekter Backsteingotik erweitert, nach einem Projekt des Architekten Ernst Wullekopf (1858–1927) aus Hannover, weshalb er eher an nordeuropäische Speicherhäuser erinnert. Nach 1955 verfiel das unter Denkmalschutz stehende Industriebauwerk, es sollte 1974 zu einem Kongress-Hotel und Wohnprojekt umgebaut werden, doch es kam zu keiner Einigung zwischen der öffentlichen Hand und den möglichen privaten Investoren. 2003 fiel die Außenwand zusammen und stürzte in den Seitenkanal, was zur Folge hatte, dass anschließend mehr Bauarbeiten genehmigt wurden... Das Hotel wurde fertig und die Wohnungen an Meistzahlende verkauft oder vermietet.

Ex-Junghans

Im Gegensatz zum Molino Stucky war das zweite Projekt auf dem Ex-Junghans-Gelände auf soziokultureller Ebene erfolgreich. Es hat sich dort angesiedelt, wo schon die Brüder Junghans aus dem Schwarzwald ihre Uhren- und Präzisionsgerätefabrik hatten, die später allerdings auf Kriegsgeräte umgepolt wurde. Spezialgebiet ausgerechnet Minen! In den 1920er-Jahren wurden hier täglich 1500 Junghans-Uhren geschaffen, während des Zweiten Weltkrieges waren mit der Herstellung von Kriegsmaterial 4000 Arbeiter beschäftigt, bis zur Schließung 1971. Doch mit Beginn des 21. Jahrhunderts wurden für manche sozial engagierte Stadträte Träume wahr: 2005 entstand das Teatro Junghans, 2009 folgte die Accademia Teatrale Veneta, wo Theaterwissenschaften mit praktischer Lehre kombiniert werden, es entstanden aber auch ein Studentenheim und – tatsächlich bezahlbare – Wohnungen.

Echt venezianisch: Ae Botti

Infos und Adressen

ESSEN UND TRINKEN

Ae Botti. Holzgetäfelte Bar mit vielen Weinfässern, in den hinteren Räumen gemütliche Trattoria; Häppchen-Theke, lokale Küche. Mi–Mo 5.30–24 Uhr. Fondamenta Sant' Eufemia, Giudecca 609, Tel. 041/724 10 86, www.osteriaaebotti.com

ÜBERNACHTEN

Hilton Molino Stucky. Venedigs größtes Kongresszentrum mit dem internationalen Hotel in traumhaft schöner Lage gegenüber dem historischen Zentrum mit seiner schönen Skyline. Mit Skyline Bar, die beim Drink den traumhaften Blick auf Venedigs historisches Zentrum genießen wollen. Campo San Biagio, Giudecca 810, Tel. 041/272 33 11, www.molinostuckyhilton.it

AUSGEHEN

Teatro Junghans. Experimental-Theater der Accademia Teatrale Veneta. Calle delle Scuole, Giudecca 494/B, Tel. 041/241 19 74, www.accademiateatraleveneta.it

EINKAUFEN

Fortuny. Einkauf im Laden der historischen Stofffabrik mit den wohl kostbarsten Webarbeiten, die auf den historischen Webstühlen des Multitalents Fortuny hergestellt werden. Mo–Sa 10–13 und 14–18 hr, Fondamenta San Biagio, Giudecca 805, Tel. 41/528 76 97, www.fortuny.com

44 Chiesa del Redentore

Wie aus einem Guss

Die Votivkirche Santissimo Redentore in Venedig ist ein Juwel der sakralen Baukunst, in der Mitte der langen Insel mit Blick über das Bacino hinweg auf San Marco. Ein Stück weiter östlich erhebt sich die wohl ebenfalls von Palladio geplante Klosterkirche Zitelle, umarmt von einem der luxuriösesten Hotels Venedigs, dem »Palladio Hotel & Spa«, das mit den wunderbaren Gärten des Klosters prahlt.

Oben: Santissimo Redentore, ein Juwel der sakralen Baukunst nicht nur Venedigs
Unten: Das Palladio Hotel & Spa bietet Luxus pur und umrahmt damit ausgerechnet ein früheres Waisenhaus.

Böse Zungen behaupten, Andrea Palladio (1508–1580) habe seine Kirchen in dem ihm eigenen Stil, der als »palladianisch« in die Kunstgeschichte eingehen sollte, nicht im *centro storico* der Serenissima bauen dürfen, weil sein Stil eben nicht mit der hier bevorzugten gotischen Verspieltheit konkurrieren sollte. Dennoch bekam er so bedeutende Bauaufträge wie die von 1580 bis 1592 errichtete Kirche Il Redentore, die »Erlöserkirche«, aber eben nur gegenüber, nicht im Zentrum. Zum Dank der Venezianer für die Befreiung von der verheerenden Pest von 1576, bei der 50 000 Venezianer, also mehr als ein Drittel der damaligen Bevölkerung, starben. Palladio hat es gut verstanden, eine gewisse Theatralik mit dem Sinn einer Votivkirche zu verbinden. Allein die große Freitreppe, die vom Wasser zur Kirche hinaufführt, ist sehenswert.

Bootsprozession

Il Redentore ist jedes Jahr am dritten Sonntag im Juli Ziel einer prächtigen 330 Meter langen Bootsprozession zwischen den Záttere in Höhe der Kirche Spirito Santo und der Erlöserkirche auf La

Giudecca. Bis 19 Uhr ist die Votivbrücke fertig, es folgen Messen und eine halbe Stunde vor Mitternacht ein riesiges Feuerwerk von San Marco aus Richtung Bacino. Wer ein Boot hat oder mitfahren darf, trifft sich im Bacino, um das grandiose Spektakel zu sehen und dabei opulent zu speisen und dazu sicher nicht wenig zu trinken. Am Tag drauf finden drei Regatten statt und den Abschluss bildet am Sonntag um 19 Uhr eine vom Patriarchen von Venedig gehaltene Messe.

Luxushotel im Klostergarten

Fast schmerzt es, wie sehr die kleine Klosterkirche, die Chiesa delle Zitelle (1588 geweiht), auch sie vermutlich von Palladio geplant, aber erst nach seinem Tod vollendet, vom Hotelkomplex im früheren Kloster zusammengedrückt zu werden scheint. Welch ein Kontrast! Das Kloster nahm sich der armen Mädchen (*zitelle* genannt) an, die hier stickten und Spitzenarbeit lernten und bestimmt keinen Luxus kannten. Die Hallenkirche mit hoher Kuppel und zwei kleinen Glockentürmen war Marias Präsentation im Tempel geweiht und ist innen u.a. mit Bildern von Leandro Bassano (Hauptaltar) und Palma il Giovane (rechter Seitenaltar) ausgestattet.

Casa dei Tre Oci

Ganz nahe erhebt sich ein Palazzo, der in Venedig als Fremdkörper gilt: die Casa dei Tre Oci, venezianisch für »drei Augen«, zu Beginn des 20. Jahrhunderts von Mario De Maria (1852–1924) im Jugendstil errichtet. Das Haus hat viele Künstler und andere Intellektuelle beherbergt und wurde der Stadt vermacht. Hier ist jetzt ein Zentrum für Fotografie mit Schule und Ausstellungsräumen entstanden, ein begehrtes Kulturzentrum, das mit Hilfe von Studenten aufrechterhalten wird.

Infos und Adressen

SEHENSWÜRDIGKEITEN

Casa dei Tre Oci. Termine je nach Ausstellung. Fondamenta delle Zitelle, Giudecca 43, Tel. 041/241 23 32, Infos über Fondazione di Venezia, Dorsoduro 3488/U, www.fondazionedivenezia.org

Chiesa delle Zitelle. Leider ganz selten geöffnet, auf Anfrage für Gruppen ab 20 Personen. Fondamenta delle Zitelle, Giudecca 32, Tel. 041/532 29 20.

Chiesa del Redentore. Mo–Sa 10–17 Uhr, So 13–17 Uhr, Campo del Santissimo Redentore, Giudecca 195, Tel. 041/523 14 15.

ESSEN UND TRINKEN

Ai Cacciatori. Traditionelle venezianische Küche in freundlichem Ambiente, Seeigel und hausgemachte *dolci* (Süßigkeiten). Di–So 11–23 Uhr, Fondamenta del Ponte Piccolo, Giudecca 320, Tel. 041/528 58 49, www.aicacciatori.it

Al Redentor. Einfache Trattoria mit gutem Preis-Leistungs-Verhältnis, abends Pizzeria. Tgl. 12–14.30 und 19–22 Uhr, Fondamenta San Giacomo, Giudecca 205/B, Tel. 041/520 60 96.

ÜBERNACHTEN

Cipriani. Luxus pur in modernem Gebäude sowie im angrenzenden gotisch-venezianischen Palazzo Vendramin, ein Orient-Express-Hotel. Fondamenta San Giovanni, Giudecca 10, Tel. 041/24 08 01, www.hotelcipriani.com

Palladio Hotel & Spa. Luxus hoch drei rings um die Zitelle-Kirche in deren aufgelassenem Klosterkomplex mit einem atemberaubend schönen Garten. Fondamenta delle Zitelle, Giudecca 33, Tel. 041/520 70 22, www.palladiohotelspa.com

Oben: San Giorgio Maggiore verdankt sein heutiges Aussehen dem genialen Baumeister Palladio.
Unten: Der Irrgarten nebenan gehört nun der Fondazione Cini und ist nur auf Anmeldung zu begehen.

45 San Giorgio Maggiore
Kirche und Kulturzentrum mit Venedig-Blick

Wie ein Tropfen unter einem Eiszapfen hängt die Klosterinsel vor der Giudecca-Spitze, von der sie durch den schmalen Canale della Grazia getrennt ist, nur eine Bootsstation von Zitelle entfernt. Palladios edle Handschrift bei der gleichnamigen Kirche ist schon an der Fassade erkennbar, der Innenraum gleicht einer Pinakothek und im Klosterkomplex widmet sich die Fondazione Cini mit gut besuchten Veranstaltungen auch kulturellen Fragen.

Das Benediktinerkloster wurde bereits 982 gegründet, doch erst nachdem 1109 die Reliquien des Heiligen Stephan aus Konstantinopel gebracht wurden, wurde es nach San Marco zum wichtigsten Pilgerziel der Serenissima. Die Kirche ist, wie ihr Name verrät, dem Heiligen Georg geweiht, dem Nebenpatron von San Stefano, der am 26. Dezember unzertrennlich mit den Weihnachtsfeierlichkeiten in der Lagune von Venedig verbunden ist.

Palladios Handschrift

Ihr heutiges Aussehen hat die Kirche Andrea Palladio zu verdanken, der 1565 den Auftrag für den Neubau der baufälligen Kirche erhalten hatte. Ihrer Bedeutung entsprechend und weil Rom während des Napoleonischen Feldzugs besetzt war, hatte man die Konklave 1800 nach Venedig verlegt, wo im Frühjahr Pius VII. in San Giorgio zum Papst gewählt wurde. Leider haben die napoleonischen Truppen danach auch diese Kirche ausgeplündert und die kostbare Bibliothek aufgelöst.

San Giorgio Maggiore

Dem Verfall preisgegeben wurde die Klosterinsel später durch die Familie Cini gerettet, die allerdings ausgehandelt hat, ihr Kultur- und Forschungszentrum mit dem großartigen Teatro Verde im weitläufigen Park nur zu bestimmten Anlässen dem zahlenden Publikum zu öffnen.

Der Aufstieg auf den mitsamt der Spitze 75 Meter hohen Glockenturm von 1794 (Aufzug bis 50 Meter Höhe vorhanden!) lohnt sich. Der Rundblick über die gesamte Lagune ist einfach überwältigend schön. Vorsicht: Punkt zwölf Uhr schlägt eine der acht Glocken drei Minuten lang so erbarmungslos laut, dass man fürchten muss, taub zu werden. Alle 30 Minuten wird nur kurz die Glocke geschlagen, alle acht Glocken nur bei besonderen Festivitäten.

Für venezianische Verhältnisse wirkt die helle dreischiffige Kirche richtig aufgeräumt. Die weiße Strenge ist Palladios Handschrift. Im Chor hat sich Jacopo Tintoretto (1518–1594) gleich zweimal verewigt: rechts vom Hauptaltar mit dem eigenwilligen *Abendmahl*, links mit dem *Mannaregen*. Rechts vom Chor führt eine Tür in die Cappella della Deposizione mit Tintorettos letztem Werk, einer *Kreuzabnahme* (1594). Ebenfalls rechts nahe dem Eingang durch die Tür, dann eine Wendeltreppe hoch zum Oratorium (Pater oder Messner fragen) ist ein bemerkenswertes Werk von Vittore Carpaccio zu finden: *Der Heilige Georg tötet den Drachen* (1516), links vom Chor führt eine Tür zum Campanile. Und davor sollte man einen Blick nach links in einen schmalen Raum werfen: Hier steht die Originalskulptur von der Spitze des Glockenturms. Was nun von oben nach Venedig hinüberwinkt, ist eine gut gemachte Kopie. – Und wem ist die Ähnlichkeit des Glockenturms mit dem von San Marco gegenüber aufgefallen?

Hinreißender Blick auf die Lagunenstadt

Infos und Adressen

SEHENSWÜRDIGKEITEN

Fondazione Cini. Sa/So mit Führung 10 und 17 Uhr. Isola di San Giorgio, Giudecca, Tel. 041/271 02 29, www.cini.it

San Giorgio Maggiore. Tgl. 9–12.30 und 14.30–18.30 Uhr, im Winter bis 17.30 Uhr. Isola di San Giorgio, Giudecca 2, Tel. 041/522 78 27.

ESSEN UND TRINKEN

Rosa Salva – Bar San Giorgio. Eine der Bars der berühmten Konditorei/Bäckerei mit Terrasse am feinen kleinen Jachthafen und Venedig-Blick. Sommer tgl. 10–18 Uhr, Winter Mo–Sa 11.30–15 Uhr, Isola di San Giorgio, San Marco 950, Tel.393/959 92 20, www.rosasalva.it

ÜBERNACHTEN

Porto Venezia San Giorgio. Romantiker mit nautischem Interesse und dickem Geldbeutel können ihr eigenes oder das Mietboot im schmalen Jachthafen direkt unter dem Glockenturm von San Giorgio für die Nacht festmachen. Isola di San Giorgio Maggiore 5, Tel. 041/520 08 84, www.compagniadellavela.org

Simone Cenedese
gallery
68
69
YAMAHA

AUSFLÜGE

S. 230/231: Straßenszene am Rio dei Vetrai Canal in Murano
Oben: Die Bewohner der Nordlagune Venedigs sind bodenständiger, auf Burano liebt man kräftige Farben an den Hauswänden.
Unten: Pantoffeln tun es hier auch, man muss sich nicht zur Schau stellen.

46 Die Inseln der Nordlagune

Drei Juwelen unter den Schilfinseln

Aus Murano kommt die schönste, inzwischen auch moderne Glaskunst, aus Burano sind es die kunstvollen Spitzen, die an die Tradition der Fischernetze erinnern. Und aus Torcello? Hier sind Venedigs Vorgeschichte und die Jagdgeschichten Hemingways, der es sich in der »Locanda Cipriani« gut gehen ließ, nachzuvollziehen. Drei Inseljuwelen, die aus der nördlichen Lagune Venedigs herausragen, umgeben von Schilfinseln und Fischerbooten.

Schon in der Spätantike besiedelt bekam die Bevölkerung Muranos starken Zuwachs durch Flüchtlinge aus Altinum nördlich der Lagune, die vor den Hunnen und Langobarden geflohen waren.

Muranos Vielseitigkeit

Murano bietet außer dem Besuch von Glasbläsereien, in denen man den Künstlern bei der Arbeit zuschauen und ihre Werke vor Ort kaufen kann,

MAL EHRLICH

SPITZEN ADE!

Die Spitzenschule auf Burano ist längst Geschichte und die Frauen der Insel arbeiten lieber als Verkäuferinnen in den Glasläden der benachbarten Insel Murano. Die neuen Spitzen kommen aus Italien und aus Asien. Vor Ort kann man dennoch einigen älteren Damen, die im Museum und in den besseren Geschäften vorführen, wie mühsam diese Fertigkeit ist, über die Schulter schauen.

ein verkleinertes Abbild Venedigs mit einigen feinen, typisch venezianischen Palästen. Auch hier durchfließt ein Canal Grande den Ort, auch hier gibt es zwischen den sieben Inseln mehrere Seitenkanäle, elf Brücken und recht viele Restaurants, die sich um die Tagesausflügler bemühen. Gesamtfläche 1,17 Quadratkilometer, die höchste Höhe wird mit einem Meter angegeben.

Insgesamt leben knapp 5000 Menschen mehr oder weniger fest auf Murano, die meisten von ihnen auf der Hauptinsel San Donato, gefolgt von den Inseln San Giuseppe, San Matteo mit dem – palladianischen – Palazzo Trevisan, San Pietro Martire mit dem Palazzo da Mula, Santo Stefano mit dem Leuchtturm sowie den beiden künstlichen und wenig besiedelten Inseln Sacca Mattia und Sacca Serenella, letztere durch Glasfabriken nicht gerade verschönert.

Einen schönen Rahmen dagegen hat das Museo del Vetro im Palazzo Giustinian an den gleichnamigen Fondamenta nördlich des Canal Grande di Murano gefunden. Es zeigt interessante Beispiele aus der Geschichte der Glasproduktion Venedigs, aber auch neuere Produktionen.

Basilica dei SS Maria e Donato

Ein paar Schritte nördlich vom Museum erhebt sich die Basilica dei SS Maria e Donato mit ihrer wunderschönen Apsis, die als Schauseite zum Kanal hin gedacht war: mit durch Doppelsäulen getrennten Bogennischen und Umlaufgalerien. Zur Ausstattung gehören eindringliche Gemälde wie Jacopo Tintorettos (1518–1594) *Taufe Christi* oder Jacopo Palma des Jüngeren (1548–1628) *Heilige Nicolo, Lucia und Carlo Borromeo*, alle auf der rechten Seite. Aber hinreißend schön ist der durchgehende Mosaikboden, der u.a. zwei Hähne

AUTORENTIPP!

GLASKUNST NACH MASS

Wohltuend ist schon der Besuch der Galerie SEGUSO, die auf eine lange Tradition zurückschauen kann (seit 1397) und sich dennoch auch zeitgenössischem Design verschrieben hat. Allein 75 Museen für Design und dekorative Kunst stellen Stücke von SEGUSO aus, beispielsweise das MoMa in New York, das British Museum in London und natürlich das Glasmuseum von Murano. Besonders stolz ist die Familie Seguso, dass sie nach langem Hin und Her wieder im Besitz der Glasbläserei ist. Nicht ohne augenzwinkernd darauf hinzuweisen, dass sie nicht beim Alten bleiben, sondern sogar das LED-Licht in ihre Glaslampen integrieren wollen, ja zu einem zeitgemäßen Kunstwerk gestalten könnten. Egal, ob Kunstwerk oder Einrichtungsgegenstand, alles kann man auch nach eigenen Entwürfen bei den Seguso herstellen lassen.

SEGUSO. Fondamenta Venier 29 oder 48, Fondamenta Radi 20 sowie Fondamenta Manin 77, Murano, Tel. 041/527 53 33, www.seguso.com

Oben: Die Häuser auf Burano sind wunderschön farbenfroh.
Mitte: Auf Murano kann man die Kunst der Glasbläser anschauen und natürlich auch kaufen.
Unten: »Flammende« Glaskunst auf Murano, der Glasbläserinsel

zeigt, die sich einen Fuchs schnappen, was sagen soll, dass die Vorsicht über List und Tücke siegen kann. Diese frühere Bischofskirche von Torcello und Murano stammt bereits aus dem 7. Jahrhundert und wurde nach mehreren Umbauten in ihrer heutigen Form bereits 1140 vollendet, zählt also zu den ältesten Gotteshäusern in der Lagune von Venedig.

Um San Pietro Martire herum

Auf der anderen Seite des Glasmuseums, über die Fondamenta Cavour und die Ponte Vivarini, ist nach Überquerung der Kreuzung von Canal Grande di Murano und Canale degli Angeli der Palazzo da Mula (mit Teilen des Rathauses) erreicht. Er ist einer der letzten Prachtbauten, die im 15. und 16. Jahrhundert auf Murano errichtet wurden, als der venezianische Adel die Insel als Sommersitz schätzte, wohl weil sie in der Lagune besser »durchlüftet« war und ist.

Schlendert man über die Fondamenta da Mula südwärts, stolpert man quasi über die Kirche San Pietro Martire (ab 1384 Dominikanerkirche), die unbedingt einen Besuch wert ist. Denn sie ist fast so etwas wie eine kleine Pinakothek mit bemerkenswerten Gemälden, u.a. von Paolo Veronese (1528–1588; *Heilige Agatha im Kerker mit Petrus und Engel* sowie *Heiliger Hieronymus*), von Francesco Salviati (1510–1563) eine *Kreuzabnahme*, Tintoretto zugeschrieben wird die *Taufe Christi* und von Giovanni Bellini (1430–1516) stammen zwei Altarbilder, *Mariä Himmelfahrt* und *Sacra Conversazione*. Sehr beeindruckend ist die Sakristei mit grob und doch perfekt geschnitztem Gestühl: 33 Halbfiguren im Barockstil, u a. mit den Porträts von Seneca, Sokrates, Demokrit, Pompeius und Prometheus, dem der Adler der griechischen Mythologie nach bekanntlich zur Strafe die Leber frisst, weil er den Menschen das ursprünglich nur den Göttern vorbehaltene Feuer gebracht hatte.

Muranos Glasbläserkunst

Bereits im 13. Jahrhundert ist die Glasbläserproduktion auf Murano nachgewiesen. Zwar wurden die Glasbläser vordergründig wegen der zu hohen Brandgefahr aus Venedig in die Lagune verlegt, aber eigentlich sollte damit auf der kleinen übersichtlichen Insel von Murano das Geheimnis der Herstellung besser geschützt werden. Wer das Rezept der Glasbläserkunst verriet, spielte mit dem Leben. Dennoch wagte es Giorgio Ballarin, die Rezepturen von Angelo Barovier, dem Erfinder von Färbemethoden und des farblosen venezianischen *cristallo*, zu stehlen und sich damit selbst zu einem der erfolgreichsten Glasbläser zu machen. Allen Statuten, *mariegole* genannt, zum Trotz. Ihm folgten weitere Glasbläser, die das Geheimnis auf ihrem Umzug nach Norden mitnahmen und erfolgreiche Glashütten aufbauten, so etwa in den Niederlanden, in Flandern sowie in Deutschland. Und nur so konnte sich z.B. Ludwig XIV. seinen Traum von einem Spiegelsaal in Versailles erfüllen. Erst im 18. Jahrhundert überwog die in Deutschland und Böhmen herrschende Technik des sogenannten Schnittglases (geschmolzenes Glas wird gegossen) und bereitete den Venezianern richtige Probleme auf dem damaligen Weltmarkt.

Mit dem Untergang der Serenissima war auch das Aus für die Glasbläser von Murano eingeläutet, doch im 19. Jahrhundert besann man sich dieser interessanten Kunst wieder und förderte sie, auch von Seiten Venedigs, zu dem Murano seit 1924 gehört. Durch die Gründung einer Glasfachschule (1860) und der Firma von Antonio Salviati (1866) erlebte die Murano-Glaskunst dank der interessierten Touristen, die in größerer Zahl nach Vene-

AUTORENTIPP!

WIE EINST HEMINGWAY

Nur die Jagdwaffen sollte man zu Hause lassen, sonst kann man sich auf Torcello fast wie Hemingway fühlen, wenn man sich wie er in der »Locanda Cipriani« verwöhnen lässt, der Trattoria von Giuseppe Cipriani, der auch »Harry's Bar« besaß. In der »Locanda« auf dem Weg zum historisch interessanten Teil der Insel gibt es echte venezianische Köstlichkeiten. Und das kleine, nur sechs Zimmer zählende Hotel bietet, zumindest wenn die Tagsausflügler weg sind, herrliche Ruhe und einen aufmerksamen Service. Eine Überraschung positiver Art sind die Übernachtungspreise, die nicht so hoch ausfallen wie angesichts des weltweiten Rufs befürchtet!

Locanda und Hotel Cipriani. Piazza Santa Fosca, Torcello 29, Tel. 041/73 01 50, www.locandacipriani.com

Spitzen sind das Aushängeschild Buranos.

Oben: Blick auf Murano
Mitte: Spitzenklöppeln fast nur noch fürs Museum
Unten: Torcello ist das sakrale Zentrum der Laguneninseln.

dig zu kommen begannen, einen erneuten Aufschwung. Anknüpfend an die Renaissancekunst mit hauchzarten Gläsern, mit Netzen überzogen, oder mit sogenanntem *Millefiori*-Dekor aus Murrinen, wie er im Jungendstil bekannt ist: Dünne, verschiedenfarbige Glasstäbe werden verschmolzen, ausgezogen und in Scheiben geschnitten. Aber auch die bunten Glasperlen waren begehrt.

Torcello – die Mutter Venedigs

Wer zum ersten Mal auf der Insel mit dem Boot ankommt, glaubt sich »in die Wüste geschickt«, ist doch von der Anlagestelle her kaum eine menschliche Behausung zu erkennen, nur ein paar Bäume und Gräser. Man läuft einen schmalen Kanal entlang auf die Inselmitte zu, vorbei an einem großen Lokal, das am Wochenende oft von Familienfeiern und Hochzeiten belegt ist. Schräg gegenüber steht jenseits des Kanals die von Hemingway (der hier Wasservögel jagte) geliebte und daher berühmte Locanda Cipriani, deren schlichtes Äußeres nicht ahnen lässt, wie viel Geld man hier für ein Essen hinblättern darf.

Daran anschließend stößt man auf das einst bedeutendste sakrale Zentrum der Lagune überhaupt. Die außen schlichte Basilica Santa Maria Assunta (11. Jahrhundert) birgt in ihrem Inneren prächtige Mosaiken und im Chor ist eine *Madonna mit Kind* golden leuchtend umrahmt. Faszinierend in dieser perfekt als Museum mit Tafeln und Audio-Kopfhörern in mehreren Sprachen erklärten Kirche ist die Westwand mit sechs Reihen von Mosaikbildern (12. und 13. Jahrhundert). Themen sind u. a. oben »Tod und Auferstehung Christi«, unten, recht drastisch dargestellt, »Das Jüngste Gericht«. Daneben erhebt sich der zierliche Zentralbau der Kirche Santa Fosca mit äußerem Säulengang und innen weitem Tambour. Die aus dem

7. Jahrhundert stammende Kirche erhielt ihre heutige Form bereits um 1100.

Das benachbarte Museo di Torcello ist in zwei Gebäuden aus dem 14. Jahrhundert untergebracht, im Palazzo dell'Archivio und im Palazzo del Consiglio: Im Hauptgebäude sind sakrale Kunstgegenstände aus der Basilika und anderen Plätzen, darunter aus Veroneses Werkstatt die *Anbetung der Heiligen Drei Könige* untergebracht; im früheren Palazzo del Consiglio, des Rates, findet man Zeugnisse aus der Bronzezeit, der Besiedlung durch Römer und Griechen, aber auch ägyptische Statuetten unbekannter Herkunft.

Burano – Spitzen, Fisch, Risotto

Es ist die Insel der nach ihr benannten Burano-Spitzen, die man im Museo del Merletto bewundern und nur noch selten original erwerben kann. Denn die meisten sogenannten, billigeren Burano-Spitzen in den Souvenirläden kommen leider aus Fernost. Aber die Insel mit ihren im Verhältnis zu Venedigs *centro storico* geradezu winzigen Fischerhäusern, die stets in frischen bunten Farben erstrahlen, ist einfach zauberhaft. Und nirgendwo in der Lagune kann man besseren Risotto bekommen und natürlich immer frischen Fisch.

Auf der großzügigen Piazza Galuppi befindet sich das sehenswerte Museo del Merletto, das Spitzenmuseum, das auch Adressen von Läden mit Originalspitzen von der Insel nennt. Hier sollte man sich den interessanten Film über die Insel und ihr Kunsthandwerk anschauen, der im Vorraum gezeigt wird (Italienisch mit englischen Untertiteln). Schräg gegenüber erhebt sich die Chiesa San Martino mit Gemälden von Giovanni Battista Tiepolo (1696–1770), Antonio Zanchi (1631–1722) und Francesco Fontebasso (1707–1769).

Oben: Buranos Häuser schmücken sich mit bunten Fassadenfarben.
Mitte: Eine Fischplatte als Antipasto – genau richtig auf den Inseln der Nordlagune.
Unten: Diese freundliche Küchencrew zaubert die Fischgerichte der Trattoria Da Romano.

Infos und Adressen

SEHENSWÜRDIGKEITEN

Auf Murano:

Basilica dei SS Maria e Donato. Mo–Sa 9–12 und 15.30–19 Uhr, So 15.30–19 Uhr, Campo San Donato 11, Tel. 041/73 90 56, www.sandonatomurano.it

Chiesa di San Pietro Martire. Mo–Fr 8–19 Uhr, Sa 11–19 Uhr, So 12–17 Uhr, Campiello Michieli 3, Tel. 041/73 97 04.

Museo del Vetro. Palazzo Giustinian. April–Okt. Mo–So 10–18 Uhr, Nov.–März 10–17 Uhr, Fondamenta Giustinian 8, Tel. 041/73 95 86, www.museovetro.visitmuve.it

Palazzo da Mula. Heute Rathaus. Fondamenta da Mula 153, Murano, Tel. 041 273 76 25.

Palazzo Trevisan. Leerstehender Palazzo, den man nicht besichtigen kann, aber von außen hübsch anzuschauen: typischer Palladio-Stil aus dem 16. Jahrhundert. Murano 34.

Auf Burano:

Chiesa San Martino. Tgl. 8–12 und 15/16–19 Uhr, Piazza Galuppi 20, Tel. 041/73 00 96.

Museo del Merletto. April–Okt. Mo–So 10–18 Uhr, Nov.–März 10–17 Uhr, Piazza Galuppi 187, Tel. 041/73 00 34, http://museomerletto.visitmuve.it

Auf Torcello:

Museo di Torcello, Basilica Santa Maria Assunta und Santa Fosca. März–Okt. Di–So 10.30–17.30 Uhr, Nov.–Feb. 10–17 Uhr, Piazza Torcello, Tel. 041/73 07 61.

ESSEN UND TRINKEN

Auf Murano:

Ai Frati. Einst (ab 1859) Weinlokal mit Küche, nun Fischlokal, aber auch mit traditionellen venezianischen Fleischgerichten; mit Sommerterrasse. Fr–Di 12–14.30 und 18.30–22.30 Uhr, Fondamenta Venier 4, Murano, Tel. 041/73 66 94, www.aifrati.com

Al Corallo. *Cicheti* an der Theke des kleinen Lokals und zum Teil fast verschwundene venezianische Gerichte wie *nervetti* (Kälber-Knorpel). Mi–Mo Mittag 12–15 und 17–20 Uhr, Fondamenta Vetrai 73, Tel. 041/73 96 36, www.trattorialcorallo.com

Einkauf für die häusliche Küche

Da Tanduo. Sehr freundliche, gepflegte Taverne mit Restaurant unter Holzbalkendecke, toller Antipasti-Platte, nachmittags mit süßer Theke. Alle Gerichte werden täglich frisch zubereitet. Küche tgl. 11–15 Uhr, ab 16 Uhr Kaffee und Kuchen, ab 18.30 Uhr wieder Küche; im Winter nur Mi–Mo. Fondamenta Manin 67/68, Tel. 041/73 93 10, www.datanduo.it

Gran Caffè Laguna. Einladendes Café mit Snacks direkt an der *vaporetti*-Anlegestelle. Tgl. 8–21/22 Uhr, Piazzale della Colonna 1/A, Tel. 041/527 41 93.

Osteria al Duomo. Kleine nette Osteria/Pizzeria jenseits des Kanals dem Domchor gegenüber. Bar tgl. 7–20 Uhr, Restaurant tgl. 12–15 Uhr, Fr/Sa/So auch 19–22 Uhr, Fondamenta Maschio 21, Tel. 041/527 43 03, www.osteriaalduomo.com

Auf Burano:

Da Romano. Altbekanntes Fischrestaurant, das zu den historischen Lokalen Italiens zählt. In schöner Lage mit Tischen am Kanal. Mi–So Mittag 12–15

und 19–22.30/23 Uhr, Via Via San Martino DX 221, Tel. 041/73 00 30, www.daromano.it

Galuppi. Prämiertes Restaurant mit Fischküche und (aufwendigem) *risotto alla buranella* (Reisgericht nach der Art von Burano, auf Fischbasis); Tische auch im Freien. Gehobene Preise. Tgl. 12–22 Uhr, Via Galuppi 468-470, Tel. 041/73 00 81.

Riva Rosa. Sehr hübsches kleines Restaurant mit Vinothek auf zwei Stockwerken mit Mini-Dachterrasse, teuer. Do–Di 12.30–15 und 18.30–23 Uhr, Fondamenta Cavanella/Ecke Via San Mauro 296, Tel. 041/73 08 50, www.rivarosa.it

Principe. Eigentlich eine Konditorei, aber mit Restaurant und Pizzeria. Mo–Sa 8–20 Uhr, Campiello del Principe/Via San Mauro 455, Tel. 041/73 50 67.

Auf Torcello:

Al Trono di Attila. Sehr freundliche kleine Kneipe mit großem Saal, Wintergarten und großem Garten; mit guter venezianischer Küche und gutem Preis-Leistungs-Verhältnis. März–Okt. tgl. 9–19 Uhr, im Winter nur Di–So; Mai–Aug. Restaurantbetrieb Sa auch nach 19 Uhr, Via Borgognoni 7/A, Tel. 041/73 00 94, www.altronodiattila.it

Muranos Glasbläser haben noch immer gut zu tun.

Villa'600. Nettes Ausflugslokal mit großem Garten. Do–Di 12–14.30 und 18–22 Uhr, Fondamenta Borgognoni 12, Tel. 041/527 22 54, www.villa600.it

ÜBERNACHTEN

Auf Murano:

Al Soffiador. »Beim Glasbläser« bedeutet der Name des netten, familiär geführten Hotels. Viale Bressagio 10, Tel. 041/73 94 30, www.hotelalsoffiador.com

Conterie. Nettes kleines Hotel im venezianischen Stil des 18. Jahrhunderts in der Familienvilla eines Glasherstellers (seit dem 16. Jahrhundert). Calle delle Conterie 21, Tel. 041/527 50 03, www.hotelconterie.com

Murano Palace. Nur sechs Zimmer kleines Hotel in zentraler Lage mit venezianischer Einrichtung des 18. Jahrhunderts. Fondamenta Vetrai 77, Tel. 041/73 96 55, www.muranopalace.com

Auf Burano:

Laguna Blu. Kleine Pension mit nur vier Zimmern in klaren einfachen Linien, erst 2011 eröffnet; Frühstücken kann man in der angeschlossenen Osteria Ai Pescatori. Calle Daffan 379, Tel. 041/73 06 50, www.laguna-blu.it

EINKAUFEN

Auf Murano:

Domus Vetri d Arte. Vasen, Skulpturen, Schmuck aus echtem Murano-Glas. Fondamenta Vetrai 82, Tel. 041/73 92 15.

Formia – Fornace Mian. Vasen, Skulpturen, Becher und Gläser, Lampen und Schmuck aus Murano-Glas. Fondamenta Vetrai 138, Tel. 041/73 92 85, www.formiaglass.it

La Fenice. Objekte, Vasen und Pokale etc. aus Murano-Glas. Fondamenta da Mula 151, Tel. 041/73 96 99, www.vetrerialafenice.com

Auf Burano:

Martina. Großer Verkaufsladen für Spitzen, die nicht alle auf Burano geschaffen wurden; auch spitzenbesetzte Mode. Via San Mauro 307, Tel. 041/73 55 23, www.martina-lace.com

47 Die Lidi

Wie an einer Perlenschnur

***Lido* verheißt Strandleben und die Inseln leben tatsächlich gut damit. Dabei haben die insgesamt mehr als 20 Kilometer langen *lidi* wenig Glamouröses zu bieten, aber eben die sandigen, schmalen und langen Strände sowie das Filmfestival und natürlich den Blick auf die Serenissima. Schlagzeilen machen die *lidi* auch als Hochwasserschutz für Venedig.**

Lido di Venezia heißt der Hauptort des rund zehn Kilometer langen, von Pinien beschatteten Litorale di Venezia. Seit hier 1857 auf dem Lido die erste Badeanstalt geschaffen wurde, gibt es den Begriff »Lido« für einen Strand mit guter Infrastruktur. Dieser hier ist besetzt mit teuren Hotels wie dem »Des Bains«, aber auch nette einfachere Häuser sind zu finden, genau richtig für diesen Strand der Venezianer. Im Sommer ist hier also viel los, Badeanstalten, Bars und Restaurants aller Couleurs gibt es ausreichend, auch etwas Nachtleben. Ende August/Anfang September besetzt die Mostra Internazionale del Cinema, die bereits 1932 von der Biennale ins Leben gerufenen Filmfestspiele, die meisten Hotelzimmer.

S. 240/241: Abschied von den farbenfrohen Fassaden auf Burano.
Oben: Blick von der Lagune auf Pellestrina
Unten: Lido – Innbegriff des Strandes und der Badeferien auf den langen Sandbänken vor Venedig

Litorale di Pellestrina

11,5 Kilometer lang ist die flache Sandbank, so dass man sie bereits unter der Republik Venedig durch einen Damm vor dem ansteigenden Meer schützen musste. Heute ist dieser eine Attraktion, aus riesigen schräg angelegten Marmorplatten gebaut und wird *murazzi* (riesige Mauern) genannt. Zur Lagune hin scheint das kleine Fischerdorf Sant'Antonio mit seiner großen Pfarrkirche in

Vom Lido nach Pellestrina

Die Venedig vorgelagerten Inseln lassen sich wunderbar auf eigene Faust erkunden. Der Bus Nummer 11 fährt vom Lido jeweils um 5 bzw. 25 Minuten nach der vollen Stunde gegenüber dem neuen Bootsterminal am Gran Viale Santa Maria Elisabetta ab, die Fahrt wird mit Fähren fortgesetzt. Wer einen Sitzplatz ergattern will, sollte früh da sein, denn die Fahrt bis ans Ende von Pellestrina dauert rund 50 Minuten. Pellestrina lässt sich wunderbar per Fahrrad erkunden: flach und unkompliziert und wenig durch Autoverkehr belastet. Und wer lieber eine Strecke zu Fuß geht, findet etwa alle 100 bis 200 Meter eine Bushaltestelle zum Wiedereinsteigen.

Ⓐ **Bootsterminal Lido di Venezia** – Erst 2012 eingeweihte neue Station der *vaporetti*. Mit dem Bus geht es in schnellem Tempo die baumbeschattete Allee nach Osten.

Ⓑ **Blue Moon** – Beliebtes Strandbad am östlichen Ende der Allee, wo man nach rechts zum Lungomare Guglielmo Marconi parallel zum Meer abbiegt.

Ⓒ **Palazzo della Mostra del Cinema** – Im Filmpalast am Lido di Venezia schlägt während der Filmfestspiele das Herz des Geschehens und das der Teilnehmer sicher höher. Von hier führt die Tour nach Süden durch dichtes Wohngebiet. Gärten und Felder folgen, Land pur!

Ⓓ **Malamocco** – Die kleine, ruhige Ortschaft Malamocco ist als Wohngebiet beliebt.

Ⓔ **Alberoni** – Hier gibt es einen Golfplatz und in den Dünen ein Naturschutzgebiet des WWF, wo es im Sommer viel intakte Natur zu entdecken gibt, auf Wunsch von kenntnisreichen Führern erläutert. In Alberoni setzt der Bus auf die Fähre über, die nach einem kurzen Moment auf Pellestrina landet, der noch schmaleren und längeren Nachbarinsel.

Ⓕ **San Pietro** - Die erste Ortschaft auf der schönen Insel Pellestrina mit der Kirche San Pietro.

Ⓖ **Portosecco** – Das zweite Dorf ist ebenfalls von einfachen Fischerhäusern geprägt.

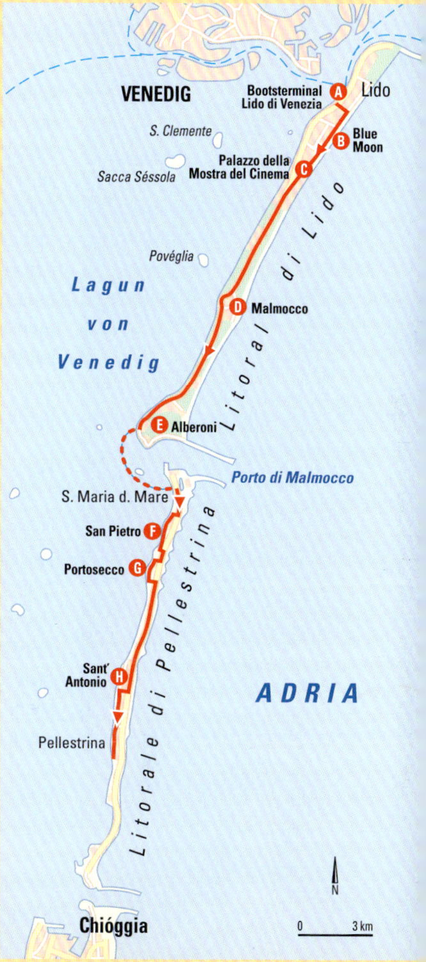

Ⓗ **Sant'Antonio** – Ein interessanter Ort auf Pellestrina, hier sollte man an der ersten Haltestelle aussteigen und das Fischerdorf genauer anschauen. Auf der Südseite befindet sich die *murazzi* hinter hohen Mauern und auf der Nordseite der Ortskern mit den kleinen Fischerhäusern, seinen beiden Kirchen und den Fischerhütten in der Lagune. Alles hübsch anzusehen.

AUTORENTIPP!

VON PELLESTRINA NACH CHIÓGGIA

Wer schon morgens früh losfährt, kann die *lidi* mit einem Ausflug nach Chióggia (s. S. 246) kombinieren. Von der letzten Busstation in Pellestrina am Piazzale Caduti della Giudecca hat man direkten Anschluss an die Fähre zur kleinen Schwester Venedigs. Es kann eine schöne Abwechslung zum geradezu ländlichen Pellestrina werden. Denn Chióggia gebärdet sich dagegen richtig urban: Von der Anlegestelle hinter dem feinen Hotel »Grande Albergo Italia« ist es nur einen Katzensprung zur breiten, mit großen Steinplatten belegten *Passeggiata*-Meile des Corso del Popolo. Rechts und links Cafés und Bars beziehungsweise Restaurants. Morgendliches Ziel aber sollte die berühmte Fischhalle sein. Später kann man sich noch den hoch aufragenden Glockenturm der Pfarrkirche in der Mitte des *corso* mit seiner historischen Uhr anschauen.

den Tag hineinzuträumen. Zwischen den kleinen Fischerhäusern flattert tagaus, tagein Wäsche im Wind. Die Promenade entlang der Lagune, natürlich mit Venedig-Blick, ist eine wunderschöne Spaziermeile mit zwei oder drei Einkehrmöglichkeiten, je nach Jahreszeit. Pellestrina besaß bis 2009 auch eine bedeutende Werft (»De Poli«), die fast zweihundert Jahre lang vielen Menschen Arbeit bot, zuletzt rund 800 Bootsbauern. Danach musste die familiengeführte Werft Konkurs anmelden und wurde 2010 von der ACTV, den Verkehrsbetrieben Venedigs, übernommen. Hier werden nun die öffentlichen Transportboote instandgehalten.

Die Kirchen der Fischer

Ognissanti ist der Dom Pellestrinas und nicht weit von der letzten Bushaltestelle am Piazzale Caduti della Giudecca entfernt – zur Erinnerung an das Passagierschiff Giudecca, das mit 200 Personen an Bord am 13. Oktober 1944 versenkt wurde, und zwar genau vor Ognissanti. Es ist eine alte Kirche, schon im 12. Jahrhundert errichtet, mehrmals umgebaut und erweitert für die zunehmende Zahl an Bewohnern, zuletzt im 19. Jahrhundert. Ab hier nordwärts, also Richtung Lido, sind die nächsten sakralen Bauten Pellestrinas aufgereiht.

Als nächstes erhebt sich das wunderbar klare Oktogonal mit den beiden zurückversetzten kleinen Glockentürmen der Kirche Beata Vergine dell'Apparizione von 1728. Sie ist der Jungfrau geweiht, die einem kleinen Jungen den Sieg der Venezianer über die Türken vorhergesagt haben soll. Sant'Antonios schlichte Fassade aber (17. und 18. Jahrhundert) erstrahlt in weißem istrischem Marmor, wirkt fast wie ein schlichter antiker Tempel und besitzt eine wohlklingende Orgel von Gaetano Callidos (1727–1813).

Infos und Adressen

SEHENSWÜRDIGKEITEN

Auf Pellestrina:

Beata Vergine dell'Apparizione. Nur zu Messezeiten, meist zum Rosenkranz 18 Uhr geöffnet, Sestier Vianelli.

Ognissanti. Tgl. 7–18 Uhr, Campo Ognissanti, Sestier Busetti, Tel. 041 96 70 11, www.pellestrina.it/chiese.htm

Sant'Antonio. Nur zu Messezeiten geöffnet, Sestier Scarpa, Pellestrina

Santo Stefano. Nur zu Messezeiten geöffnet, Campo Santo Stefano, Sestrier Portosecco.

San Pietro in Volta. Nur zu Messezeiten geöffnet, Campo di San Pietro, Portosecco.

ESSEN UND TRINKEN

Auf dem Lido di Venezia:

Ai Do Mati. Beliebtes Restaurant mit Terrasse an der Hauptstraße, mit günstigem Touristen-Menü. Gran Viale Santa Maria Elisabetta 49, Tel. 041/526 16 12.

Al Canton del Gallo. Sehr einladendes kleines Café mit vielen Tischen im Freien und eigener Konditorei, aus der den ganzen Tag frische Backwaren kommen. Guter Spritz. Tgl. 8–20/21 Uhr, Gran Viale Santa Maria Elisabetta 14, Tel. 041/526 03 58.

Bar Trento. Seit mehr als einem Jahrhundert gibt es hier traditionelle venezianische Gerichte, auch zum Mitnehmen, sowie ein täglich wechselndes Menü. Tgl. 11–21/22 Uhr, Via Sandro Gallo 82, Tel. 041/526 59 60.

Da Scarso. Dieses Gartenlokal im Herzen von Malamocco gehört zu den *Locali Storici del Veneto* und ist berühmt für seine Fischsuppe und die ausgebackenen Fische. Mi–Mo Mittag 12–14.30 und 19–22/23 Uhr, Piazzale Malamocco 5, Tel. 041/77 08 34.

La Pizzeria. Moderne einfache Pizzeria für den schnellen Hunger. Tgl. 11–21/22 Uhr, Gran Viale Santa Maria Elisabetta 21, Tel. 041/276 10 22.

Innenraum der Chiesa Ognissanti

Auf Pellestrina:

Ai Pescatori. Vorne venezianische Häppchen und Wein an der Theke, hinten ein Saal mit preiswertem Restaurant, auch gerne von Einheimischen aufgesucht. Sa/So auch Pizzeria. Di–So 9.30–15 Uhr, im Sommer 9.30–16 und 17.30–24 Uhr, Via Busetti 316, Tel. 041/527 93 46.

ÜBERNACHTEN

Auf dem Lido di Venezia:

Grande Albergo Ausonia & Hungaria. Schönes Ambiente in einem Jugendstilpalast mit eingelassenen Majoliken an der Fassade zur Hauptpromenade, mit orientalisch anmutendem Spa. Gran Viale Santa Maria Elisabetta 28, Tel. 041/242 00 60, www.hungaria.it

Des Bains. Durch Thomas Mann berühmt gewordenes Hotel mit Unterführung zum eigenen Strandbad, für Reisende, die es sich leisten wollen; etwas verstaubter Jugendstil. Lungomare Guglielmo Marconi 17, Lido di Venezia, Tel. 041 526 59 21, www.historichotelsthenandnow.com

Riviera. Modernes Hotel gegenüber der Boots-Anlegestelle, geschmackvoll eingerichtete Zimmer. Gran Viale Santa Maria Elisabetta 5, Tel. 041/526 00 31, www.rivieravenezia.it

AUSGEHEN

Blue Moon. Beachbar. Hier gehen junge Venezianer tanzen. Saisonal geöffnet. Piazzale Bucintoro 1, Lido di Venezia,

48 Chióggia

Venedigs kleine Rivalin?

Sie ist keineswegs Venedigs Nachahmerin, ähnelt zwar der Serenissima durch ihre Kanäle und Brücken, erweist sich aber als zauberhafte, eigenständige und urbane Idylle mit bedeutender Fischereiflotte. Die kleine Altstadt nimmt auch hier ein Konglomerat von Inseln ein. Vorgelagert ist Sottomarina Lido mit seinem Anhängsel Isola Verde, sozusagen die Strand-Stadt Chióggias mit vielen Hotels, Ferienwohnungen und Campingplätzen.

Der Schriftsteller Curzio Malaparte (eigentlich Kurt Erich Suckert, 1898–1957) nannte den Corso del Popolo, die genau 830 Meter lange Hauptschlagader Chióggias, »das größte Caféhaus Europas«. Tatsächlich ist die erstaunlich breite, mit großen Marmorplatten belegte Fußgängerzone eine Augenweide, wenn auch nicht überall von historisch bedeutenden Palazzi begrenzt. Auch die Cafés und Restaurants sind nicht mehr von so hoher Qualität wie noch vor wenigen Jahren, aber

MAL EHRLICH

TEUER PARKEN ODER WIE HINKOMMEN?

Erst einmal vorweg: Die Parkplatzsituation im Fischerstädtchen ist ziemlich katastrophal, außer an einem Montag, wenn hier nichts los ist. Wer also mit öffentlichen Verkehrsmitteln anreisen kann, sollte es tun. Denn ins historische Zentrum darf man nicht hineinfahren und kurz davor werden die Parkplätze teuer. Außerdem muss man genau wissen, wie lange man bleiben möchte, um entsprechend den teuren Parkschein aus dem Automaten zu ziehen und im Wagen zu deponieren.

Oben: Ankunft in Chioggia – am Vaporetto-Terminal
Unten: Blumenpracht in der Altstadt von Chioggia

dennoch verlockend. An lauen Sommerabenden werden die Tische weit auf den *corso* zwischen dem Campo Marconi Richtung Festland und der Piazzetta Vigo am gleichnamigen Bacino, also am südlichen Ende der Lagune von Venedig, gerückt.

Drei Hauptkanäle gestalten das historische Zentrum von der Wasserseite her, die parallel zum Corso verlaufen: Canale Lombardo westlich des Corso, der schmalere Canale Vena östlich des Corso und noch weiter östlich der breite Canale San Domenico, in dem die großen Fischerboote ankern. Eine 700 Meter lange Brücke verbindet die Altstadt über die kleinere Isola dell'Unione (mit Parkplatz und Lunapark) hinweg mit Sottomarina, dem vorgelagerten Vorort mit Strand. Doch über den engen Canale Vena hinweg führen insgesamt neun Brücken, so dass der Westen und der Osten des historischen Zentrums ebenso miteinander verbunden sind wie über eine eigene Brücke hinweg die Isola San Domenico mit der gleichnamigen sehenswerten Kirche.

Museo Civico della Laguna Sud

Am Campo Marconi befindet sich ein schöner Einstieg in die Lagunenstadt: Das ehemalige Kloster San Francesco mit seiner Kirche aus dem 14. Jahrhundert beherbergt heute das Museo Civico della Laguna Sud. Sein Hauptthema ist die südliche Lagune von Venedig, integriert ist eine reiche Bibliothek. Außer dem Lagunen-Thema sind Sonderausstellungen zu sehen, darunter eine mit Chióggia-Veduten lokaler Künstler des 20. Jahrhunderts und sakralen Bildern, die in anderen Kirchen sowie im Rathaus abgenommen wurden. Da bis 1950 jeder Fischer seine eigene, ganz persönlich für ihn geschaffene Pfeife besaß, ist auch eine hübsche Sammlung von sogenannten *pipe chioggiotte* zusammengekommen. In einem gesonderten Gebäu-

AUTORENTIPP!

DURCH CHIÓGGIA BEI NACHT

In den Monaten Juli und August werden Interessierte jeden Dienstag durch das nächtliche, schön angestrahlte historische Chióggia geführt. Und zwar kostenlos. Nur die Anmeldung ist notwendig. Die Führungen sind nicht jede Woche gleich, es werden z.B. abwechselnd unterschiedliche Kirchen speziell dafür geöffnet, auch solche, die man sonst nicht zu sehen bekommt. Wohl dem, der Italienisch versteht, denn es werden auch hübsche Geschichten aus der interessanten Fischerstadt erzählt. Startpunkt ist die Piazza Aldo e Dino Ballarin nahe der Kirche San Martino in Sottomarina um 21.15 Uhr.

Stadtrundgang. Azienda di Promozione Turistica, Tel. 041/40 10 68 sowie bei der Associazione Culturale La Briciola, Tel. 041/550 07 83 oder 041/40 39 84 zur Mittags- oder Abendzeit.

AUTORENTIPP!

CHIÓGGIA FEIERT GERNE

Das nette Städtchen hat viele alte Traditionen und pflegt sie gerne. Am dritten Juni-Wochenende findet das schönste Fest Chióggias statt, bei dem man mindestens 500 Teilnehmer in historischen Kostümen bewundern kann, beim *Palio della Marciliana*. In den Monaten Juli und August werden Einheimische wie Gäste mit Theater, Musik, Tanz und Freilichtkino entlang der Promenade von Sottomarina verwöhnt. Das dritte Juli-Wochenende ist für das Fisch-Festival mit vielen Ständen im historischen Zentrum von Chióggia reserviert. Und beim *Ferragosto* am 15. August gibt es in Sottomarina Musik und Trubel und Feuerwerk. Anfang August findet die bedeutendste intellektuelle Veranstaltung in Chióggias Gassen und auf den Plätzen statt, *Baruffe Chiozzotte* genannt: mit Theateraufführungen und kleineren szenischen Darstellungen frei nach Goldoni, der das gleichnamige Stück verfasst hatte.

Info. Über Touristen-Info: APT di Chióggia e Sottomarimna. Lungomare Adriatico 101, Sottomarina, Tel. 041/40 10 68, info.chioggia@turismovenezia.it oder Associazione Culturale La Bricola: Tel. 041/550 07 83.

de nebenan werden Wechselausstellungen gezeigt, so bedeutende wie etwa die der meist düsteren Bilder des in Chióggia geborenen Malers und Zeichners Walter Pregnolato (1931–1989).

Madonna der Chioggiotti

Schräg gegenüber erhebt sich am kurzen Canale Perottolo die vielleicht am meisten verehrte Madonna der Chioggiotti (die Madonna der Leute von Chióggia) unter ihrem wie aus Spitzenwerk gearbeiteten Baldachin. Hierher wurden früher die zu Tode Verurteilten zum letzten Gebet geführt, daher der Name »Madonna del Refugium Peccatorum« (Madonna des Fluchtorts der Sündigen). Denn in den Dom Santa Maria Assunta direkt dahinter durften die Sünder nicht mehr hinein. Die dreischiffige barocke Pfeilerbasilika (1632–1674) ist trotz ihrer Fresken im Chorbereich und einer marmornen Kanzel von 1677 nicht besonders sehenswert. Der danebenstehende *campanile* (Glockenturm) mit schlanker Kuppel, ein Wahrzeichen der Stadt, stammt vom Vorgängerbau aus dem 14. Jahrhundert.

Corso del Popolo

Das Schlendern über den Corso ist in Chióggia sehr angesagt. Er hat durch seine schlichteren und niedrigeren Palazzi aus dem 17. und 18. Jahrhundert so etwas Beschauliches, dass er den meisten Besuchern sofort gefallen müsste. Und er bietet ein paar Höhepunkte, wie etwa die Kirche Sant'Andrea Apostolo aus dem 11. bis 12. Jahrhundert, die 1743 allerdings total umgestaltet wurde. Richtig interessant ist aber der Glockenturm aus dem 10./11. Jahrhundert mit der angeblich ältesten noch erhaltenen Uhr der Welt. Jedenfalls sieht sie sehr hübsch aus mit ihren 16 blitzartigen Zeigern auf blauem Grund. Dann

steht am Corso noch das Rathaus (19. Jahrhundert) mit vielen Gedenktafeln, die an Chióggias Geschichte erinnern. Unter anderem soll an dieser Stelle der Freiheitsheld Garibaldi am 27. Februar 1867, als er zum Ehrenbürger der Stadt erklärt wurde, ausgerufen haben: »Unter euch zu sein ist wie inmitten meiner Familie«.

Granaio

Lang gestreckt und zum Corso hin mit Cafés und Bars gefüllt ist der historische Kornspeicher von 1322, der »Granaio«. Seit seiner Restaurierung 1864 dient er als Fischmarkt. Nach seiner jahrelangen Erneuerung wirkt er zwar etwas allzu ordentlich und Fotografen mögen sich am Neonlicht stören, doch nirgendwo an der italienischen Adria sonst dürfte man eine solche Vielfalt an Fischen und Meeresfrüchten in solcher Frische finden. Den Schlusspunkt des Corso markiert auf der Piazzetta Vigo eine Marmorsäule mit dem Markuslöwen, nebenan steht das einladende Hotel »Grande Italia« und dahinter befindet sich die Anlegestelle der *vaporetti* zu den *lidi* und nach Venedig.

San Domenico

Schlendert man gegenüber dem Grandhotel über die Brücke die Calle Santa Croce hinunter, kommt man zur hoch aufragenden Kirche San Domenico auf der gleichnamigen Insel. Bereits im 13. Jahr-

Oben: Brücke über den Canale della Vena
Mitte: In den Gassen Chióggias geht es geruhsamer zu als in Venedig.
Unten: Mit dem Mofa kommt man auch in Chióggia besser voran.

Oben: Training oder Ernst?
Mitte: Mittagspause
Unten: Chióggias Fischmarkt zieht Einkäufer aus ganz Norditalien an.

hundert im lombardisch-venezianischen Stil errichtet erlebte sie bis ins 18. Jahrhundert hinein mehrere Veränderungen. Wenige, aber eindrucksvolle Kunstwerke lohnen den Abstecher hierher, vor allem das Bild des stigmatisierten Heiligen Paulus in rotem Überwurf von Vittore Carpaccio (1460–1520). Außerdem die vier Darstellungen der *Wunder des Heiligen Dominikus* (1617–1619) von Pietro Damiani in den beiden großen Wandnischen rechts und links vom Eingang. Am Canale San Domenico stehen die großen Fischerboote des Städtchens, dessen Umrisse, ähnlich wie Venedig, wie das Gerippe eines großen Fisches aussehen. Auf der stadtabgewandten Seite zieht sich parallel die lange Isola Cantieri mit dem Fisch-Großmarkt hin. Und über die Isola dell'Unione hin verbindet eine lange Brücke das historische Chióggia mit Sottomarina, sozusagen dem Strand-Vorort. Hier wurde 1950 die erste Badeanstalt eröffnet, der schnell viele weitere folgten.

Schleusentore

Übrigens hat Chióggia im Gegensatz zu Venedig bereits zwei kleine MOSE, also Schleusentore, die sich bei Hochwasser schließen, um die Stadt vor Überflutung zu schützen, seit 2012 in Betrieb. Dabei werden die Fondamenta Vena parallel zu San Domenico bis zum Corso del Popolo geschützt, nicht aber die Fondamenta San Domenico selber.

Infos und Adressen

SEHENSWÜRDIGKEITEN

Duomo Santa Maria Assunta. Tgl. 9.30–11.15 Uhr, im Winter Messe um 18 Uhr, im Sommer um 19 Uhr, Rione Duomo 77.

Museo Civico della Laguna Sud. Öffnungszeiten je nach Jahreszeit /Monat, siehe Homepage. Campo Guglielmo Marconi 1, Tel. 041/550 09 11, www.chioggia.org/sito/museo

Municipio (Rathaus). Kein Zutritt. Corso del Popolo 1193, Tel. 041 553 48 11, www.chioggia.org

San Domenico. Tgl. 9–12 und 15–17.30 Uhr. Fondamenta San Domenico/Via Canali 4, Tel. 041/400584.

Sant'Andrea Apostolo. Meist nur zu Messezeiten geöffnet, am ehesten ca. 18 Uhr, Rione Sant'Andrea 664, Tel. 041/40 07 57.

ESSEN UND TRINKEN

L'Assaggio. Sympathische Bar/Trattoria mit Tischen auf den Fondamenta, Familienkneipe (seit 60 Jahren!), frische *cicheti* und Sandwiches. Simonetta erzählt dazu alles, was man über Chióggia wissen möchte. Mi–Mo 10–21 Uhr, im Sommer bis 24 Uhr, Fondamenta San Domenico 1250, Tel. 366/497 11 68 oder 328/942 83 28.

Osteria Penzo. Winzige Trattoria, dekoriert mit historischen Chióggia-Aufnahmen; Chióggia-Spezialitäten wie gefüllte Calamari oder schwarze *tagliolini.* Mi–Mo Mittag 12.30–15 und 19–22.30 Uhr, Calle Larga Bersaglio 525, Tel. 041/40 09 92, www.osteriapenzo.it

Trattoria San Marco. Urige Fischerkneipe unter niedriger Holzbalkendecke mit Tischen auf der Fondamenta vor den Fischerbooten. Di–So 6.30–20 Uhr, Fondamenta San Domenico 1121, Tel. 041/40 33 07.

ÜBERNACHTEN

Caldin's. Einfacheres Stadthotel ohne Restaurant nahe der Kathedrale, mit Parkplatz. Piezzale Perottolo 30, Tel. 041/40 35 82, www.hotelcaldins.com

Grande Italia. Zauberhaft restauriertes Grandhotel von 1914; sehr gutes Fischrestaurant *Alle Baruffe Chiozzotte*, wenig Parkplätze. Rione Sant'Andrea 597, Piazzetta Vigo, Tel. 041/40 05 15, www.hotelgrandeitalia.com

EINKAUFEN

Fischmarkt. Di–Sa 7–12 Uhr, Ex-Granaio, Corso del Popolo.

Wochenmarkt. Einer der größten und schönsten Wochenmärkte im Veneto, hier *el zioba* genannt. Jeden Do 8.30–12.30 Uhr, Corso del Popolo.

Auf dem Fischmarkt muss man früh morgens ankommen, um die besten Fische zu ergattern.

Oben: Nur mit viel Zeit kann man den Brenta-Kanal richtig genießen. **Unten:** Die Villa Foscari Malcontenta bei Mira gehört zu den Hauptattraktionen des Brenta-Kanals.

49 Der Brenta-Kanal

Mehr als ein Spiegel für die Landvillen

Seit dem 16. Jahrhundert verbindet der 33 Kilometer lange schlangenförmige Brenta-Kanal, in dessen Wasser sich schöne und z.T. bedeutende Villen Palladios und seiner Nachfolger spiegeln, Venedig mit Padua. Venedigs Patrizier ließen sich die Villen bauen, nicht nur um im Sommer eine klimatisch bessere Bleibe als in der Lagune zu haben, sondern auch, um von hier ihre Landwirtschaft auf der *terraferma*, dem Festland, zu kontrollieren.

Schon Johann Wolfgang von Goethe genoss offensichtlich die Reise von Padua nach Venedig, über die er am 28. September 1786 notierte: »Die Fahrt auf der Brenta, mit dem öffentlichen Schiffe, in gesitteter Gesellschaft, da die Italiener sich voreinander in acht nehmen, ist anständig und angenehm. Die Ufer sind mit Gärten und Lusthäusern geschmückt, kleine Ortschaften treten bis ans Wasser, teilweise geht die belebte Landstraße daran hin. Da man schleusenweise den Fluss hinabsteigt, gibt es öfters einen kleinen Aufenthalt, den man nutzen kann, sich auf dem Lande umzusehen und die reichlich angebotenen Früchte zu genießen.«

Die Villenlandschaft erkunden

Man fährt heute auf dem Kanal wenig anders als zu Goethes Zeiten, damals wurden die Boote allerdings von starken *gondolieri* abwärts gerudert beziehungsweise von Pferden hoch gezogen. Auch heute muss man durch Schleusen hindurchfahren, jedoch geht das relativ schnell, so dass man dabei das Schiff nicht verlassen kann. Heute wie damals verkehrt ein Schiff namens »Burchiello« auf dem Kanal, doch ist es inzwischen leider modernisiert. Es werden inzwischen auch andere Boote eingesetzt, man hat also die Wahl. Gehalten wird an wenigen Stellen, vor den wichtigsten Villen wie der prächtigen Villa Nazionale Pisani von Strà beziehungsweise zum Mittagessen in einem typischen Restaurant.

Villa Foscari

Knappe fünf Kilometer westlich von Fusina spiegelt sich der klassisch schöne Säulen-Portikus der Villa Foscari (1556), besser bekannt als *La Malcontenta*, »die Schlechtgelaunte«, im trägen Wasser des Kanals. Man kann den wunderschönen Park mit seinen fotogenen Hängeweiden sowie die mit Fresken verzierten Räume des *piano nobile* besichtigen. Immerhin handelt es sich hier um die einzige tatsächlich von Andrea Palladio (1508–1580) geplante Villa am Kanal, und zwar für Alvise und Nicolò Foscari, deren Familie damals zu den einflussreichsten in Venedig gehörte. Außerdem dürfte sie eine der schönsten, wenn auch relativ kleinen venezianischen Villen sein. Nicht mehr als ein Kubus auf hohem Sockel und voller feiner Details, harmonisch aufeinander abgestimmt in der palladianischen Architektur, wie z.B. im Freskenzyklus mit Episoden aus den *Metamorphosen* Ovids von Giovanni Battista Zelotti (1526–1578) sowie dem *Sturz der Giganten* von Giovanni Battista Franco (1510–1561).

Villa Widmann

In Mira stehen gleich drei sehenswerte Villen. Die Villa Widmann ist gleichzeitig Sitz der Informationsstelle der Provinz Venedig, von deren Mitarbeitern man auf Wunsch auch geführt werden kann.

AUTORENTIPP!

EINE AMBITIONIERTE HOTELIERFAMILIE

Erst vor wenigen Jahren hat die Hotelierfamilie Dal Corso ihre Villa Franceschi aus dem 16. Jahrhundert, die zu den geschützten venetischen Villen zählt, in ein Hotel umgewandelt. Die wenigen Zimmer in der geradezu wohnlichen kleinen Villa sind stilecht mit venezianischen Möbeln des 18. Jahrhunderts eingerichtet, im Untergeschoss befindet sich das kleine Frühstücksrestaurant für die Hausgäste. Vor der Villa aber breitet sich der herrliche Garten aus und für die Hausgäste ist eine gepflasterte Terrasse, von Gartenskulpturen umgeben, ausgespart – die schönste Einladung fürs Nichtstun. Im Restaurant »Margherita«, das sich im Anbau mit dem Salon sowie den etwas moderneren Zimmern befindet, wird man kulinarisch verwöhnt.

Villa Franceschi. Via Don Minzoni 28, Mira Porte (VE), Tel. 041/426 65 31, www.villafranceschi.com
Margherita. Reservierung dringend angeraten. Mo–Sa 12.30–14.30 und 19–22.30 Uhr, im Hotel Villa Franceschi, Via Nazionale 312, Tel. 041/426 65 31, info@dalcorsohotellerie.com

Statuen in der Villa Pisani

Oben: Mehrere Boote erschließen inzwischen den Brenta-Kanal.
Unten: La Nazionale – die Villa Pisani in Strà ist ein wichtiges und sehenswertes Nationalmonument.

Auch diese 1719 erbaute Villa ist von eher bescheidenen Dimensionen. Sie besticht durch ihre Wohnlichkeit auf zwei Ebenen rund um den beide Stockwerke umfassenden, mit mythologischen Themen gestalteten Zentralraum, um 1750 vom Venezianer Giuseppe Angeli geschaffen. Besonders hübsch ist die umlaufende Empore, von der aus man den Tanzsaal von oben betrachten konnte und noch immer kann.

Barchessa Valmarana

Vom leicht verwilderten Garten, in dem für Veranstaltungen eine Cafeteria eingerichtet wurde, schaut man auf die Barchessa Valmarana jenseits von Straße und Kanal. Nachdem die Serenissima Mitte des 19. Jahrhunderts hohe Steuern auf die Prachtbauten der Venezianer erlassen hatte, wurden zahlreiche Villen kurzerhand abgerissen. So geschehen zu Beginn des 20. Jahrhunderts auch im Fall der Villa Valmarana, die aus dem 16. Jahrhundert stammte.

Geblieben sind die erst 1734 geschaffenen beiden Flügel, die Barchessen, in die man den nach außen nun nicht mehr sichtbaren Luxus verlegte. Deren Vorbauten (in einem Fall für die Aufnahme der landwirtschaftlichen Geräte, im anderen als Freisitz des Gästehauses) werden von mächtigen Säulen getragen. Nur das Gästehaus kann heute besichtigt werden, denn die Villa befindet sich in

Privatbesitz und ist zeitweise bewohnt. Allerdings ist dies auch der interessanteste Teil der Anlage, birgt es doch im Hauptsaal einen großen Freskenzyklus, den Michelangelo Schiavoni, gen. Chiozzotto, ab 1712 in der Art Tiepolos malte, mit der üblichen Glorifizierung der Auftraggeber, in diesem Fall der Familie Valmarana.

Barchessa Alessandri

Ein noch anderes Kleinod der venezianischen Kunst findet man in der Barchessa Alessandri (ab 1704) ein Stück weiter Richtung Padua im Zentrum von Mira. Auch diese Villa befindet sich in Privatbesitz, wird aber gerne der Öffentlichkeit gezeigt. Ist sie doch ein zauberhaftes und gleichzeitig interessantes Beispiel für die Lebensart der Venezianer am Brenta-Kanal, vor allem für ihre Spielsucht, der sie sich außerhalb von Venedig, wo es verboten war, ganz hingeben konnten. Also brauchte man private Casinos, wo man maskiert, also unerkannt spielen konnte. Man glaubt noch heute, beim Betreten dieser Räume etwas von der leidenschaftlichen Atmosphäre von damals zu spüren, vor allem weil die freundliche Besitzerin im Hintergrund leise Musik spielen lässt und sogar an kleines Backwerk gedacht hat.

Dargestellt werden Bilder aus Ovids *Metamorphosen* und neben der Tür zum Spielsaal gibt es eine kleine bemalte Vitrine mit Fläschchen, Kannen und Tassen, die an die Gastfreundschaft in diesem Haus beziehungsweise an den Bauherrn Cesare Alessandri erinnern soll. Im Spielzimmer erkennt man die Leidenschaft von Antonius und Cleopatra, im Konversationszimmer den jungen Hannibal, der Rache gegen die Römer schwört. Von Giannantonio Pellegrini (1675–1741) heißt es, diese Fresken aus seiner Hand hätten den Weg für Giovanni Battista Tiepolo (1696–1770) geebnet.

AUTORENTIPP!

RIVIERA FIORITA

»Blühende Riviera« nennt man das aufregendste Fest am Brenta-Kanal, das ursprünglich zwar im Mai zur ersten Blüte begangen, aber aus praktischen Gründen in den September verlegt wurde. Genauer: auf den zweiten Sonntag, also nach der *Regata Storica* in Venedig (s. S. 205). Zwischen Strà und Malcontenta ziehen Hunderte prächtig geschmückte Boote mit fein herausgeputzten Teilnehmern in historischen Kostümen durch den Kanal, an dessen Ufern kulinarische und andere Stände zum Schlemmen und Feiern verlocken.

Info über APT Venezia.
www.rivieradelbrenta.biz (s.u.)

Oben: In der Villa Foscarini befindet sich auch das Schuhmuseums von Luigino Rossi.
Mitte: Statue in der Villa Piasani
Unten: Die Villa Widmann in Mira ist Sitz der Informationsstelle der Provinz Venedig.

Villa Nazionale Pisani

Die Villa Nazionale Pisani ist die prächtigste und größte in Venetien überhaupt und steht im weitläufigsten Park am Brenta-Kanal. *Nazionale* heißt sie genau deshalb, weil sie ein Nationalmonument ist. Barocker Prunk verbindet sich in diesem Palast, der den Höhepunkt der Architektur des 18. Jahrhunderts bildet, harmonisch mit der Einfachheit des Klassischen. Baubeginn des Zentralgebäudes war 1720, so wie es sich Alvise Pisani (1664–1741), der lange seine Stadt in Paris vertreten und u.a. Versailles kennengelernt hatte, wünschte. Dann übertrug er nach seiner Wahl zum Dogen 1735 Francesco Maria Preti die Umsetzung zu einer fünfflügeligen Schlossanlage. Mit 114 Räumen (nur die Prunkräume können besichtigt werden, aber das reicht für mehrere Stunden!) und einem immensen Park mit dem aufregendsten Irrgarten Italiens, luxuriösen Stallungen und anderen Nebengebäuden.

Ein langer Kanal verbindet die Rückseite optisch mit den Stallungen bzw. der *limonaia*, dem »Zitronenhaus«. Statuen säumen die Wege und bekrönen Balustraden und die Prunksäle wurden mit Stuckaturen und Fresken von den besten Künstlern seiner Zeit ausgestattet, unter anderem Jacopo Amigoni (1682–1752), Andrea Brustolon (1662–1732) und Andrea Celesti (1637–1712). An erster Stelle jedoch muss Tiepolo genannt werden, der 1760 bis 1762 zusammen mit seinem Sohn Giandomenico, zuständig für die mythologischen Szenen in Grisaille-Technik, den Tanzsaal zur Glorifizierung der Familie Pisani ausmalte. Das Deckengemälde ist eines der berühmtesten Werke Giambattista Tiepolos. Schon bevor die Prunkvilla 1882 in den Besitz des italienischen Staates überging, nahm sie berühmte Persönlichkeiten der Zeitgeschichte auf wie Napoleon 1807, der sie damals eigentlich besetzt hielt und einige Räume nach seinem Geschmack umgestalten ließ. 1866 übernachtete der italienische König Vittorio Emanuele II im eigens dafür umgestalteten Schlafgemach. 1934 trafen sich hier zum ersten Mal die Diktatoren Benito Mussolini und Adolf Hitler.

Villa Foscarini

Die Villa Foscarini ist ein Glücksfall für Venetien-Reisende, die sich vielleicht auch für Mode interessieren. Sie ist seit 1995 Sitz des Schuhmuseums des erfolgreichen Fabrikanten Luigino Rossi, dessen Rossimoda inzwischen zum französischen Modekonzern Vuitton gehört, also russische Besitzer hat, aber sich seine kreative Selbstständigkeit bislang bewahren konnte. Es gibt auch eine sehr schöne Ausstellung von historischen Schuhmodellen.

Noch etwas lernt man in diesem interessanten Museum: An die 850 Schuhmacher arbeiten in und um Strà, sie stellen normalerweise nur Teile von Schuhen für die ganz großen Modehäuser dieser Welt her. Allein rund 50 von ihnen fertigen nur Absätze! Angefangen hatte es bereits 1268 mit der venezianischen Bruderschaft der Calegheri, die für die Herstellung der Schuhe der Patrizier zuständig war, bis Napoleon sie gleichzeitig mit der glorreichen Republik von Venedig 1797 abschaffte. So zogen die Schuhmacher an den Brenta-Kanal.

AUTORENTIPP!

DEN LECKERSTEN FISCH GIBT ES BEI NALIN

Seit 1914 gilt dieses supergute familiär geführte Restaurant in einer Art Wintergarten an einem Seitenkanal der Brenta als eine Top-Adresse für Leute, die Fisch und Meeresfrüchte lieben. Und zwar stets frische aus der nahen Adria. Ein Familienmitglied ist täglich außer am Sonntag schon in aller Herrgottsfrühe nach Chióggia unterwegs, um selber auf dem dortigen Großmarkt einzukaufen. So kann man im »Nalin« ruhig auch Rohes bestellen, denn an der Frische ist nicht zu zweifeln. Im Frühjahr und Spätherbst sollte man nach den *moleche* fragen, den nackten Krebsen, die mit allem zubereitet und verzehrt werden. Dazu gibt es gute leichte Weißweine vor allem aus dem Veneto, auch offen. Der Service ist perfekt, die Tische locken wunderbar eingedeckt. Was will man mehr?

Nalin. Di–So 12.30–14.30 und 19–22/23 Uhr, Via Argine Sinistro Novissimo, Mira (VE), Tel. 041/42 00 83, info@trattorianalin.it

Infos und Adressen

SEHENSWÜRDIGKEITEN

In Mira:

Barchessa Alessandri. April–Sept. Di–So 10–12.30 und 14.30–18 Uhr, Riviera Silvio Trentin 3.

Barchessa Valmarana. März–Okt. Di–So 10–18 Uhr, Nov.–Feb. 10–16 Uhr, Via Valmarana 11, Tel. 041/426 63 87, www.villavalmarana.net

Villa Foscari – La Malcontenta. Mai–Okt. Di/Sa 9–12 Uhr, sonst nur auf Voranmeldung für Gruppen ab 25 Personen, Via dei Turisti 9, Tel. 041/547 00 12, www.lamalcontenta.com

Villa Widmann Rezzónico Foscari. Villa nur auf Voranmeldung 48 Stunden vor dem beabsichtigten Besuch, Garten Mo–Fr 9–14.30 Uhr, Sa/So 10.30–13 und 13.30–16.30 Uhr, Via Nazionale 420, Tel. 041/42 49 73, widmann@turismovenezia.it

In Strà:

Villa Foscarini Rossi. Nur Schuhmuseum April–Okt. Mo–Fr 9–13 und 14–18 Uhr, außer im Aug. Sa/So 14.30–18 Uhr, Nov.–März Mo–Fr 9–13 Uhr, Via Doge Pisani 1/2, Tel. 049/980 10 91, www.villafoscarini.it

Villa Nazionale Pisani. Jan.–März Di–So 9–16 Uhr, April–Dez. 9–19 Uhr, Via Doge Pisani 7, Tel. 049/50 20 74, www.villapisani.beniculturali.it

ESSEN UND TRINKEN

In Mira:

Alla Vida. Urgemütliche Trattoria in altem Stil mit Holztäfelung und historischen Bildern, die Spezialitäten könnten aus dem venetischen Geschichtsbuch stammen: hausgemachte Pasta, ausgebackenes Gemüse, *sfilacci di cavallo* (zerrupftes trockenes Pferdefleisch) mit Polenta. Di–Fr/Sa Abend–Mo Mittag 12.20–14.30 und 18.30/19–22.30 Uhr, Via Don Minzoni 31, Tel. 041/42 21 43, www.trattoriaallavida.it

In Strà:

Osteria del Baccalà. Wunderhübsche kleine Osteria in der kurzen Fußgängerzone mit guter venezianischer Hausmannskost. Mi–So 12.30–14.30, 18.30–22.30 Uhr. Piazza Marconi 58,

Villa Valmarana in Mira

Tel. 049/980 18 44, www.osteriadelbaccaladalinda.it

Pasticceria Zaggia. Bäckerei/Konditorei mit stets frischem Gebäck venezianischer Tradition, auch Torten und Häppchen; Aperitif-Treff. Tgl. 8–20 Uhr, Piazza Marconi 54, Tel. 041/50 30 03.

ÜBERNACHTEN

In Mira:

Villa Margherita. Eine der ersten am Brenta-Kanal zu einem Hotel restaurierten Villen (17. Jahrhundert) aus dem weitläufigen Besitz der Venezianer Contarini, im 19. Jahrhundert um einen Flügel erweitert. Am Rande von Mira in einem Park nahe der Villa Widmann an der Staatsstraße, aber zurückgesetzt und daher mit wenig Lärmbelästigung. Ein zauberhaftes Romantik-Hotel mit stimmungsvollen Räumen; ohne Restaurant (aber ein familieneigenes in der nahen Villa Franceschi), mit Parkplatz. Via Nazionale 416/417, Tel. 041/426 58 00, www.villa-margherita.com

Riviera dei Dogi. Einfacheres aber gekonnt in eine Park-Villa der Contarini aus dem 17. Jahrhundert mit Anbauten integriertes Hotel, vorher Osteria, Ende 19. Jahrhundert das erste Hotel an der Riviera del Brenta (damals Albergo Cima). Holzbalkendecken, Terrazzo-Böden, Stilmöbel; kein Restaurant, Parkplatz. Via Don Minzoni 33, Tel. 041/42 44 66, rivieradeidogi@bighotels.it

EINKAUFEN

Schuhfabriken mit eigenen Outlets im Bereich des Brenta-Kanals: Fratelli Rossi, Ballin, Kalliste, Renato Angi. Es werden richtige Shopping-Touren angeboten, Übernachtung und fein speisen inklusive, z.B. unter www.rivieradelbrenta.biz/en/eng.php

INFORMATION

APT Venezia. Villa Widmann. März/April/Okt. Di–So 10–17 Uhr, Mai–Sept. bis 18 Uhr, Nov.–Feb. nur So/Feiertag 10–17 Uhr, Via Nazionale 420, Mira Porte (VE), Tel. 041/513 82 96, widmann@turismovenezia.it, www.rivieradelbrenta.biz.

Bahnverbindungen. Zwischen Venedig und Padua nördlich von Brenta-Kanal und Autobahn, mit Station nahe Dolo bzw. Mira.

Linienbusse. Bus Nummer 53 entlang der Staatsstraße 11 zwischen Venedig und Padua, mit vielen Haltepunkten nahe den wichtigsten Villen.

Ausflugsboote. Spezielle Reisebüros offerieren mit ihren Ausflugsbooten Fahrten auf dem Brenta-Kanal, meist nur von Strà bis Venedig; u.a.:
I Battelli del Brenta di Antoniana Viaggi.
Via Porciglia 34, Padua, Tel. 049/876 02 33, www.antoniana.it

Delta Tour. Via Toscana 2, Padua, Tel. 049/870 02 32, www.deltatour.it

Die Bootsfahrt durch den Brenta.Kanal hat heute nichts mehr mit den Luxusreisen wie zu Goethes Zeiten zu tun…

50 Padua

Die schönsten Märkte und Giottos Meisterwerk

In Paduas Zentrum geht man genüsslich von Markt zu Markt, umgeben von den allerschönsten historischen Bauten. Man geht zum Santo, wie die Kirche des Heiligen Antonius genannt wird, auch um in Kunst zu schwelgen, und man geht in die Scrovegni-Kapelle, um Giottos Meisterwerk zu bewundern. Padua ist eine lebensfrohe Stadt voller Highlights der Kunstgeschichte und eine junge Stadt voller Studenten.

Oben: Giusto de Menabuois Kuppelfresko im Baptisterium des Doms Santa Maria Assunta
Unten: Kathedrale und Baptisterium in Padua bilden einen schönen städtebaulichen Komplex!

Idealer Ausgangspunkt für Besucher der Stadt ist der Bahnhof, ob für Bahn- oder Busreisende oder für Autofahrer, die in der Nähe parken können. Es sind nur wenige Schritte zur Cappella degli Scrovegni im grünen Areal der Arena Romana, einer der wenigen Reste aus römischer Zeit. In der vom reich gewordenen Bauherrn Scrovegni gestifteten Kapelle konnte der Florentiner Giotto di Bondone

MAL EHRLICH

TAGSÜBER HEITER, ABENDS LEIDER NICHT

Der Prato della Valle, in der Römerzeit Zirkus und Theater, ist ein großer grüner Platz im Süden, mit dem ersten Botanischen Garten, der Kirche Santa Giustina und 78 Figuren auf den Kanalgeländern, die bekannte Bürger Paduas darstellen. Man sieht Kinder und Liebespaare und an Markttagen (samstags) ist die Stimmung besonders heiter. Doch in der Nacht regiert die Drogenszene, und diese scheint Padua leider nicht in den Griff zu bekommen. Also lieber nur tagsüber hingehen.

1303 bis 1305 seinen Freskenzyklus in beispielhafter Perspektive verwirklichen. In drei Zonen sind 38 Episoden aus dem Leben Marias, ihrer Eltern Joachim und Anna sowie aus dem Wirken Christi dargestellt. Ein Tipp für die Betrachtung der Szenen: Giotto hat die Perspektive auf die Mitte des Raumes zentriert, von dort ist die Sicht optimal.

Rund um die Piazza Cavour

Über den Corso Garibaldi, vorbei an der Eremitanerkirche mit ihrer schönen Cappella Ovetari und dem Freskenschmuck Mantegnas und über die Piazza Garibaldi kommt man zur Piazza Cavour. Von da sind es wenige Schritte nach rechts zum berühmten »Caffè Pedrocchi«, dessen Stufen häufig von jungen Menschen besetzt sind. Zwischen 1826 und 1831 ließ der Kaffehausbesitzer Antonio Pedrocchi vom venezianischen Architekten Giuseppe Jappelli (1783–1852) den neoklassizistischen Bau errichten. Bald nannte man den Treffpunkt der Intellektuellen das »Caffè der offenen Türen«. Von hier wurde 1884 der studentische Aufstand gegen die österreichischen Besatzer organisiert.

Dom Santa Maria Assunta

Die von Tauben umflatterte Piazza del Duomo wird begrenzt vom Dom Santa Maria Assunta und rechts von ihm dem Baptisterium. In der venezianischen Kreuzkuppelkirche fällt zunächst das Langhaus mit zwei hintereinander liegenden Kuppelgruppen auf, auch über den mit einfachen Pilastern gekennzeichneten Seitenschiffen befinden sich kleine überkuppelte Räume. Im linken Seitenschiff, neben dem dritten überkuppelten Raum, hat Giovanni Antonio Pellegrini (1675–1741), ein Schüler Tiepolos, ein wunderschönes Altarblatt hinterlassen: *Madonna mit Kind*, umrahmt von Joseph und dem Bischof Cesáreo (erste Hälfte 18. Jahrhun-

AUTORENTIPP!

SCHLEMMEN AM KRÄUTERMARKT

Ob der Hunger klein oder groß ist, an der Piazza delle Erbe ist für alle Geschmäcker gesorgt. Ein Reich der Fantasie sind die *panini*, kleine belegte Brote mit Salami, Schinken, Porchetta, Käse, Salaten, sauer Eingelegtem, Oliven, Tomaten und vielem mehr. Beispielsweise an der unscheinbaren »Bar dei Osei« an der linken Ecke des Palazzo della Ragione. Man kann alles, wie die meisten Einheimischen auch, im Stehen verzehren, wer sich setzen möchte, zahlt dafür wie üblich mehr. Und abends ab 17 Uhr stehen die Einheimischen vor den kleinen Lokalen Schlange: Es gibt Meeresfrüchte.

Bar dei Osei. Tgl. 8.30–21.30 Uhr, Piazza dei Frutti 1, Tel. 049 875 96 06.

AUTORENTIPP!

ANMELDUNG FÜR GIOTTOS FRESKENZYKLUS

Nur 25 Personen dürfen sich zur selben Zeit in der Scrovegni-Kapelle aufhalten. Vorher müssen sie sich im Vorraum akklimatisieren, der Aufenthalt bei Giotto ist auf 15 Minuten begrenzt. Durch den starken Andrang muss man sich vorher anmelden, um zu erfahren, wann noch Plätze frei sind. Dann ist Pünktlichkeit Pflicht, wer zu spät kommt, hat das Nachsehen. An manchen Tagen kann die Kapelle auch zwischen 19 und 22 Uhr besichtigt werden, unter dem Motto *Giotto sotto le stelle*, also »Giotto unter Sternen«. Außerdem kann man die Scrovegni-Kapelle auch am Montag besichtigen, hier ist aber der normalerweise damit zusammenhängende Besuch der Musei Civici degli Eremitani nicht möglich.

Cappella degli Scrovegni. Mo–Fr 9–18/19 Uhr, Sa 9–13 Uhr, Piazza Eremitani 8, Auskunft und Anmeldung über Tel. 049/201 00 20, Buchung auch online ganz bequem möglich, Vorkasse per Kreditkarte unter www.cappelladegliscrovegni.it

dert). Eine Vielzahl künstlerischer Schätze befindet sich in der Sakristei (Schlüssel beim Kustoden) links von der Hauptchorkapelle. Vertreten sind mit bedeutenden Gemälden unter anderem Francesco Bassano (1549–1592), Paris Bordone (1500–1571) und Girolamo Forabosco (1605–1679).

Baptisterium

Das romanische Baptisterium aus dem 12. Jahrhundert, später die Grabstätte der Familie Carrara, zeigt zum Domplatz hin die Chorkapelle mit zierlichem Kuppeltambour, dahinter erhebt sich der Kubus des Hauptbaus mit zylindrischem Kuppelaufsatz. Diese Kuppel und die Wände der Taufkirche wurden von Giusto de' Menabuoi 1375 bis 1378 überreich mit Fresken geschmückt: Das Kuppelzentrum wird, umringt von den himmlischen Heerscharen, von Christus beherrscht, die Seitenwände erzählen die Geschichten Mariäs, Johannes des Täufers und Christus sowie die Apokalypse. Es ist nicht einfach, die vielen Szenen in der richtigen Reihenfolge aufzufinden. Wer alles exakt erkennen will, sollte sich einen speziellen Führer für die Fresken kaufen.

Wichtige Stationen befinden sich über dem Chor: »Kreuzigung«, flankiert von der »Auferstehung«, gegenüber der »Kindermord zu Bethlehem« und das »Abendmahl«. Im Altarraum wird die »Apokalypse« in drastischen Bildern gezeigt, darunter ein siebenköpfiger Drachen, der Sterne zur Erde schleudert und versucht, der gebärenden Maria das Jesuskind zu entreißen. An der Wand gegenüber der Altarkapelle fällt über dem Portal die fantastische Perspektive einer »Verkündigung« auf. Über einem Fresko Johannes des Täufers wird die kniende Stifterin der Muttergottes und dem Christuskind vorgestellt: Fina Buzzaccarini, die Ehefrau des Francesco il Vecchio da Carrara

Rund um die drei Märkte

Do passi in plassa, »zwei Schritte auf der Piazza«, sagen die Einheimischen, wenn sie durch Laubengänge, über Plätze und vorbei an imposanten Bauwerken bummeln und in einer der vielen Vinotheken bei Wein und Snacks einkehren. Man sollte es ihnen in Padua nachmachen und vormittags den Markt zu Füßen des riesigen Palazzo della Ragione aufsuchen. Hier gibt es eine einmalige Schau an Früchten und Gemüse, in der Markthalle im Erdgeschoss des Palazzo Fleisch und Fisch in üppiger Auswahl und ringsum für den Appetit zahlreiche kleine Restaurants, Bars und Marktstände.

A Palazzo della Ragione – Früher Rathaus und Justizpalast (1218) bietet er heute im Erdgeschoss eine Markthalle mit vielen kleinen Läden und in seinem riesigen Saal im Obergeschoss Platz für Wechselausstellungen.

B Piazza delle Erbe – Auf dem so genannten Kräutermarkt vor dem Palazzo geht es immer recht lebhaft zu. Vor allem beim täglichen Markt.

C Piazza della Frutta – Gleich hinter dem Palazzo della Ragione breitet sich der Obst- und Gemüsemarkt aus. Hier dürften die meisten Besucher länger verweilen.

D Palazzo del Capitano – Die stets durch viele Menschen belebte Piazza dei Signori, ab und zu mit Wäschemarkt, wird von der Front des Palazzo del Capitano beherrscht. Für die Architektur der Turmpforte hat Giovanni Maria Falconetto (1468–1535) 1532 die Form eines Triumphbogens gewählt. Darüber ist eine gigantische astronomische Uhr zu bewundern: Warum fehlt hier das Sternzeichen Waage?

E Loggia del Consiglio – Die Renaissanceloggia (1496 begonnen, 1516–1533 weitergeführt) auf der linken Seite des Platzes besticht durch ihre schlanken Arkaden, über ihnen bilden die Rundbogenfenster einen harmonischen Abschluss.

F Ghetto – In den engen Gassen südwestlich davon befand sich im ausgehenden Mittelalter das Ghetto Paduas. Jetzt ist dies die für typische Lokale angesagteste Ecke der Stadt.

G Palazzo del Bò – Ab 1542 Sitz der Universität von Padua, wo u.a. Galileo Galilei unterrichtete. Mit dem hochinteressanten Seziersaal hatte er allerdings nichts zu tun...

H Caffè Pedrocchi – Das frühere Literatencafé, vom venezianischen Architekten Giuseppe Jappelli (1783–1852) errichtet, lädt zu einer genüsslichen Pause ein, im Obergeschoss auch zu interessanten Ausstellungen.

(1325–1393), mit typischer Padua-Kleidung des 14. Jahrhunderts (rotes Kleid mit weißem Pelzbesatz). Auch der reiche Mäzen selbst ließ sich von Menabuoi darstellen, zu erkennen am roten Barett mit weißer Feder.

Donatellos Reiterstandbild

Gehen wir zum Santo, sagen die Paduaner, wenn sie zur Wallfahrtskirche Sant'Antonio an der Piazza del Santo wollen. Sie liegt im Südosten des hierfür erweiterten historischen Zentrums. Mit dem Bau der berühmten Pilgerkirche wurde 1232 nach dem Tod des Heiligen Antonius dem Prediger begonnen. Egal, welchen Weg man in der Stadt Richtung *Il Santo* wählt, überall grüßen vom Dach der romanisch-gotischen Konstruktion die acht Kuppeln und die orientalisch anmutenden Türme. Auf der Piazza del Santo scharen sich die Besucher zunächst um das Reiterstandbild des Gattamelata (1453) von Donato di Niccolò di Betto Bardi, gen. Donatello (1386–1466). Gattamelata war Oberbefehlshaber der venezianischen Truppen, kämpferisch und schlau, deshalb der Name »gefleckte Katze«. Der bronzene Reiter steht vor der breiten Ziegelfront der Wallfahrtskirche, deren Hauptportal von vier Blendarkaden mit Spitzbögen umrahmt wird.

Oben: Die großartige Kuppellandschaft der Kirche Sant´ Antonio ist weithin sichtbar.
Unten: Das Reiterstandbild des Gattamelata vor Sant´ Antonio

Sant'Antonio

Der Grundriss der Kirche hat die Form eines lateinischen Kreuzes, dem Langhaus fügt sich ein ausgedehntes Querhaus an, auffallend ist der stark gegliederte Chor mit Umgang und der Cappella del Tesoro. Zahlreiche künstlerische Meisterwerke befinden sich in den Seitenkapellen, die wichtigsten in der Cappella di San Felice (1372), auch Cappella di San Giacomo genannt, in der Mitte des rechten Seitenschiffes (außen links nach dem Lichtschalter suchen). Das architektonische Kleinod gibt die Stimmung eines venezianischen Palasts wider, 1377 bis 1379 vorwiegend von Altichiero da Zevio gestaltet. Verblüffend ist das dreiteilige Wandbild hinter den Arkaden, der Raum erweitert sich hinaus in eine Landschaft mit der *Kreuzigung Christi*, links vom Kreuz nach hinten versetzt erkennt man das Stadtbild Paduas, rechts eine Burg.

Am linken Ende des Querschiffs befindet sich die Cappella del Beato Luca Belludi, geschmückt mit Fresken von Giusto de' Menabuoi. Neben den eindrucksvollen Darstellungen wie Thronende Madonna mit Kind an der Stirnwand der Apsis erkennt man links von der Madonna die mittelalterliche Stadtansicht Paduas: In den Mauern ist deutlich der Palazzo della Ragione zu entdecken und Il Santo vor den Mauern. Dort verspricht der Heilige Antonius dem Franziskanerbruder Beato Luca Belludi, dass die Stadt bald vom tyrannischen Ezzelino befreit sein werde. Was dann auch geschah. Ziel der Antonius-Pilger ist jedoch in der Mitte des linken Seitenschiffs die Cappella dell'Arca del Santo im Renaissance-Stil, deren Decke wie in einem Palast mit Goldstuck verziert ist. Fast raumfüllend ist hier der Sarkophag (arca) des Kirchenpatrons Antonius, zu dessen Gebeinen die Pilgerscharen beten. Die neun Basreliefs mit fast freistehenden Figuren zeigen Szenen aus dem Leben des Heiligen. Andächtig berühren die Wallfahrer diese Bildnisse.

AUTORENTIPP!

PREISWERTE PADOVACARD

Wer Padua richtig aufmischen möchte, sollte sich gleich zu Beginn des Besuchs die PadovaCard besorgen. In der Karte ist der Besuch von Sehenswürdigkeiten enthalten, die Benutzung öffentlicher Verkehrsmittel und ein bequemer Parkplatz am Prato della Valle; außerdem gibt es mit der Card verbilligten Verleih von Wagen und Fahrrädern. Frei zu besichtigen sind bislang zwölf Sehenswürdigkeiten, darunter Scrovegni-Kapelle, Musei Civici degli Eremitani, Baptisterium des Doms, Palazzo della Ragione, Oratorio San Rocco, Oratorio San Michele, Piano Nobile del Caffè Pedrocchi, der Botanische Garten, Casa Petrarca in Arquà Petrarca. Reduzierte Preise für 26 weitere Museen und Paläste, auch in der weiteren Umgebung der Stadt.

Info. Die Karte gilt 48 (16 €) oder 72 Std. (21 €) jeweils für 1 Erw. und 1 Kind bis 14 J.. Auskunft am Bahnhof und an allen anderen Verkaufsstellen sowie unter http://padovacard.turismopadova.it

Infos und Adressen

SEHENSWÜRDIGKEITEN

Battistero del Duomo. Tgl. 10–18 Uhr, Piazza del Duomo, Tel. 049/65 69 14.
Chiesa degli Eremitani. Im Winter Mo–Sa 8.15–12.15 und 16–18, So, Fei 9–12.15 und 16–18, im Sommer Mo–Sa 8.15–12.15 und 16–18, So, Fei 9–12.15 und 16–18 Uhr, Piazza Eremitani 10, Tel. 049 875 64 10.
Duomo Santa Maria Assunta. Tgl. 10–18 Uhr, Piazza del Duomo, Tel. 049/65 69 14.
Galleria Pedrocchi. Mo–Sa 9–13.30 und 15–19 Uhr, Via VIII Febbraio 15, Tel. 049/876 79 27.
Il Santo – Sant'Antonio da Padova. Tgl. 6.30–19/19.45 Uhr, Cappella delle Reliquie 8/9–12.30/13 und 14.30–18/19 Uhr, Piazza del Santo 11, Tel. 049/822 56 52, www.basilicadelsanto.it
Loggia del Consiglio. Nur von außen zu bewundern, Piazza Capitaniato 19/Ecke Piazza dei Signori.
Musei Civici degli Eremitani. Di–So 9–19 Uhr, Piazza Eremitani 8, Tel. 049 820 45 51, http://padovacultura.padovanet.it
Oratorio San Rocco. Di–So 9.30–12.30 und 15.30–19 Uhr, Via Santa Lucia s/n, Tel. 049 875 39 81.
Oratorio San Michele. Im Winter Di–Fr 10–13 Uhr, Sa, So 15–18 Uhr, im Sommer Di–Fr 10–13, Sa, So 16–19 Uhr, Riviera Tiso da Camposampiero 32, Tel. 049 66 08 36.
Palazzo del Bò. März–Okt. Mo/Mi/Fr 15.15/16.15/17.15 Uhr, Di/Do/Sa 9.15/10.15/11.15 Uhr, Nov.–Feb. Mo/Mi/Fr 15.15/16.15 Uhr, Di/Do/Sa 10.15/11.15 Uhr, Via VIII Febbraio 2, Tel. 049/827 30 44 47. Für die Besichtigung des anatomischen Saals ist Anmeldung notwendig, telefonisch unter 340/347 37 72 oder unter guidepadovaelenacornaro@virgilio.it
Palazzo della Ragione. Feb.–Okt. Di–So 9–19 Uhr, Nov.–Jan. 9–18 Uhr oder je nach Ausstellung bzw. Veranstaltung. Piazza delle Erbe, Tel. 049/820 50 06.

Prozession zu Ehren des Hl. Antonius von Padua

ESSEN UND TRINKEN

Brek. Großes und doch angenehmes SB-Restaurant mit lokalen Gerichten und eigenem Bier. Tgl. 11.30–15 und 19–22.30 Uhr, Piazza Cavour 20, Tel. 049/875 37 88, www.brek.com
Caffè Pedrocchi. Historisches Café mit guten Drinks, Backwaren/Torten und Snacks. Jazz- und andere musikalische Veranstaltungen; Aperitif zur Happy Hour 18/19 Uhr. Di–So 9–12.30 und 15.30–22 Uhr, Via VIII Febbraio 15, Tel. 049/878 12 31, www.caffepedrocchi.it
Godenda. Moderne geschmackvolle Weinbar, Frühstück bis 10.30 Uhr, fantasievolle kleine Speisen (*sfizi*), Weinproben, gelegentlich kulturelle Veranstaltungen. Feinkost und Weine auch zum Mitnehmen. Di–Sa 10–15 und 18.30–2 Uhr, Club Mo-Do 9-21, Fr bis 2, Sa Aperitivo Enjoy um 18 Uhr. Via Squarcione 4/6 (Gasse von der Piazza delle Erbe Richtung Ghetto), Tel. 049/877 41 92, www.godenda.it
La Vecchia Enoteca. Lokal mitten im früheren Ghetto mit viel Atmosphäre; venetische Fisch- und Fleisch-Küche. Tischvorbestellung zu empfehlen.

Tgl. (So/Mo nur abends) 12.30–14.30 und 18.30–22/23 Uhr, Via Santi Martino e Solferino 32, Tel. 049/875 28 56, www.lavecchiaenoteca.com

Osteria dei Fabbri. Restaurant mit netter Atmosphäre, vorwiegend Fleischküche. Man kommt nach dem Abendessen noch auf einen Drink. Mo–Sa 12–15 und 19–23 Uhr, Via dei Fabbri 13, Tel. 049/65 03 36, www.osteriadeifabbri.it

Trattoria San Pietro. Stimmungsvolle Trattoria, tgl. wechselnde Karte, alles hausgemacht. Juni–Sept. So–Fr, Juli Mo–Sa 12.30–14 und 18.30–21/22 Uhr, Via San Pietro 95, Tel. 049/876 03 30, trattoriasanpietropadova@gmail.com

ÜBERNACHTEN

Al Cason. Familiäres Hotel in Bahnhofsnähe, 48 gut eingerichtete Zimmer, modernes Restaurant. Via Frà Paolo Sarpi 40, Tel. 049/66 26 36, www.hotelalcason.com

Città di Padova. Jugendherberge in hervorragender Lage nahe Prato della Valle, ordentlich eingerichtet, insgesamt 112 Betten, auch Familienzimmer, behindertengerecht; Fahrradverleih, Parkplätze, Cafeteria und Restaurant. Via Aleardo Aleardi 30, Tel. 049/875 22 19, www.ostellopadova.it

Grand'Italia. Palazzo im Liberty-Stil mit modernem Komfort, 58 Zimmern und 3 Suiten, stilvoll eingerichtet; ohne Restaurant. Corso del Popolo 81, Tel. 049/876 11 11, www.hotelgranditalia.it

Majestic Toscanelli. Zentrales Stadthotel, 34 renovierte, in unterschiedlichen Stilen eingerichtete Zimmer und Suiten. Kleines Restaurant mit lokaler Küche. Via dell'Arco 2, Tel. 049/66 32 44, www.toscanelli.com

Plaza. Stadthotel im Zentrum, elegante Atmosphäre, 134 komfortable Zimmer; bei Geschäftsleuten beliebtes Restaurant. Corso Milano 40, Tel. 049/65 68 22, www.plazapadova.it

EINKAUFEN

Mercato Piazza delle Erbe und Piazza della Frutta. Mo–Sa 8–13.30 Uhr.

Mercato Prato della Valle. Sa 8–13 Uhr.

Das historische, nicht mehr ganz stilechte Caffè Pedrocchi

VERANSTALTUNGEN

Tag des Heiligen Antonius. Paduas wichtigstes Fest. 13. Juni: begangen mit liturgischen Messen, Prozessionen und bunten Märkten.

AKTIVITÄTEN

Bootstouren: Consorzio Battellieri di Padova e Riviera del Brenta. Allgemeine Auskünfte Tel. 049/803 30 69, www.padovanavigazione.it

Delta Tour. Mit dem Boot auf dem Bacchiglione rund um die Stadt, Zusteigemöglichkeiten: Porte Contarine, Porta Ognissanti, Scalinata del Portello. Via Toscana 2, Tel. 049/870 02 32, www.deltatour.it

Il Burchiello. Mit dem Boot über Mira und Strà nach Venedig (siehe auch Brenta-Kanal, S. 252). Via Porciglia 34, Tel. 049/876 02 33, www.ilburchiello.it

I Battelli del Brenta. Via Porciglia, 34, Tel. 049/876 02 33, http://www.battellidelbrenta.it

INFORMATION

IAT Padova. Stazione FS (Bahnhof): Mo–Sa 9–19 Uhr, So 9.15–2.30 Uhr. Tel. 049/875 20 77. **Galleria Pedrocchi:** Mo–Sa 9–13.30 und 15–19 Uhr.Tel. 049/876 79 27. **Piazza del Santo:** nur April–Okt. Mo-Sa 9–19 Uhr, So 9–12 Uhr. Tel. 049/875 30 87, www.apadova.info

REISEINFOS

S. 269/270: Venedig von oben – mit Air Dolomiti im Landeanflug
Oben: Süße Souvenirs von Rosa Salva
Mitte: Ruhepause im Park, eine eher seltene Gelegenheit in Venedig
Unten: Anreise am besten mit dem Zug planen, parken ist sehr teuer!

Venedig von A bis Z

Anreise

Fluganreise von deutschen, Schweizer und österreichischen Flughäfen aus: Venedig Marco Polo (www.veniceairport.it) sowie Treviso Canova (www.trevisoairport.it). Vom Flughafen Venedig Taxi über Land (www.radiotaxivenezia.com, 25 Euro) oder Wassertaxi (www.motoscafivenezia.it, 95 Euro); per *vaporetto* (7 Euro) oder Bus (6 Euro) bis Piazzale Roma; vom Flughafen Treviso Bus (7 Euro) bis Piazzale Roma.

Venedig Santa Lucia ist eine Bahnstation nahe dem historischen Zentrum, das von da aus zu Fuß oder per *vaporetto* erreicht werden kann.
Die Anreise mit dem Wagen sollte sich nur wagen, wer sich die hohen Garagenpreise leisten möchte.

Ärzte und Apotheken

Empfehlenswert ist die Mitnahme der Europäischen Krankenversicherungskarte EHIC bzw. der Abschluss einer Auslandskrankenversicherung, mit der Pflichtversicherte sowie Privatpatienten zum Arzt ihrer Wahl gehen können. Jede Hotelrezeption kann deutschsprachige Ärzte nennen. Apotheken (*farmacia*, am grünen Kreuz zu erkennen) gibt es reichlich.

Aufenthaltssteuer

Je nach Hotelkategorie müssen Touristen für die ersten fünf Tage eine zusätzliche Aufenthaltssteuer zahlen, ähnlich einer Kurtaxe. Höchstbetrag fünf Euro pro Person und Nacht in der Luxuskategorie. Der Beitrag für die bessere Erschließung der Stadt für den Fremdenverkehr wird während der kurzen Nebensaison im Winter halbiert.

Autofahren in Venedig

Ist kein Thema. Am Piazzale Roma hört es spätestens auf, wo man die vielleicht teuersten Garagen des Landes findet. Geringfügig preiswerter ist es außerhalb der Saison, wirklich günstiger in Mestre oder Marghera auf dem Festland.

Diplomatische Vertretungen

Honorarkonsulat der Bundesrepublik Deutschland: Palazzo Condulmer, Santa Croce 251,
Tel. 041/523 76 75, venedig@hk-diplo.de
Österreichisches Honorarkonsulat: Palazzo Condulmer, Santa Croce 251, Tel. 041/524 05 56,
consolato.austria@zoppas.com
Schweizer Honorarkonsulat: Campo Sant'Agnese, Dorsoduro 810, Tel. 041/522 59 96,
venezia@honrep.ch

Essen und Trinken

Die venezianische Küche kann sich in ihrer Vielfalt sehen lassen, sie ist geprägt von den Fischen und Meeresfrüchten aus der Umgebung sowie vom tagfrischen Gemüse von den vorgelagerten Inseln. Leider sind die Preise in den Restaurants oftmals sehr hoch, es kommen oft noch Service (bis zu 15 Prozent) und das übliche »Gedeck« hinzu. Neben den Restaurants/Trattorien/Osterien (meist auch mit Pizza im Angebot) gibt es noch Bars mit stets frisch zubereiteten Häppchen von der Theke zu einem Glas Wein, die berühmten *ombra e cicheti* Venedigs.

Feiertage

1. Januar: Capodanno, Neujahr
6. Januar: Epifania, Heilige Drei Könige, meist am Vorabend begangen
März/April: Pasqua, Ostern, Pasquetta, Ostermontag

Oben: Viele Wege führen nach Venedig, am besten über den Bahnhof Santa Lucia.
Mitte: Endlich da! Drinkpause im Freien auf der Piazza San Marco …
Unten: ... oder bummelnd Eis schlecken.

Oben: Hunde sind willkommen, aber eine Last in der Lagunenstadt.
Mitte: Auslagen neu gestalten – das zieht neue Kundschaft in die Mercerie …
Unten: … ebenso wie schicke Taschen.

25. April: Giorno della Liberazione, »Tag der Befreiung« von den Deutschen, Nationalfeiertag
1. Mai: Festa del Lavoro, Tag der Arbeit
2. Juni: Festa della Repùbblica, Nationalfeiertag
3. Sa/So im Juli: Festa del Redentore, Fest zur Befreiung von der Pest 1526
15. August: Ferragosto, Mariä Himmelfahrt
1. November: Ognissanti, Allerheiligen
21. November: Festa della Madonna Salute, Bootsprozession zur Befreiung von der Pest 1630/31
8. Dezember: Immacolata Concezione, Mariä Empfängnis
25./26. Dezember: Natale, Weihnachten

Fremdenverkehrsämter

ENIT in Deutschland, Österreich und der Schweiz: www.enit.it

Fundbüros

Ufficio Oggetti Smarriti: Städtisches Fundbüro: www.oggettismarriti.it
Ca' Farsetti, San Marco 4136, Tel. 041/274 82 25
am Bahnhof Santa Lucia, beim Gleis 14, Tel. 041/78 52 38
am Flughafen San Marco, Tel. 041/260 92 22
bei den Städtischen Verkehrsbetrieben ACTV: für *vaporetti* und Fähren am Piazzale Roma, Tel. 041/272 21 79, für Busse in Mestre (Via Martiri della Libertà 396), Tel. 041/272 27 23.

Gepäck

Bloß nicht zu viel Gepäck mitnehmen! In den *vaporetti* wird pro Person nur ein Koffer akzeptiert, Rucksäcke müssen vom Rücken genommen und abgestellt werden. Über Venedigs Brücken lassen sich am besten Rollkoffer transportieren. Gepäck-

träger-Service der Cooperazione Trasbagagli unter Tel. 041/71 37 19. Gepäckaufbewahrung am Bahnhof und Piazzale Roma (teuer!).

Hochwasser

Auch wenn man rechtzeitig vorgewarnt wird und die Kommune bei Hochwasser Laufstege aufbaut, über die man zumindest die wichtigsten Punkte in der Stadt erreichen kann – im Winterhalbjahr sollte man an Gummistiefel denken oder Plastiktüten mitnehmen, die man oben zuschnüren kann (gibt es auch vor Ort zu kaufen, dann wird's natürlich teurer). Sonst abwarten, bis das Wasser wieder abgeflossen ist. Genauere Informationen gibt es über diverse Links, am sichersten von der Gemeinde selber unter www.comune.venezia.it/maree. Hier findet man sogar den aktuellen Plan der Wege, die durch Stege gesichert sind. Immerhin rund 4,5 Kilometer durch das historische Zentrum.

Kleidung

Bequemes Schuhwerk möglichst mit Profil-Gummisohlen ist für das Pflastertreten über große Plätze und auch mal steile Brücken unerlässlich. Im Sommer leichte luftige Kleidung tragen, es kann unerträglich schwül werden. Dennoch zumindest an einen kleinen Regenschirm und Windjacke denken und im Winter an warme Stiefel.

Oben: Wenn der Markusplatz unter Wasser steht, bleibt er nur kurz leer.
Mitte: Bei Schuhen ist Venedig ganz top modisch – gesehen bei Baldini.
Unten: Skurrile Souvenirs im Angebot, Hauptsache es steht »Venedig« drauf.

Oben: Orchester musizieren fast den ganzen Tag, auch vor dem »Caffè Florian«.
Mitte: Karnevalsmasken überall – auf die Qualität achten!
Unten: Mit den öffentlichen Vaporetti kommt man fast überall hin.

Klima

Im Sommer heiß und schwül, im Winter nass und kühl, dazwischen meist angenehm.

Kulturfestivals und Veranstaltungen

Januar/Februar: Höhepunkte des Carnevale Veneziano, am letzten Abend ab 23.30 Uhr Vogata del Silenzio, stiller Lichterumzug der Gondeln entlang des mit Kerzen beleuchteten Canal Grande von der Rialto-Brücke bis ins Bacino/Punta La Dogana, wo der Karneval symbolisch verabschiedet wird
März: Giornata FAI di Primavera, an einem Wochenende werden sonst nicht zugängliche Villen, Paläste etc. geöffnet
April: Antiquitätenmarkt Campo San Maurizio
Mai: Vogalonga, Ruderregatta
Juni: Tanz-Biennale; Art Night Venezia, eine Nacht der offenen Museen; Antiquitätenmarkt Campo San Maurizio
Juni–November alle zwei Jahre: (ungerade) Kunst-Biennale; (gerade) Architektur-Biennale
August: Theater-Biennale
Ende August/Anfang September: Filmfestival
September: Antiquitätenmarkt Campo San Maurizio

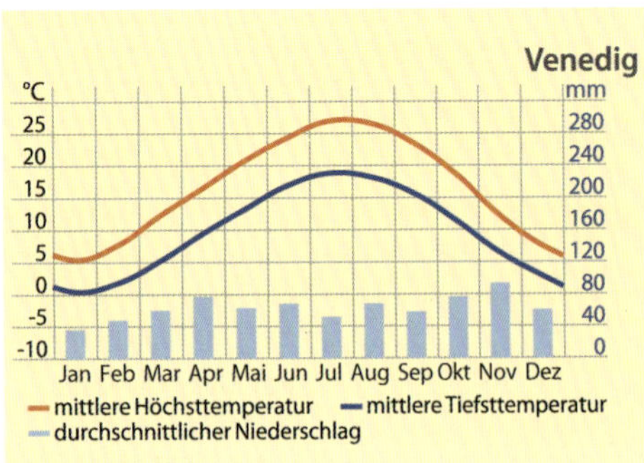

Oktober: Stadt-Marathon am vierten Sonntag; Biennale zeitgenössischer Musik
November–Dezember: Antiquitätenmarkt, Campo San Maurizio; Weihnachtsmarkt, Campo Santo Stefano; die ganze Stadt wird weihnachtlich dekoriert und überall findet man Mode & Co zu 50 Prozent

Notruf

Carabinieri, Polizei: 112 und 113
Verkehrs-Polizei (auch bei Problemen mit Restaurants, Wassertaxis o.ä., etwa wegen zu hoher Rechnungen): 041/274 70 70
Ambulanz: 118
Feuerwehr: 115
Küstenwache: 041/2405711 oder 041/53341 11
Pannenhilfe durch ACI: 116

Öffentliche Verkehrsmittel

Der öffentliche Transport ist in der Lagune von Venedig sehr gut organisiert. Hauptsächlich braucht man als Gast den Dienst der *vaporetti* mit ihrem dichten Fahrplan. Man sollte sich vorab überlegen, für wie viele Tage man das Ticket lösen möchte, je länger man bleibt, desto günstiger wird die Einzelfahrt. Eine einfache Fahrt kostet 7 Euro für 60 Minuten, ein Touristenticket 18 Euro für 12 Stunden, 20 Euro für 24 Stunden, 25 Euro für 36 Stunden, 30 Euro für 48 Stunden, 35 Euro für 72 Stunden und 50 Euro für sieben Tage. Einheimische zahlen weitaus weniger, sie haben aber einen IMOB-Ausweis, der fünf Jahre gültig ist und unterschiedlich viel kostet, je nachdem, ob man Einwohner der Stadt Venedig (10 Euro) oder der Provinz Venedig (20 Euro) ist oder von außerhalb kommt – dazu zählen auch Ausländer aus der EU (40 Euro). Dann zahlt man z.B. für die einfache Fahrt nur 1,20 Euro statt 7 Euro, im Zehnerpack sogar nur 1,10 Euro.

Oben: Herzlich willkommen am Bahnhof Santa Lucia!
Mitte: So eine Maske macht schon kleinen Mädchen Spaß ...
Unten: ... großen eher eine romantische Gondelfahrt.

Oben: Das ist doch eine schöne Tasche für den kommenden Sommer! Der Einkaufsbummel ist ein *must* …
Unten: … aber auch einfach da sitzen, schauen und Eis schlecken-gehört dazu.

Öffnungszeiten

Banken öffnen Montag bis Freitag 8.30 bis 13.30 und 14.30 bis 16 Uhr, Wechselstuben ganztags. Die Öffnungszeiten der Geschäfte variieren in Venedig saisonal. Die meisten Läden haben von 9/9.30 bis 12.30/13 und 15.30/16 bis 19.30/20 Uhr geöffnet, in den touristischen Meilen auch länger und am Sonntag. Am Sonntag und manchmal auch am Montagvormittag haben manche Geschäfte geschlossen. Im August haben einige Geschäfte Sommerpause.
Restaurants, Trattorien und Osterien machen normalerweise nur zur Essenszeit auf, also mittags ca. 12.30 bis 15 Uhr und abends ca. 19.30 bis 23 Uhr. Viele Lokale bleiben sonntags oder montags geschlossen. Cafés und Bars sind meist durchgehend, dafür aber nur von ca. 7.30 bis 20 Uhr geöffnet (genaue Angaben im Lauftext, wo auch die Öffnungszeiten der Museen zu finden sind).

Parken

Venedigs Garagen zählen zu den teuersten im Lande. Wer sie dennoch nutzen möchte oder muss: Am Piazzale Roma stehen die Garagen Autorimessa Comunale (Tel. 041/272 73 01), San Marco (Tel. 041/523 22 13), Sant'Andrea (Tel. 041/272 73 04) und auf der Isola del Tronchetto das Tronchetto Parking (Tel. 041/520 75 55).

Rauchen

In Italien in Restaurants, Hotels und öffentlichen Einrichtungen verboten; viele Lokale haben daher noch mehr Plätze im Freien.

Reisen mit Kindern

Eigentlich ist Venedig für Kinder, zumal in jungem Alter, einfach nur anstrengend. Sobald sie sich für

Architektur oder Städtebilder begeistern lassen, sieht das anders aus. Die Stadt ist sehr bemüht, sich als familienfreundlich zu geben, also auch Kindern viel zu bieten. Unter den vielen Museen wäre mit Sicherheit das Naturkundliche Museum interessant, das nach seiner Umstrukturierung zu den Glanzstücken naturkundlicher Museen in Europa zählen dürfte (s. S. 65). Auch das Marinemuseum (s. S. 98) bietet Kindern und Jugendlichen sicher einiges.

Wer Auslauf braucht, bekommt ihn am Bacino: entlang der Riva degli Schiavoni vom Bereich des Marinemuseums bis zu den Giardini Pùbblici mit ihren Spielplätzen. Dazwischen schiebt sich die schnurgerade und sehr breite Via Garibaldi nach Osten, umrahmt von Restaurants, Cafés und vor allem Eisdielen. Besonders gutes Eis gibt es aber an den Záttere, also am nördlichen Canale della Giudecca. Die Záttere selber sind zum größten Teil sehr breit. Die Venezianer selber pflegen am Sonn- oder Feiertag diesen Bereich als Fahrradzone für ihre Kinder aufzusuchen. Wo sonst können die Kleinen ein paar Hundert Meter freie Fahrt genießen?

Wer richtigen Auslauf möchte, ist auf den Lidi besser aufgehoben. Das gilt natürlich auch für Badelustige in den Sommermonaten, die perfekt ausgestatteten Strandbäder mit zwar meist schmalem, aber weichsandigem Strand suchen. Allen voran das Lido des Lido di Venezia. Nur we-

Oben: Auch einen Ferrari-Laden gibt es in den Mercerie.
Mitte: Kleinkinder am besten Huckepak nehmen, damit sie den Überblick behalten.
Unten: Leckeres Eis und dünne Crêpes gibt´s in der »Maison de la Crêpe«.

Oben: Eigentlich sollte es nicht mehr so viele Tauben auf der Piazza San Marco geben – Füttern verboten!
Unten: Ein Souvenirstand am anderen entlang der Riva degli Schiavoni nahe dem Markusplatz

nige Kilometer vom Zentrum Lidos, mit dem Bus einfach zu erreichen, ist nach der Ortschaft Malmocco ganz im Süden des Lido das von der WWF gepflegte Naturschutzgebiet Oasi degli Alberoni zu finden. Mit intakten Sanddünen, den typischen, salzliebenden Pflanzen und je nach Saison vielen Vogelarten.

Aber auch die schmale und lang gestreckte Nachbarin Pellestrina ist eine wunderbare Ferieninsel für Familien. Man kann hier stundenlang an der Lagunenseite die Promenade ablaufen oder auf der offenen Meerseite über die *murazzi*, die schräg gegen die Flut gestellten Schutzwälle schlendern.

Eine Schifffahrt, die ist lustig – das gilt auch in Venedig, wo man stundenlang mit den *vaporetti* über den Canal Grande hin- und herfahren oder Ausflüge auf die Nachbarinseln unternehmen kann. Und wer den Brenta-Kanal (s. S. 252) als Ausflugsziel wählt, sollte nicht nur der Kinder wegen eine Bootstour durch den Kanal buchen. Da muss das Boot ein paarmal Schleusen passieren – immer ein spannender Moment und für an Technik interessierte Kinder und Jugendliche bestimmt ein Highlight.

Venezia è giovane – »Venedig ist jung« heißt eine Initative, die sich eigentlich an die Jugendlichen der Stadt selber richtet, aber auch für Gäste interessant sein könnte, die sich sozial und/oder politisch engagieren. Mehr darüber erfährt man auch online über www.veneziagiovane.info

Reisezeit

Eigentlich ist Venedig ein Ganzjahresziel, doch sollte man die hochsommerlichen Monate Juli und August meiden, wenn es unerträglich heiß und schwül sein kann. Ostern und Pfingsten sind sehr beliebte Reisezeiten, dann ist die Stadt voller Touristen. Der Monat Mai gehört den Schulausflügen und bietet daher ebenfalls eine überfüllte Stadt. Das gilt auch für die Karnevalszeit, speziell gegen Ende Februar und wenn Biennale angesagt ist. Auf den *lidi* herrscht im Sommer Strandferienzeit, zum Filmfestival gibt es am Lido kein freies Zimmer…

Stadtführungen

Außer den unzähligen kommerziellen Anbietern von Stadtgängen kümmert sich auch die Stadtverwaltung mit immer neuen Ideen und guten Webportalen um ihre Touristen. Vom Verkehrsamt werden diverse Führungen organisiert, auch in deutscher Sprache, darunter Montag und Freitag

Oben: Es ist ganz schön eng in den Mercerie, der ältesten Handelsstraße.
Mitte: Den Drink im »Caffè Florian« muss man sich leisten können …
Unten: … da sucht so manch einer in seinem Reiseführer nach Alternativen.

Oben: Gondeln vor San Marco, die Insel San Giorgio Maggiore im Visier.
Mitte: Türklopfer an einer Haustür in der Via Garibaldi
Unten: Nicht nur Männer feiern einen Junggesellenabend vor der Hochzeit.

ab San Marco 9 Uhr bzw. ab Punta La Dogana 15.30 Uhr. Gondelserenade täglich ebenfalls ab 14.45 oder 15.30 Uhr; auch vierstündige Ausflüge auf die Inseln der Laguna Nord. Die Termine können sich ändern! Man muss sich ohnehin bei einer APT-Stelle voranmelden und das Ticket erwerben. Siehe auch »Vaporetto d'Arte«.

Taxi

Außer den Wassertaxis (s.u.) verkehren zwischen Festland und Piazzale Roma sowie auf den vorgelagerten *lidi* normale Taxis, die man im Internet reservieren, telefonisch vorbestellen oder einfach anhalten kann. Tel. 041/595 20 80, www.radiotaxivenezia.com

Trinkgeld

Wie üblich wird in Restaurants der Rechnungsbetrag um ca. 10 Prozent aufgerundet; außerdem sollte man im Hotel pro Gepäckstück und für das Zimmermädchen pro Tag und Person je nach Kategorie mindestens 2 Euro Servicegebühr einplanen.

Unterkunft

Die Auswahl an Hotels und Pensionen ist in Venedig geradezu immens, man muss sich ganz schön durch Internetportale und Kataloge durchwühlen.

Daher ist in diesem Reiseführer eine persönliche Auswahl bereits in den jeweiligen Infos bei jedem Highlight zu finden. Am schwierigsten gestaltet sich die Suche nach einem Ferienapartment mitten im Herzen der Stadt. Viel Mühe nimmt einem Casamundo ab, eine Agentur, die von allen Anbietern die besten und schönsten Adressen zusammengetragen hat und online an Interessenten bringt. Einfach zu finden unter www.casamundo.de

Venedig im Internet

www.turismovenezia.it
(alles über Venedig, Museen, Theater, Veranstaltungen etc.)
www.sognandovenezia.com
(Anbieterseiten, mit vielen nützlichen Infos)
www.carnevale.venezia.it
(alles zum Thema Karneval)
www.motoscafivenezia.it
(Infos über die Wassertaxis)
www.actv.it
(Infos über die öffentlichen Verkehrsmittel)
www.labiennale.org
(alles zu den diversen Biennale-Veranstaltungen)
www.veneziaeventi.com (Veranstaltungskalender)
www.vogalonga.net
(Infos und Filme zur Ruderregatta)
www.partyearth.com/venice
(Ausgehszene nach Stadtsechsteln (ohne Castello))
www.veniceguide.net/venezianotte.htm
(Ausgehtipps)
www.venessia.com
(Website eines engagierten Venezianers namens Stefano)
www.veneziatoday.it
(interessante Nachrichten über die Stadt)
www.veneziasi.it
(viele gute Tipps für den Venedig-Aufenthalt)

Oben: Auch top Gestylte finden etwas in den Mercerie.
Mitte: Ob diese Ordnungshüter im Dienst sind?
Unten: Echtes venezianisches Papier bieten nur noch wenige Läden.

Oben: Neben Kunsthandwerk auch edler Schmuck in den Mercerie
Mitte: Handgebundenes Notizbuch von Elio Vianello im La-Carte-Geschäft in der Mercerie
Unten: Öffentliche Toiletten gibt es an den Schwerpunkten des Tourismus.

Vaporetto d'Arte

»Kunst-Vaporetto« heißt die Initiative, die seit Sommer 2012 (mit Ausnahme weniger Wintermonate) den Canal Grande vom Bahnhof Santa Lucia bis zur Isola di San Giorgio durchfährt. Alle halbe Stunde von 9 bis 20 Uhr kann man ein- und aussteigen, wo man etwas besichtigen möchte. Einige Museen gewähren den Inhabern der Fahrkarte Ermäßigung, ebenso Cafés, Souvenirläden u.a. Hohe Ermäßigung für Inhaber der ACTV-Tages- oder Mehrtageskarte. Die drei *vaporetti* unter der Kunst-Flagge sind mit 80 Sitzplätzen mit Video-Bildschirmen und Kopfhörern mit Infos zu den wichtigsten Sehenswürdigkeiten und aktuellen Veranstaltungen ausgestattet.

Vorerst werden acht Haltepunkte für folgende Sehenswürdigkeiten angefahren:

Bahnhof Santa Lucia
San Stae (zu Ca' Pesaro, Palazzo Mocenigo, Fondazione Prada, Museo d'Arte Orientale),
Ca' d'Oro (zur Galleria Franchetti),
San Samuele (zu Palazzo Grassi, Teatro La Fenice),
Accademia (zu Galleria dell'Accademia, Ca' Rezzónico, Peggy Guggenheim Collection),
Salute (zur Punta della Dogana)
San Marco Giardinetti (zum Palazzo Ducale, Museo Correr, Museo Archeologico Nazionale, Biblioteca Marciana, Torre dell'Orologio, Museo di Palazzo Grimani),
Giardini e Arsenale (nur zur Biennale-Zeit)
San Giorgio

Venice Card

Die offizielle Venedig-Karte ist acht Tage gültig und bietet freien Eintritt in den Palazzo Ducale und die anderen zehn städtischen Museen, in die

Fondazione Querini-Stampalia und ins Jüdische Museum im Ghetto, in die 16 im Chorus vereinten Kirchen; Reduktion bei Ausstellungen und anderen kulturellen Veranstaltungen, für das Kunst-Vaporetto, für Ausflüge u.ä. sowie zweimal Toilettenbenutzung und ein Stadtplan. Kostenpunkt: 39,90 Euro, für Jugendliche (6–29 Jahre) 29,20 Euro.

Wassertaxi

Sehr bequem, aber auch sehr teuer! Infos beim Consorzio Motoscafi Venezia, Castello 4512, Tel. 041/541 50 84, www.motoscafivenezia.it
Eine weitere Organisation bietet auch Ausflüge und Flughafentransfer an: Venezia Taxi Consorzio, Santa Croce 328, Tel. 041/72 31 12, www.veneziataxi.it

Weihnachtsmarkt

Auf dem Campo Santo Stefano findet ab Ende November bis zum 24. Dezember der beliebte venezianische Weihnachtsmarkt mit Kunsthandwerk und kulinarischen Ständen statt. Öffnungszeiten sind 10.30 bis 19.30 Uhr. Weitere Informationen erhält man bei der Touristinformation.

Oben: Wer es sich leisten kann, nimmt ein Wassertaxi.
Unten: Künstler oder Hobby-Maler – ist nicht wichtig. Hauptsache, das Ergebnis gefällt.

Kleiner Sprachführer

ALLGEMEIN

Guten Tag. Buongiorno
Hallo! Ciao!
Auf Wiedersehen. Arrivederci.
Wie geht es Ihnen/Dir? Come sta/stai?
Danke, gut. Bene, grazie.
Ja Si
Nein No
Bitte ... Per favore ...
Danke Grazie
Gern. Con piacere.
Wie bitte? Come dice?
Ich verstehe nicht. Non capisco.
Ich heiße ... Mi chiamo ...
Ich spreche kein Italienisch. Non parlo l'italiano.
Sprechen Sie ...? Parla ...?
Wie viel Uhr ist es? Che ore sono?

UNTERWEGS

links a sinistra
rechts a destra
geradeaus diritto
nah vicino
fern lontano
Gibt es in der Nähe ...? C'è ... qui vicino?
Entschuldigung, wo ist ...? Scusi, dov'è ...?
geöffnet aperto/a
geschlossen chiuso/a
die Touristeninformation l'ufficio di turismo
der Hauptbahnhof la stazione centrale
die Bushaltestelle la fermata dell'autobus
der Flughafen l'aeroporto
das Museum il museo
die Kirche la chiesa
das Hotel l'albergo
Hilfe! Aiuto!
die Polizei la polizia
der Arzt il medico

ÜBERNACHTEN

Ich habe ein Zimmer reserviert. Ho riservato/a una camera.
Haben Sie ein freies Zimmer? C'è una camera libera?
Ich suche ein Zimmer für ... Personen. Cerco una camera per ... persone.
das Einzelzimmer la camera singola
das Doppelzimmer la camera doppia
mit Bad con bagno
mit Frühstück con prima colazione
mit Halbpension a mezza pensione
für eine Nacht per una notte
für eine Woche per una settimana
das Gepäck i bagagli

ESSEN UND TRINKEN

Haben Sie einen Tisch für ... Personen? Avete una tavola per ... persone?
Reservieren Sie bitte für 20 Uhr einen Tisch für 4 Personen. Per favore, ci riservi un tavolo per quattro persone per le ore venti.
Ist dieser Tisch noch frei? È libero questo tavolo?
Herr Ober! cameriere!
Fräulein! cameriera!
Die Speisekarte, bitte! La lista, per favore!
Ich bin Vegetarier. Sono vegetariano/a.
Ich möchte ... Desidero ...
Guten Appetit! Buon appetito!
Die Rechnung bitte. Il conto, per favore.
Das ist für Sie. Questo è per Lei.
die Servicegebühr il servizio
das Tagesmenü il menu del giorno
das Frühstück la colazione
das Mittagessen il pranzo
das Abendessen la cena
die Vorspeise l'antipasto

der erste Gang il primo
die Hauptspeise il secondo
die Beilage il contorno
die Nachspeise il dolce
das Gedeck il coperto
die Weinkarte la lista dei vini
das Glas il bicchiere
die Flasche la bottiglia
die Tasse la tazza
das Messer il coltello
die Gabel la forchetta
der Löffel il cucchiaio
der Teller il piatto
die Serviette il tovagliolo
das Mineralwasser mit/ohne Kohlensäure l'aqua minerale gassata/naturale
der Orangen-/Zitronensaft il succo d'arancia/di limone
der Tee il tè
das Bier la birra
der Weißwein il vino bianco
der Rotwein il vino rosso
der Essig l'aceto
der Knoblauch l'aglio
gebacken al forno
gegrillt alla griglia
die Butter il burro
die Zwiebel la cipolla
die Bohnen i fagioli
der Käse il formaggio
die Erdbeere la fragola
das Obst la frutta
die Pilze i funghi
das Eis il gelato
der Salat l'insalata
die Milch il latte
die Suppe la zuppa
das Öl l'olio
das Brot il pane
der Pfeffer il pepe
das Salz il sale
das Fleisch la carne
das Steak la bistecca
das Huhn il pollo
das Kalb il vitello
die Leber il fegato
das Würstchen la salsiccia
gekochter/geräucherter Schinken prosciutto cotto/crudo
der Fisch il pesce
die Tintenfische i calamari
die Seezunge la sogliola
der Thunfisch il tonno
die Muscheln le vongole
die Garnelen i gamberi
die Meeresfrüchte i frutti di mare
der Spinat i spinaci
der Kuchen la torta
das Ei l'uovo
die Kartoffeln le patate
der Reis il riso
die Tomate il pomodoro
der Zucker lo zucchero
die Chilischote il peperoncino

EINKAUFEN

das Geschäft il negozio
der Markt il mercato
der Supermarkt il supermercato
die Bäckerei il panificio
die Apotheke la farmacia
Ich hätte gerne ... Vorrei ...
Wie viel kostet das? Quanto costa?
Das gefällt mir (nicht). (Non) mi piace.
Ich nehme es. Lo prendo.
teuer caro/a
billig a buon mercato
die Größe la taglia
bezahlen pagare
das Geld i soldi
die Kreditkarte la carta die credito
der Geldautomat il bancomat

ZAHLEN

0 uno
2 due
3 tre
4 quattro
5 cinque
6 sei
7 sette
8 otto
9 nove
10 dieci
100 cento
1000 mille
1/4 un quarto
1/2 un mezzo

Produktmanagement: Claudia Hohdorf, Ulrich Jahn
Lektorat: Lektorat Lofing, Stephanie Lofing, Berlin
Korrektorat: Stube text&design, Berlin
Grafische Umsetzung: Barette Design, Géraldine Barette, Berlin
Umschlaggestaltung: Ulrike Huber, uhu-design.de, Kolbermoor
Repro: Repro Ludwig, Zell am See
Kartografie: Kartographie Huber, Heike Block, München
Herstellung: Bettina Schippel
Printed in Slovenia by Korotan, Ljubljana

Bildnachweis:
Alle Bilder des Innenteils und des Umschlags stammen von Holger Leue, Haunetal , außer: Gottfried Aigner, S. 11 o., 13 M., 21 u., 22u., 23 M., 23 u., 25 o., 27 u., 48, 51, 64 u., 67 o., 79, 80 o., 106 u., 117, 118 u., 120 u., 132, u., 134 o., 150 u., 190 o., 198, 200 o., 273 o., 222; Katharina Jäger, S. 1, 9, 26, 28, 41, 52, 56, 57, 61, 62, 66, 73, 75, 77, 81, 94, 103, 107, 125, 126, 139, 145, 148, 151, 153, 163, 183, 197, 202, 223, 239, 240, 104 o., 104 u., 106 o., 108 o., 11 u., 110 o., 110 u., 112 o., 113 u., 114 o., 116 M., 116 u., 12 u., 13 u., 130 u., 144 o., 152 u., 154 o., 162 o., 164 u., 177 o., 182 u., 184 o., 184 u., 196 o., 196 u., 206 M., 206 u., 207 o., 212 u., 218 o., 220 o., 232 o., 234 o., 234 u., 246 u., 249 o., 250 o., 250 u., 27 M., 273 u., 275 u., 276 o., 277 M., 279 u., 280 M., 281 M., 281 u., 282 M., 283 u., 37 u., 39 u., 4 o., 4 u., 40 u., 46 u., 47 M., 47u., 49 o., 49 u., 5 o., 50 u., 53 u., 54 u., 59 u., 63 u., 68 o., 72 o., 72 u., 76 o., 76 u., 78 o., 78 u., 80 u., 84 o., 84 u.; Page Chichester, S. 24, 109, 146, 147, 208, 209, 210 o., 210 u., 221, 102 u., 104 M., 108 u., 112 M., 113 o., 114 u., 116 o., 12 o., 134 u., 138 u., 140 u., 140 u., 142 u., 149 o., 16 u., 164 M., 168 u., 17 M., 180 u., 182 o., 184 M., 206 o., 207 u., 21 M., 218 u., 22 o., 220 u., 23 o., 270 u., 271 M., 271 o., 275 o., 276 u., 279 M., 279 o., 280 u., 281 o., 282 o., 282 u., 32 u., 38 u., 45 o., 45 u., 5 u., 98 u.; picture alliance/akg-images/Erich Lessig, S. 216; picture alliance/Arco Images GmbH, S. 256 u.; picture alliance/Bildagentur-oExposureTi, S. 100 u.; picture alliance/Carlo Morucchio/Robert Harding, S. 260 o.; picture alliance/ CHROMORANGE, 256 o.; picture alliance/dpa Themendienst, S. 124 u.; picture-alliance akg-images/ Cameraphoto, S. 119; picture-alliance/Uwe Gerig, S. 99, 101; Shutterstock Dmitri Ometsinsky, S. 155; Shutterstock/AlessandroZocc, S. 27 o.; Shutterstock/ Vladimir Daragan, S. 27 o.; hutterstock/AMB, 35 o.; shutterstock/And_Ant, S. 120 o.; Shutterstock/Anibal Trejo, S. 67 u., 152 o.; Shutterstock/BasPhoto, S. 176 o.; Shutterstock/Catalunyastock, S. 74 u., 236 u.; Shutterstock/Circumnavigation, S. 164 o.; Shutterstock/claudio zaccherini, S. 32; Shutterstock/David Ionut , S. 123 o.; Shutterstock/ Dmitri Ometsinsky, 69 o., 74 M., 130 o.; Shutterstock/Gigra, S. 74 M.; Shutterstock/InavanHateren, S. 123 u.; Shutterstock/Jan S., S. 212 o.; Shutterstock/Jo Chambers, S. 261; Shutterstock/LianeM, S. 74 o.; Shutterstock/Luciano Morpurgo, S. 44 u.; Shutterstock/m.bonotto, S. 266; Shutterstock/mary 416, S. 13 o.; shutterstock/mdd, S. 168; Shutterstock/ Nikonaft, S. 47 o.; Shutterstock/ paul prescott, S. 154 u.; Shutterstock/Pavel K, S. 71 o.; Shutterstock/Pecold, S. 205; Shutterstock/ Rob Bouwman, S. 124 o.; Shutterstock/s74, S. 254; Shutterstock/s74, S. 252 u.; Shutterstock/sigurcamp, S. 118 o.; Shutterstock/vichie81, S. 222; Shutterstock/ VladG, S. 122 o.; Shutterstock/VladG, S. 122 u.; Shutterstock/Vovez, S. 264 u.; Shutterstock/vvoe, S. 264 o.; Shutterstock/wjarek, S. 264 o.; Hotel Palazzo Vitturi/Mirco Toffolo R.ExposureTi, S. 121 u.; Stefano de Grandis, S. 111; Wikimedia Commons/Didier Descouens, S. 178 o., Wiki Commons/Remi Mathis, S. 178 u.; Wikimedia Commons/Forrestn, S. 170; Wikimedia/Andrew Balet, S. 100 o.; wikimedia/welleschik, S. 14 o.; Wikimedia Commons (ohne weitere Angaben), S. 14 u., 15 o., 15 u., 16, 17, 112 u., 115, 170, 174, 185 u., 262, 263, 112 u., 262, 263

Umschlag:
Vorderseite:
Oben: Muscheln (Shutterstock/Fotana) .
Mitte links: Karneval in Venedig (Bildagentur Huber/Mackie Tom)
Mitte rechts: Restaurantterrasse am Canal Grande mit Blick zur Kirche Santa Maria della Salute (Bildagentur Huber/Gräfenhain)
Unten: Blick über den Canal Grande (Bildagentur Huber/Kremer Susanne)

Rückseite:
Links: Ein Gondoliere wartet auf Kundschaft (Page Chichester, www.pagechichester.com)
Rechts: Die Rialtobrücke (Katharina Jäger, www.fotografischewerkstatt.de)

Schmutztitel:
Ornamentic am Markusdom (Katharina Jäger)

Innentitel:
Gondeln überall

Die Deutsche Nationalbibliothek verzeichnet diese Publikation in der Deutschen Nationalbibliografie; detaillierte bibliografische Daten sind im Internet über http://dnb.d-nb.de abrufbar.

ISBN 978-3-7654-5822-4